VOYAGES

PITTORESQUES ET ROMANTIQUES

DANS L'ANCIENNE FRANCE.

VOYAGES

PITTORESQUES ET ROMANTIQUES

DANS L'ANCIENNE FRANCE

PAR I. TAYLOR,

MEMBRE DE L'INSTITUT.

A PARIS.

DE L'IMPRIMERIE DE FIRMIN DIDOT FRÈRES,

IMPRIMEURS DE L'INSTITUT,

RUE JACOB, N° 56.

M DCCC LIV.

INTRODUCTION.

Au mois de juin 1810, je conçus le plan de cet ouvrage, et je proposai au Ministère de l'intérieur d'en encourager la publication. Il falloit alors, pour traduire les nombreux dessins qui devoient indispensablement accompagner le texte, les reproduire par la gravure. Ce travail, long et extrêmement dispendieux, élevoit les frais des premiers volumes à une somme tellement considérable, qu'il étoit impossible d'espérer que les produits de la vente du livre, encouragé même par une subvention du gouvernement, pussent établir une balance entre les recettes et les dépenses.

Une découverte importante pour la reproduction des dessins venoit d'être faite à Munich par Senefelder, qui fit, quelque temps après, un voyage à Paris, et pria notre excellent peintre de paysage et de monuments, Charles Bourgeois, d'essayer de dessiner sur pierre. Bourgeois me montra ses premières lithographies. Je vis dans ce nouvel art un moyen de réaliser une pensée qui devoit occuper la plus grande partie de ma vie; je crus entrevoir que la lithographie devoit être presque pour les arts du dessin ce que la typographie avoit été pour la littérature. J'attendis que les progrès de la découverte de Senefelder permissent aux artistes de présenter au public des œuvres plus terminées que les croquis des premiers essais, et, en effet, ces progrès, réalisés à Paris, en 1818, par Engelmann, favorisèrent l'exécution de cet ouvrage. Mais la difficulté pour un jeune homme de réunir alors tous les matériaux d'un travail qui devoit contenir la description et la représentation de tous les monuments de l'antiquité, du moyen âge et de la renaissance qui ont contribué si puissamment à la gloire et à la richesse intellectuelle de la France, retarda encore la publication de ce livre, dont le premier volume ne parut qu'en 1820.

Ce n'est donc pas aux gravures des Anglois, reproduisant leurs cathédrales et les ruines de leurs monastères, ni aux excellents travaux archéologiques des hommes distingués qui ont fait paroître de si remarquables écrits sur les monuments de la France, que sont dues la première pensée de notre livre et l'impulsion donnée plus tard au sentiment public en faveur de nos antiquités chrétiennes.

En ne prenant date même que de notre premier volume sur la Normandie, dont les premières livraisons renferment des dessins lithographiés en 1819, aucun des écrivains éminents dont nous venons de parler, et qui ont rendu tant de services pour la conservation et la restauration de nos antiquités nationales, n'avoit encore publié ces savantes re-

cherches qui ont prouvé et consacré ce que j'ai dit il y a
maintenant près d'un demi-siècle : *que, dans l'histoire des
beaux-arts du monde, les arts du Bas-Empire et du moyen âge
n'étoient pas une décadence, mais un progrès.* Ces dômes, ces
immenses cathédrales dont les flèches se perdent dans le
ciel, la grâce, la simplicité des peintures murales, la naïveté,
l'expression de la sculpture, la diversité et l'élégance de l'ornementation, l'invention de l'ogive et des vitraux peints, leur
éclat, leur richesse, enfin la découverte de la peinture à
l'huile (1) dont les tableaux expriment tant de candeur et de
divines beautés, et qui a produit, à l'époque de la renaissance, un si grand nombre de merveilles, ne sont pas une
décadence du génie de l'homme dans les beaux-arts, mais
un progrès !

La défense de cette vérité m'a valu bien des luttes, des
haines et de profonds chagrins. Dieu veuille que le courage
ne m'abandonne pas dans ma vieillesse, et que les hommes
de talent, de mérites divers, qui ont consacré les vérités ex-
posées dans mes premiers essais, ne deviennent pas ingrats
envers un principe et une vérité qui ont contribué à leur
renommée et à leur gloire si bien méritée, et n'abandonnent
pas l'ouvrage qui a inspiré au public le goût des études d'archéologie chrétienne, et au gouvernement la pensée de protéger officiellement les monuments historiques, de créer des
inspecteurs, de fonder près des Ministères de l'intérieur et

(1) 1428.

de l'instruction publique des comités pour la conservation et la restauration de ces monuments, et d'obtenir des chambres législatives, pour cette destination, des millions.

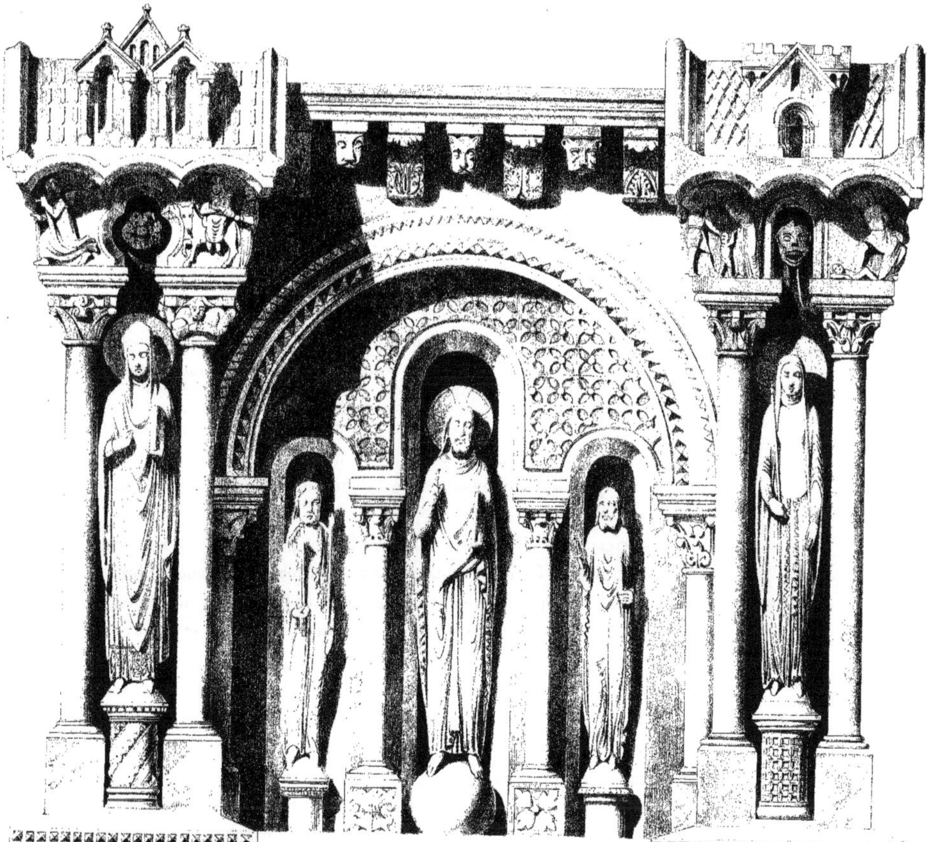

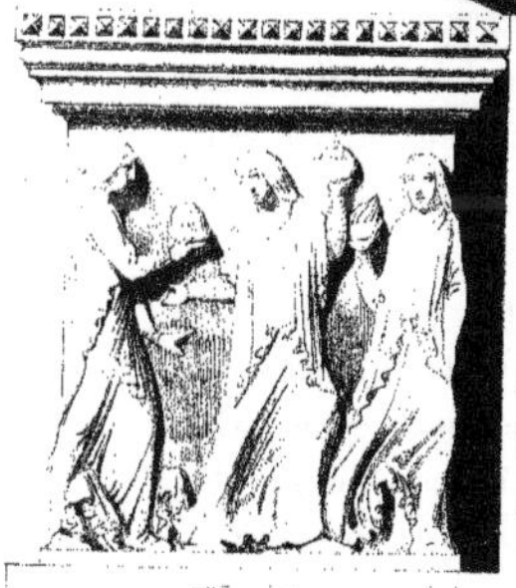

DAUPHINÉ.

Les limites naturelles du DAUPHINÉ sont, à l'ouest et au nord-ouest, le Rhône; à l'est, la chaîne des Alpes; au sud-est, la Durance. Au sud, le pays est défendu par une ligne

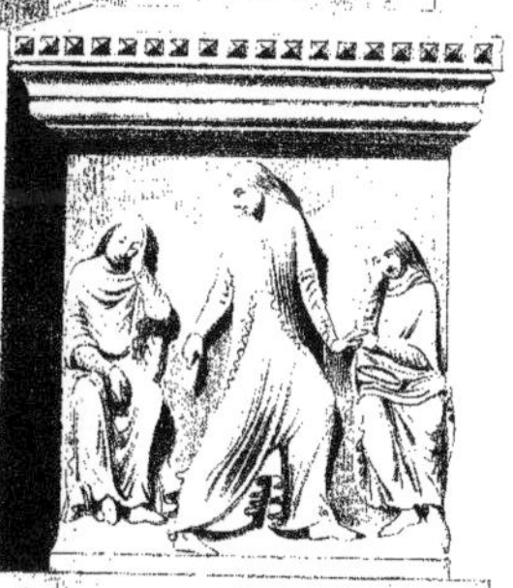

Viollet Leduc del. | Lith. de Thierry frères | Blanchard lith.

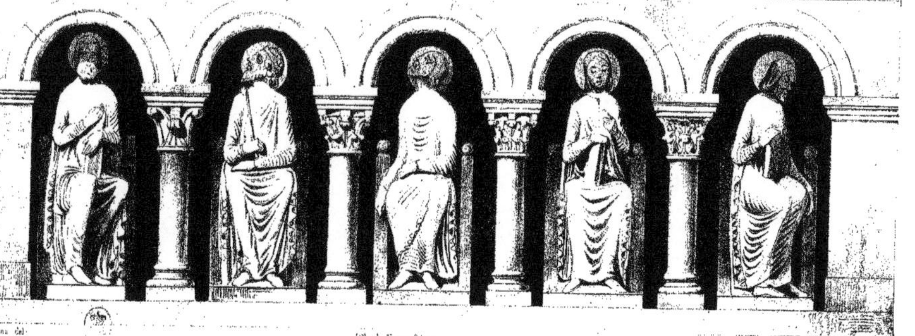

de collines que termine le mont Ventoux, et qui forcent la Durance à dévier vers le midi. Du côté de sa frontière nord-est le DAUPHINÉ est couvert par la petite rivière de la Guye et une chaîne de collines qui se rattachent aux Alpes et qui s'entr'ouvrent, non loin de Montmeillan, pour laisser passer l'Isère.

L'histoire ne dit rien de précis sur les premiers habitants du DAUPHINÉ. Une grande obscurité couvre les origines de cette province. Il n'y a pas longtemps qu'il a été démontré que Grenoble a été réellement fondée par les Allobroges.

Six siècles avant l'ère chrétienne, Bellovèse passe dans le DAUPHINÉ pour se rendre en Italie. Il rencontre trois peuples sur sa route : les Tricastins, dont la capitale étoit Augusta, aujourd'hui Aoust en Diois; les Voconces, qui occupoient les territoires de Die et de Vaison, et dont la capitale étoit Dea, aujourd'hui Die; enfin, les Vertacomires (1), qui faisoient partie de la nation vocantienne, et qui habitoient le petit pays appelé au moyen âge Vercorium, Vercors. Ces trois peuples étoient d'origine celtique.

Plus tard, au moment où Annibal accomplissoit son audacieuse entreprise, une nation puissante, et qui occupoit, selon Tite-Live, les deux rives du Rhône, la nation des Volques, figure aussi parmi les peuples du DAUPHINÉ. Cette nation disputa aux Carthaginois le passage du fleuve. Depuis, les Volques se retirèrent à l'ouest du Rhône, ne laissant sur la rive orientale que la tribu des Cavares, qui disparoissent deux siècles avant l'avénement du Christ. Annibal, après avoir traversé le Rhône et l'Isère, se trouve sur le territoire des Allobroges; il redescend ensuite en tournant sur la gauche, entre dans le pays des Tricastins, passe sur les limites des Voconces et se rend chez les Tricoriens. Ceux-ci s'étendoient au nord des Voconces jusqu'au mont Dévoluy. La capitale des Allobroges, dès le premier siècle de l'ère moderne, fut Viernia, aujourd'hui Vienne; ils habitoient aussi Genève et Cularo qui devint plus tard Grenoble.

(1) Les Vertacomires émigrèrent en grande partie avec Bellovèse et fondèrent une colonie à Novare dans la Gaule cisalpine.

Le Dauphiné comprenoit encore les Ségalauniens, dont la capitale étoit Valence; les Caturiges, dont la capitale fut d'abord Chorges et ensuite Embrun, et qui peut-être possédoient aussi Gap et Briançon; les Ucènes qui occupoient le pays d'Oysans, et les Condérates qui se trouvoient établis à Condrieu, un peu au midi de Valence.

Toutes ces peuplades étoient souvent désignées par le nom de la plus puissante d'entre elles, et se confondoient sous la dénomination générale d'Allobroges.

Les Allobroges occupèrent le Dauphiné dès l'antiquité la plus reculée. Cette nation, dit Tite-Live, ne le cédoit en rien aux autres populations de la Gaule, soit pour les richesses, soit pour la gloire. Comme tous les habitants des montagnes, les Allobroges étoient belliqueux, fiers et jaloux de leur indépendance. La religion des druides avoit trouvé de nombreux sanctuaires dans les forêts qui couvroient leur pays, et les rites de ce culte barbare entretenoient encore ce qu'il y avoit de rude et de sauvage dans leur caractère. Aussi, la guerre étoit l'unique occupation de ce peuple, et quand il ne trouvoit point à employer sa valeur dans l'intérêt de sa patrie, il vendoit aux étrangers le secours de son glaive.

L'histoire des Allobroges, comme celle de toutes les peuplades gauloises, est incertaine, et la fable s'y confond souvent avec la réalité. Cette nation, se trouvant sur le chemin des armées qui descendoient les Alpes, a dû être souvent entraînée dans les invasions qui sont venues fondre sur l'Italie. Ses soldats suivirent Bellovèse et Brennus, et allèrent avec ce dernier incendier la ville qui devoit les dompter un jour. Cicéron, dans son plaidoyer pour Fontéius, dit que les Allobroges firent aussi partie de cette expédition des Gaulois qui envahit la Macédoine sous les successeurs d'Alexandre, et qui s'enrichit de l'or de la Grèce. Il est permis de supposer qu'ils furent contraints à tenter ces lointaines expéditions auxquelles ils n'auroient sans doute pas songé d'eux-mêmes. Les peuples montagnards sont moins portés à envahir les rivages étrangers qu'à défendre leur indépendance dans les contrées où la nature les a fait naître.

L'histoire du Dauphiné ne commence guère avec quelque certitude qu'au moment où Annibal pénétra dans ce pays. On s'accorde à croire aujourd'hui que l'armée carthaginoise traversa les Alpes au mont Cenis, après avoir côtoyé la petite rivière de l'Arc. Elle rencontra dans ces défilés les Allobroges qui lui opposèrent la résistance la plus opiniâtre. Harcelé sans cesse par des hommes habitués à combattre au milieu des précipices, Annibal faillit être abandonné par la fortune; il parvint cependant à triompher de la valeur des Allobroges, les repoussa et emmena même avec lui une partie de ces troupes barbares dont il avait éprouvé le courage. Les Allobroges, avec les Gaulois de la Cisalpine, assistèrent aux batailles de Trasimène et de Cannes; mais ce fut la dernière fois qu'ils virent l'Italie.

Rome, après avoir établi sa domination sur la Grèce et s'être assuré la possession de l'Afrique et de l'Espagne, jeta les yeux sur la Gaule, et songea dès lors à venger ses anciennes défaites. Rome ne pouvoit se croire en sûreté qu'après avoir soumis ces populations barbares, qui plus d'une fois avoient failli compromettre ses destinées.

Marseille, par sa politique, favorisoit singulièrement l'ambition des Romains. C'est elle qui leur ouvrit les portes de la Gaule. Les Allobroges, unis à la confédération puissante des Arvernes, occupoient par leur influence le premier rang parmi les Gaulois méridionaux. Les Éduens, jaloux de cette puissance, tentèrent de la leur disputer. Marseille leur accorda son appui dans cette entreprise et leur fit espérer la protection du peuple-roi. Vers le même temps, les Saliens, battus par les Massaliotes, s'étoient réfugiés chez les Allobroges avec leur roi Teutomale. Rome saisit ce prétexte. A titre d'alliée de la ville de Marseille, elle envoya dans les Gaules, cent vingt-deux ans avant la venue du Messie, le consul Domitius avec deux légions. Les Éduens reçurent en même temps le nom d'alliés des Romains. C'est la première fois que ce titre étoit accordé à une nation des Gaules.

Domitius envoya d'abord sommer par une ambassade Bituit, roi des Arvernes et chef de la confédération, de livrer Teutomale et les Saliens.

Bituit répondit à Domitius et lui envoya à son tour une députation. Un barde, accompagné d'une troupe de jeunes cavaliers et d'une meute royale, vint chanter devant Domitius les exploits des Arvernes. Mais l'envoyé du chef gaulois ne put rien obtenir du général romain.

Bituit fit alors un appel à toutes les nations du midi des Gaules. Domitius, retranché dans son camp, attendoit des secours de Rome. Les Allobroges, croyant qu'il trembloit devant eux, résolurent de l'exterminer avant l'arrivée des Arvernes. Cette imprudente précipitation sauva Domitius. Sûr de vaincre une armée barbare qui n'étoit guère plus nombreuse que la sienne, il marche à sa rencontre, et l'atteint vers le confluent du Rhône et de la Sorgue, près de la ville de Vindalium. Les Allobroges furent complétement défaits dès le premier choc, et laissèrent vingt mille morts sur le champ de bataille.

Cependant les secours que Domitius attendoit de Rome arrivèrent. Le consul Fabius vint le joindre avec deux nouvelles légions. Ces forces réunies furent aussitôt dirigées contre les Arvernes. Bituit venoit de traverser le Rhône avec une armée de deux cent mille hommes. Monté sur un char d'argent, il parcouroit les rangs de ses soldats, et disoit en voyant les Romains, *qu'il n'y en avoit pas pour un repas de sa meute*. La victoire fut vivement disputée par les deux partis jusqu'au moment où les Romains lancèrent les éléphants qu'ils tenoient en réserve, vers les Allobroges. Effrayés à l'aspect de ces animaux qu'ils ne connoissoient pas, les soldats de Bituit se débandèrent, et se précipitèrent sur les ponts pour repasser le fleuve. Le reste du combat ne fut plus qu'un massacre. Les ponts s'écroulèrent, et une grande partie de l'armée des Arvernes fut engloutie. Cent vingt mille hommes périrent dans ce combat; et Bituit ne parvint à s'échapper qu'en laissant son char et son armure entre les mains des vainqueurs.

Le roi fugitif tenta en vain de rassembler une nouvelle armée. Il fut forcé de demander la paix. Domitius l'attira vers lui sous ce prétexte, et, par une perfidie dont l'histoire romaine offre malheureusement plus d'un exemple, il le fit charger de chaînes. Le sénat blâma une pareille

conduite; mais il en profita. Bituit fut relégué dans une petite ville du
fond de l'Italie, où il mourut.

Après un outrage aussi offensant pour les Arvernes, Rome eut la politique de ne leur imposer aucune condition ni aucun tribut. Mais il n'en
fut pas de même des Allobroges. Tout le pays compris entre les Alpes,
le cours inférieur du Rhône et la Méditerranée, fut soumis et déclaré
province romaine, cent vingt et un ans avant Jésus-Christ. Cette province étoit consulaire : elle reçut bientôt de nouveaux accroissements
par la soumission de tout le rivage jusqu'à l'Espagne. Sur ce rivage on
avoit déjà fondé la ville d'Aix. On envoya bientôt une nouvelle colonie
romaine à Narbonne. Enfin, on ouvrit de nouvelles routes qui traversoient les Alpes cottiennes et maritimes. L'une d'elles, déjà tracée autrefois par les Phéniciens, prit le nom de *Voie Domitienne*.

Domitius et Fabius voulurent encore éterniser leurs victoires par des
monuments. Ils firent élever des trophées militaires au lieu même où ils
avoient battu les Allobroges et les Arvernes; pensée d'orgueil qui fut blâ-
mée par les historiens romains. «Jamais Rome, dit Florus, n'a reproché
sa victoire aux peuples vaincus.» Après avoir sacrifié à leur vanité, et
fondé des temples à Mars et à Hercule, les deux consuls montèrent au
Capitole pour avoir triomphé, l'un des Allobroges et l'autre des Arvernes.
Fabius, qui avoit achevé la conquête, reçut le surnom d'Allobrogique; et
la nouvelle province fut mise sous son patronage.

Les fiers et vaillants Allobroges n'avoient pas renoncé à leur indépendance. Ils s'étoient retirés dans les défilés des Alpes, où ils pouvoient braver la puissance de Rome, et attendoient une occasion pour se venger de
leurs défaites. Cette occasion s'offrit bientôt. Les Cimbres, venus des contrées du Nord, envahirent la Gaule, entraînant après eux les Teutons. La
nouvelle province romaine redoutoit la cruauté de ces peuplades barbares plus que la tyrannie même des Romains. Elle resta fidèle au peuple-
roi. Cependant, quelques fugitifs des montagnes vinrent se joindre à
l'armée des Cimbres et combattre encore une fois leurs anciens ennemis.
Les frontières des Allobroges furent inondées de sang romain. Carbon

avoit été battu dans la Norique; les armées de Silanus et de Cassius furent écrasées près du Rhône et du lac Léman; à Orange, quatre-vingt mille
Romains commandés par Cépion étoient restés sur le champ de bataille.
Mais la province déploya une vigueur admirable; les barbares ne purent
forcer la ligne du Rhône et des Cévennes.

Cependant, après la victoire de Marius, les Allobroges furent cruellement punis du secours que leurs compatriotes avoient prêté aux ennemis de Rome. Le sénat soumit au cens toutes les terres de la province, et
confisqua celles des montagnards allobroges. Marius voulut même s'emparer du territoire tout entier. Mais le sénat étoit trop habile dans la
politique pour pousser tout un peuple au désespoir. Il préféroit ménager d'abord les Allobroges, et leur laisser quelque ombre de liberté
jusqu'au moment où ils viendroient se fondre insensiblement dans l'empire romain.

Après la ruine du parti de Marius, un grand nombre de proscrits vinrent se réfugier dans la province des Allobroges. Æmilius Lépidus parvint à rattacher ce peuple au parti de Sertorius; mais Pompée, qui fut
envoyé contre Sertorius, devoit, avant d'attaquer l'Espagne, soumettre le
midi de la Gaule, et surtout la province romaine; après avoir franchi les
Alpes pennines, il redescendit vers le pays des Allobroges qu'il livra tout
entier au pillage; il y laissa Fontéius, son lieutenant, qui en deux ans
acheva de désoler et de ruiner cette province.

En vain les peuples opprimés essayèrent de se défendre. Ils vinrent
attaquer Narbonne et Marseille qui avoit causé tous leurs malheurs : mais
ils furent repoussés par les Romains. Des contributions énormes pesèrent
sur eux; leurs biens furent pillés; et Pompée put écrire au sénat que
c'étoit *la Gaule qui payoit et nourrissoit l'armée de Métellus*.

Le ressentiment qu'avoit excité Fontéius étoit si vif, que les Allobroges
et les Volsques envoyèrent une députation à Rome pour se plaindre de sa
conduite et de ses cruautés. Ils se mirent sous le patronage de Fabius
Sanga, descendant de Fabius l'Allobroge. Mais Fontéius, défendu par
l'éloquence de Cicéron, fut absous; et les Allobroges achevèrent d'être

ruinés par des dettes et des impôts qui s'élevoient au-dessus de la valeur
de leurs terres.

Il ne leur restoit plus aucun espoir, quand les amis de Catilina pro-
posèrent à leur chef Indutiomar d'entrer dans la conjuration. Mais il
aima mieux sauver Rome que d'acheter par une trahison quelques avantages d'ailleurs très-douteux. Les Allobroges découvrirent au consul les
projets des conspirateurs. Le sénat les combla d'éloges; mais il n'en refusa pas moins de leur rendre justice : aussi s'en retournèrent-ils dans
leur patrie plus indignés encore qu'auparavant.

A cette nouvelle, toute la province se souleva. Catugnat et Indutiomar
se mirent à la tête de la révolte, et allèrent piller le territoire de Narbonne et de Marseille. Le préteur Promptinus fut aussitôt envoyé contre
eux. Après quelques embuscades dressées en vain de part et d'autre, les
Romains s'emparèrent de Ventia, à l'ouest de Cularo, et envahirent sur
trois points le territoire des Allobroges. Tout fut exterminé, et les deux
chefs de la révolte disparurent avec leurs soldats. « Lorsque le pays, sac-
cagé et incendié sur toute sa surface, dit M. Amédée Thierry dans son
Histoire des Gaulois, ne présenta plus aucune résistance, Promptinus
écrivit au sénat que les Allobroges étoient pacifiés. » C'est ainsi que les
Romains justifioient le reproche que Tacite mit plus tard dans la bouche
de Galgacus : « Là où ils n'ont laissé qu'un désert, ils disent que c'est une
paix. »

Depuis lors les Allobroges, épuisés plutôt que soumis, cessèrent d'inquiéter Rome. Ils restèrent dans le repos jusqu'au moment où César arriva
dans les Gaules. Les Allobroges se signalèrent alors par quelques révoltes
contre son lieutenant Galba. Mais le proconsul y mit fin autant par sa
modération que par son courage. Il plaça des troupes à Cularo, aujour-
d'hui Grenoble, poste qu'il fortifia. Il établit une nouvelle colonie de
citoyens romains à Vienne, d'où il fit sortir les anciens habitants. Mais
plus tard, pendant les guerres civiles, les Allobroges reprirent possession
de cette ville, et la république ferma les yeux sur cet acte de représailles.
Les Romains qui avoient été chassés de Vienne furent établis par Plancus

dans une nouvelle colonie qui forma plus tard un des faubourgs de Lyon. Une animosité violente sépara longtemps les deux villes; et sous Othon, les Lyonnois demandèrent même à Valens la ruine de Vienne, leur rivale.

Cependant, César avoit fait plus que de soumettre les Allobroges, il avoit conquis par ses talents et sa modération leur amour et leur admiration. Ils le secondèrent dans la conquête des Gaules, et c'est en vain que Vercingétorix essaya de les faire entrer dans la révolte des Arvernes. Ils marchèrent même contre lui sous les auspices de Rome, et c'est la cavalerie des Allobroges qui décida du gain de plus d'une bataille. Ils ne vouloient point s'exposer de nouveau aux malheurs qui avoient déjà ruiné leur pays. La domination de Rome d'ailleurs commençoit à devenir moins pesante. César leur avoit donné le droit latin, et avoit accordé à leur province de nombreux priviléges. Il enrôla dans ses légions une partie de leurs soldats, et après avoir vaincu avec eux à Pharsale et à Tapsus, il les admit dans la cité romaine.

Après la mort de César, les Allobroges demeurèrent fidèles à son parti; Octave, salué dans les Gaules du nom d'Auguste, fut reçu en triomphe à Vienne; et à sa mort on lui éleva dans cette ville un magnifique cénotaphe. Ce fut pendant son séjour dans la province romaine que cet empereur acheva de soumettre les tribus de montagnards qui s'étoient retirés dans les défilés des Alpes depuis la première conquête. Mais ils se donnèrent à lui plutôt qu'ils ne furent vaincus. Ils eurent pour capitale la ville de Suze, et formèrent une nouvelle province gouvernée par les lieutenants de l'empereur.

Depuis cette époque l'histoire des Allobroges se confond avec l'histoire de l'empire romain. Dès l'arrivée de César dans les Gaules, on peut dire que la soumission de la province est complète. Rome dans cette conquête avoit pratiqué sa politique habituelle. Elle avoit ménagé d'abord l'esprit de ses nouveaux sujets, leur laissant leurs coutumes, leurs magistrats, leurs mœurs. Mais, en plaçant au milieu d'eux ses colonies, elle les attiroit peu à peu à elle par l'attrait d'une civilisation nouvelle, leur inspiroit des mœurs plus douces; et, par des priviléges et des faveurs successives, elle les préparoit ainsi à recevoir sa domination jusqu'au moment où ils ne devoient plus former qu'un seul corps avec l'empire.

Toutefois, les Romains sentirent que les Allobroges, quoique vaincus, étoient encore redoutables : quand les impôts et les charges de toute nature pesoient sur les provinces de l'empire, on cherchoit à leur rendre le fardeau plus léger. Auguste les exempta de l'impôt qu'il avoit établi sur toutes les propriétés, et cependant les habitants de la province viennoise refusèrent, seuls de tous les Gaulois, les hommages divins à cet empereur de son vivant. Dans le partage qu'Auguste fit des terres de l'empire avec le sénat, le DAUPHINÉ fut séparé en deux portions; le versant des Alpes fit partie du domaine impérial, et le BAS-DAUPHINÉ entra dans les provinces sénatoriales.

Pendant le règne de Tibère, de Caligula, de Claude et de Néron, la Viennoise fut à l'abri de la tyrannie, grâce à l'influence de ces Gaulois qui, durant tout l'empire romain, exercèrent souvent les plus hautes fonctions à Rome. Valère-Asiatique, de Vienne, et Vestinus, tous deux honorés du consulat, usèrent de leur crédit pour le repos de leur patrie. Mais la passion de Néron pour la femme de Vestinus, la mort du mari, qu'on impliqua dans la conspiration de Pison, soulevèrent les Allobroges, qui, dès lors, se trouvèrent mêlés à tous les troubles de l'empire. La province viennoise prit part à la révolte de Vindex, et soutint tour à tour Galba et Vitellius.

Sous les Flaviens et les Antonins, l'histoire du DAUPHINÉ ne présente aucun fait important. Nous voyons seulement, en l'année 122 de l'ère chrétienne, l'empereur Adrien restaurer le prétoire de Vienne, détacher la province viennoise de la Gaule narbonnoise dont elle faisoit partie depuis Auguste, et élever la ville de Vienne au rang de métropole.

A part une insurrection générale des Gaules pendant le règne de Décius, en 249, l'Allobrogie demeura paisible jusqu'à l'invasion de

Crocus, roi des Vandales, qui eut lieu en 258. Ce chef barbare, après
avoir ravagé le nord de la Gaule, descendit vers la vallée du Rhône :
c'étoit le temps où l'empereur Valérien étoit prisonnier des Perses. Les
habitants de la province viennoise revêtirent de la pourpre leur gouverneur Posthume, qui battit auprès d'Arles le chef des Vandales, le
prit, et lui fit expier ses ravages au milieu des supplices. Posthume
gouvernoit en empereur sur la Gaule, lorsqu'il fut assassiné par un de
ses lieutenants. L'anarchie régna dans la province jusqu'à Aurélien. On
attribue à ce prince la fondation de Loriol, au confluent du Rhône et
de la Drôme.

Les vexations des proconsuls excitoient des mécontentements; une
révolte éclata sous le règne de Dioclétien et de Maximien. Ce dernier
accourut en toute hâte, et pacifia la Gaule. C'est à lui que Cularo doit
ses premiers agrandissements; ce n'étoit d'abord qu'un petit poste militaire; Maximien le fortifia, et c'est seulement sous Gratien que Cularo,
devenue une véritable ville, reçut le nom de Gratianopolis, d'où l'on
a fait peu à peu celui de Grenoble.

Dans l'organisation de l'empire établie par Constantin, les Gaules formèrent une des préfectures de l'Occident; Vienne fut la résidence de
l'un des trois vicaires ou lieutenants du préfet.

La division de l'empire romain, qui avoit commencé dès l'époque de
Dioclétien, fut définitivement accomplie à la mort de Théodose, en
395. La Gaule fit partie de l'empire d'Occident. Depuis que Constantin
avoit transféré le siége de l'empire à Constantinople, l'Occident, éloigné de la force centrale et abandonné par les empereurs, étoit en
proie aux Barbares. L'invasion des Burgondes va maintenant séparer le
Dauphiné de l'empire romain, et lui donner une existence nouvelle :
alors déjà s'étoit accompli le plus grand fait historique de ce temps-là
et de tous les temps, l'établissement du christianisme.

On sait que la religion chrétienne se répandit de bonne heure dans
les Gaules, et que les prosélytes et les martyrs y furent nombreux : le
Dauphiné eut la gloire de propager et de soutenir le culte nouveau.

Au IIe siècle, le pape Pie Ier envoya Vérus, revêtu de la pourpre épiscopale, siéger à Vienne. Cette illustre cité ne tarda point à devenir la
métropole religieuse des Gaules : le sang de plusieurs évêques viennois
fut une semence de foi, et, malgré les persécutions que le DAUPHINÉ
souffrit comme les autres provinces de l'empire, le christianisme s'y
établit triomphant. La ville de Vienne adopta pour son patron Maurice, chef de la légion thébaine, et l'église de Vienne mérita, par sa foi
et par ses martyrs, d'être proclamée la première église des Gaules;
à l'époque du concile de Nicée, ce titre lui fut officiellement con-
féré, en 325, par le pape Sylvestre. Quelques années plus tard, en
364, Florent, évêque de Vienne, présida un concile national tenu
dans sa ville épiscopale. Enfin, sous Honorius, le concile de Turin
décerna définitivement à l'évêque de Vienne le titre de primat, que
lui disputoit l'évêque d'Arles. Mais les successeurs de Florent laissèrent
bientôt échapper leur sceptre religieux. Les invasions des Barbares, en
versant sur le DAUPHINÉ des flots de Vandales, de Goths et de Bourguignons, y étouffèrent violemment cette foi pure des premiers chrétiens,
et lui imposèrent l'arianisme avec la conquête.

En 406, les Suèves et les Vandales, poussés par le mouvement de l'invasion germanique, se jetèrent sur les Gaules, et dévastèrent tout le
pays situé entre le Rhône et les Alpes. Un soldat obscur, Constantin,
proclamé empereur par l'armée romaine des Gaules, délivra le pays de
ces bandes de pillards, et les refoula vers les Pyrénées. Les Goths d'A-
taulphe, qui vinrent ensuite d'Italie pour saccager Valence, furent à leur
tour repoussés par Constance, général d'Honorius.

La tranquillité de la province viennoise ne tarda pas à être de nouveau troublée. En 413, les Burgondes ou Bourguignons, qui s'étoient
établis depuis quelques années dans le voisinage du Jura, s'étendirent
vers le midi. C'étoient des Germains moins féroces que ceux qui avoient
déjà passé dans le DAUPHINÉ. C'étoient des chrétiens de la secte d'Arius;
leur domination devoit être moins honteuse et plus supportable; on
l'accepta sans trop de résistance. Gundicaire, chef des Burgondes, fit de

Vienne la capitale de son royaume, qui s'étendoit au sud jusque vers Arles et Narbonne.

La domination des Burgondes fut douce : ils ne persécutèrent point les chrétiens orthodoxes, et le paganisme même fut toléré. Le tiers des terres fut laissé aux vaincus.

A la mort de Gundicaire, ses fils se partagèrent ses États : leurs prétentions rivales enfantèrent la guerre civile, et, après bien des alternatives de succès et de revers, après bien des violences et des crimes, Gondebaud resta seul maître de toutes les possessions des Burgondes. Il s'occupa de pacifier ses États et de leur donner des lois; l'ensemble de ses édits est connu sous le nom de Loi Gombette. Le code bourguignon n'obligeoit pas les Gallo-Romains qui habitoient le DAUPHINÉ; ceux-ci restèrent libres de suivre les lois romaines.

La fin du règne de Gondebaud fut signalée par des malheurs : Évaric ou Emric, roi des Wisigoths, ravagea les terres du royaume de Bourgogne jusqu'à Valence; il fut vaincu. Mais les récoltes étoient perdues, et la famine désola la province; heureusement pour la ville de Vienne, un patrice des Gaules, Ecdicius, qui étoit très-riche, nourrit à lui seul quatre mille pauvres. Il y eut aussi des tremblements de terre, des signes effrayants dans le ciel; Vienne devint déserte. Les prières de l'évêque Mamert firent cesser les fléaux; c'est de cette époque que date l'institution des Rogations.

Gondebaud avoit une nièce nommée Clotilde; Clovis, roi des Francs Saliens, qui avoit entendu parler de sa beauté, la fit demander à son oncle, et l'épousa en 495. La nouvelle reine excita son mari à punir les crimes de Gondebaud, et Clovis, uni à Godegisile, l'un des fils de Gundicaire, vint attaquer le roi des Burgondes. Les victoires de Dijon et de Vienne livrèrent Gondebaud à la merci de Clovis, qui fit céder à Godegisile la ville de Vienne avec une partie du royaume.

Mais à peine Clovis étoit-il parti, que Gondebaud attaqua Vienne, s'en empara, et mit à mort son frère. A cette nouvelle, Clovis revint sur ses pas, et chassa Gondebaud, qui alla mourir en Italie. Ses États passèrent à Sigismond, son fils, qui embrassa le catholicisme, d'après les conseils d'Avitus, évêque de Vienne. Sigismond fut bientôt inquiété par les Francs. Les fils de Clovis, armés par Clotilde, entrèrent en Bourgogne; Vienne tomba en leur pouvoir, et Sigismond fut fait prisonnier avec sa femme et ses enfants. Son frère Gondomar chassa les Francs de Vienne; mais Chlodomir, après avoir fait périr Sigismond et sa famille, marche contre Gondomar. La bataille est livrée près de Vézeronce, en 524, et Chlodomir est tué. L'année suivante, les Francs vengent leur chef, chassent Gondomar, et dès ce moment le royaume des Burgondes fait partie de celui des Francs.

Le DAUPHINÉ suivit alors la fortune du royaume des Mérovingiens; il fit partie des divers États qui composoient l'apanage des rois d'Austrasie ou d'Orléans; mais il revint toujours à la couronne de France. Quelques incursions des Lombards, et les désordres de Salonius, évêque d'Embrun, et de Sagittarius, évêque de Gap, sont, jusqu'au VIIIe siècle, les seuls faits qui méritent d'être signalés.

Quand les Sarrasins eurent été vaincus par Charles Martel à Poitiers, en 732, les débris de leur armée se replièrent vers le sud-est. Grenoble, Gap, Embrun, Briançon, furent ravagées. Charles Martel poursuivit les Sarrasins et les chassa devant lui. A ce moment-là le DAUPHINÉ n'a plus d'existence particulière, et, confondu dans le vaste empire des Carlovingiens, jusqu'à la fin du IXe siècle, il est sans histoire. Il ne retrouve son individualité qu'au moment où la féodalité surgit, forte et puissante, de l'anarchie universelle, pour constituer un ordre de choses que l'antiquité n'avoit pas connu.

D'illustres écrivains et de grands historiens ont étudié les causes de cette révolution, qui fit tomber le sceptre des foibles mains des Carlovingiens dans celles d'une foule de petits souverains qui n'avoient d'autre droit que leur bravoure. L'un n'a vu là que l'influence des races, l'autre que l'influence du sol; un troisième, enfin, allant plus au fond de la nature humaine, et s'attachant moins à reconnoître les influences que lui fait subir le monde extérieur, qu'à constater le travail intime

des esprits aux différentes époques de notre histoire, admet comme causes secondaires celles que ses devanciers ont découvertes, et place au-
dessus d'elles une cause plus générale, l'état de la civilisation euro-
péenne à l'époque où s'établit la féodalité, la foiblesse de l'esprit
humain, incapable alors de s'élever à la hauteur d'une grande généralité.

Les habitants du DAUPHINÉ, comme ceux de tout l'empire carlovin-
gien, n'avoient pas l'intelligence de l'intérêt commun de tant de peuples
réunis par une volonté puissante et un génie extraordinaire sous le
même drapeau; mais ils comprenoient à merveille l'intérêt de leur province, et plus encore l'intérêt de leur ville, de leur hameau. L'esprit
local dut donc l'emporter dans cette province sur l'esprit généralisateur
des Carlovingiens. Cet esprit se manifesta bientôt après la mort de
Charlemagne.

Dans le premier partage des vastes États de ce moderne empereur
d'Occident, qui fut fait par Louis le Débonnaire, en 817, la province
viennoise fut assurée à Lothaire. Dans le partage de Verdun, de 843,
cette province lui fut conservée avec les débris du royaume de Bourgogne; elle devoit servir à rattacher à l'Italie, qui lui appartenoit aussi,
les possessions les plus septentrionales, l'Alsace et la Lorraine; elle se
trouvoit ainsi le centre ou, pour mieux dire, le nœud de cette longue
bande de territoires réunis sous son autorité, et qui étoient resserrés
à l'est et à l'ouest par la Germanie et par la France. Lothaire se retira
en 855 au monastère de Prum; ses trois fils se partagèrent ses États,
et la province viennoise tomba avec la Provence dans les mains de
Charles le Jeune. A la mort de ce prince, arrivée en 863, ses deux
frères firent encore un partage, et la province viennoise appartint à
Lothaire II, déjà roi de Lorraine. On sait que ce dernier répudia sa
femme Teutberge, pour épouser sa concubine Valdrade. Lothaire mourut en 869; les fils de Valdrade, vainement défendus auprès du pape
par Abbon, archevêque de Vienne, furent dépouillés de la succession
paternelle : Charles le Chauve et Louis le Germanique s'emparèrent des
États de Lothaire II. Mais l'empereur Louis II, oublié dans le partage

d'une succession à laquelle il avoit seul droit, vint la revendiquer, et Vienne se révolta en sa faveur. Louis II descendit à son tour dans la tombe en 876. Vienne alors retomba avec tout le DAUPHINÉ au pouvoir de Charles le Chauve, qui dépouilla le comte Gérard de son gouvernement pour en gratifier Boson, frère du favori disgracié.

Boson, qui avoit été gouverneur de l'Aquitaine et de l'Italie, puis gouverneur de Bourgogne à la fin du règne de Charles le Chauve et sous Louis le Bègue, mit à profit la foiblesse de Louis et de Carloman. Il se déclara indépendant, avec l'appui de la noblesse et du clergé. Une assemblée de seigneurs et d'évêques eut lieu le 8 septembre 873, à Montailles. Cette assemblée, présidée par l'archevêque d'Arles, supplia Boson d'accepter la couronne de Bourgogne *pour le bien du pays*, qui est la forme employée quelquefois pour inaugurer les usurpations; mais qui est quelquefois aussi l'expression d'une résolution nécessaire pour sauver les peuples, et des calamités des guerres civiles et de tous les désordres qu'entraîne l'absence d'un pouvoir régulier. Le titre de roi que cet acte décernoit à Boson satisfaisoit enfin l'ambition de sa femme Hermengarde, fille de l'empereur Louis. «Elle vouloit du moins être « reine, disent les vieilles annales, pour trouver du plaisir à vivre.»

Le DAUPHINÉ fit partie du nouveau royaume de Bourgogne, avec les comtés de Lyon, de Mâcon, de Chalon-sur-Saône, beaucoup d'autres villes sur la rive gauche du Rhône, et les diocèses d'Uzès et de Viviers sur la rive droite; mais, de toutes ces villes, Vienne étoit la plus importante, ainsi qu'elle le prouva, lorsque Carloman vint attaquer Boson. Mâcon, Autun, d'autres villes du nord, étoient déjà soumises, et toutes les provinces reconnoissoient le fils de Louis le Bègue : Hermengarde, enfermée dans Vienne, arrêtoit tous les efforts de l'ennemi. Cette lutte terrible devoit apprendre à Carloman combien son empire étoit précaire, combien ses successeurs légitimes auroient de peine à se maintenir sur le trône de Charlemagne. L'usurpation et la résistance de Boson étoient un témoignage éclatant de la puissance de la féodalité naissante et de la foiblesse de la royauté carlovingienne : Boson jouoit déjà le rôle de ces ducs de France d'où sortit la dynastie capétienne.

Hermengarde se défendit pendant deux ans dans Vienne; mais elle fut enfin forcée de céder. En 884, à la mort de Carloman, Boson reparut dans le Dauphiné. Charles le Gros qui l'avoit déjà combattu comme allié de Carloman, lui déclara la guerre; mais ce prince avoit trop de couronnes à défendre pour pouvoir s'opposer sérieusement à l'usurpation de Boson; en 886, il traita avec lui, et lui laissa le titre de roi, en se réservant une suzeraineté qui ne pouvoit être que nominale. Le Dauphiné jouit quelque temps du repos sous la nouvelle maison de Bourgogne; sa position géographique le mettoit à l'abri des invasions des Normands qui ravageoient le reste de la France; mais les Sarrasins postés à Fraxinet, château qu'ils avoient construit dans les Alpes provençales, inquiétèrent plus d'une fois sérieusement le Dauphiné. Dès l'année 906 (1), les Sarrasins traversèrent et ravagèrent cette province, pour se rendre dans le Piémont, dont ils poursuivirent ensuite les habitants dans les montagnes alpines, au lieu où se trouvoit le couvent d'Oulx, entre Suze et Briançon. La terreur que ces bandes répandoient dans les montagnes étoit si grande, que les chrétiens des Alpes se réfugioient dans tous les lieux qu'ils croyoient inaccessibles aux Arabes. La plupart des villes de toute cette partie du Dauphiné furent dévastées et virent massacrer leurs prélats et leurs prêtres. Enfin, les Sarrasins s'emparèrent même de Grenoble, ainsi que de toute la vallée du Graisivaudan, et Isarn, évêque de ce diocèse, se retira à Saint-Donat, à quelques lieues au nord de Valence. Ce ne fut qu'en 965, après environ vingt ans d'occupation, qu'ils furent chassés de toute cette contrée par les seigneurs de la province, à l'appel de l'évêque. Ils restèrent encore quelque temps établis dans les Alpes, entre Gap et Embrun; mais ils cessèrent alors d'être redoutables aux habitants du Dauphiné. Nous avons déjà fait remarquer dans nos travaux sur la Franche-

---

(1) Invasion des Sarrasins en France et de France en Piémont, en Savoie et en Suisse, par M. Reinaud, membre de l'Institut, in-8, Paris, 1836.

Comté, qu'ils pénétrèrent jusque dans les montagnes du Jura, où plusieurs lieux portent encore les noms de *Bief* sarrasin, Caverne du Sarrasin, etc. En 889, Boson meurt; son fils Louis étoit bien jeune encore. Sa veuve Hermengarde sollicita en sa faveur les suffrages de l'empereur et du pape; mais sa force véritable résidoit dans la volonté des seigneurs de Bourgogne; ils consentirent dans l'assemblée de Varennes à laisser régner le jeune fils de Boson : c'étoit se faire rois eux-mêmes. Ils possédoient les villes, les forteresses, le gouvernement; ils n'avoient rien à craindre d'une femme et d'un enfant. Toutes les tentatives d'Hermengarde et de Louis pour diminuer l'autorité de leurs grands vassaux furent également impuissantes. Hermengarde envoya des ambassadeurs au pape Formose, reçut deux légats à sa cour, et convoqua, en 894, à Vienne, un concile qui proposa des réformes utiles, défendit à un prêtre de recevoir dans sa maison d'autres femmes que sa mère ou sa sœur, et de percevoir le *denier d'entrée à la porte des églises*. Ce même concile réclama la dîme ecclésiastique; il lança l'anathème contre ceux qui avoient acquis ou conservé des terres ou des priviléges du clergé.

Le jeune Louis s'aperçut bientôt qu'il n'étoit pas maître dans son royaume : aussi, l'occasion s'étant présentée pour lui d'acquérir de la puissance et de la gloire au dehors, il la saisit avec empressement.

De 899 à 906, ce prince tenta trois fois la conquête de l'Italie. Il étoit appelé par le marquis d'Ivrée, Adalbert, contre Bérenger II. Deux fois proclamé roi de Lombardie, sacré empereur à Rome par Benoît IV, il sembloit fermement établi dans la Péninsule italique, quand le duc de Toscane, changeant tout à coup de parti, favorisa le retour de Bérenger. Bientôt ce même duc, mécontent de Bérenger, rappela celui qu'il avoit chassé, et Louis revint une troisième fois en Italie; mais surpris dans Vérone, en 906, il fut privé de la vue par l'ordre de son ennemi. Le nom de ce prince infortuné continue à figurer sur les chartes. Mais le véritable roi de la Bourgogne cisjurane est, dès ce moment-là, Hugues, comte d'Arles, qui songe bientôt à joindre le titre à la réalité de la puissance. Dans ce but, il s'efforce de se concilier le clergé.

A la sollicitation d'Alexandre, archevêque de Vienne, il restitue à l'abbaye de Saint-Pierre l'église de Saint-Marcel et le domaine de Crescencieu, en même temps qu'il rend à Hugues, évêque de Valence, des terres que lui avoit autrefois enlevées Boson. Ces actes de justice lui ouvrirent les voies au trône mieux que des actes de force et de puissance. Cependant, depuis son retour d'Italie, Louis l'Aveugle s'étoit marié à Adélaïde d'Angleterre, petite-fille du roi Alfred le Grand, et il en avoit eu un fils qu'il appela par orgueil Charles-Constantin, comme s'il devoit régner à la fois sur l'Occident et sur l'Orient. Il lui donna le titre de prince de Vienne, et le plaça sous la protection du roi de France, Raoul Ier, en l'autorisant à lui faire hommage de sa principauté.

Cette prétention fut inutile. Louis l'Aveugle mourut en 923; Charles-Constantin ne conserva que quelques villes; la plus grande partie du royaume passa aux mains de l'ancien ministre de son père, ou plutôt les seigneurs profitèrent de la lutte qui s'éleva entre les deux prétendants, pour n'obéir ni à l'un ni à l'autre. Après le rétablissement de la paix, la foiblesse de Charles-Constantin et les fréquentes absences de Hugues permirent aux barons et aux prélats de se fortifier encore dans leur indépendance, et de s'ériger en seigneurs souverains. Toutes ces usurpations partielles s'accomplissoient de 926 à 937, pendant que Hugues étoit en Italie, occupé à conquérir et à défendre une nouvelle couronne que lui offroit sa mère Berthe, mariée en secondes noces au duc de Toscane, et qu'il disputoit à Rodolphe, roi de la Bourgogne transjurane, qui, à la sollicitation de presque tous les grands vassaux italiens, étoit venu combattre et renverser Bérenger. En 930, Rodolphe renonça, en faveur de Hugues, à ses prétentions sur l'Italie, à condition que la Bourgogne cisjurane seroit réunie à la Bourgogne transjurane. Cette union des deux Bourgognes fut consolidée par le mariage d'Adélaïde, fille de Rodolphe, avec Lothaire, fils de Hugues. C'est ainsi que le DAUPHINÉ passa, en partie du moins, et à l'exception des villes occupées par Charles-Constantin, sous la domination d'une nouvelle famille.

Hugues avoit disposé de son royaume de Bourgogne comme d'une propriété particulière, sans consulter ni les grands, ni le clergé, ni le peuple, et, d'ailleurs, aucune élection, aucune déclaration solennelle n'avoit légitimé son usurpation. Les droits de Rodolphe étoient au moins contestables. D'un autre côté, Hugues chercha bientôt à reprendre ses droits sur la Bourgogne cisjurane, en épousant Berthe de Souabe, veuve de Rodolphe, mort en 937. Cependant, le fils de Rodolphe, le jeune Conrad, surnommé le Pacifique, fut le véritable roi des deux Bourgognes. Le DAUPHINÉ fut donc soumis au sceptre de ce foible monarque. Ainsi, lorsqu'en 937 Hugues fut obligé d'abandonner l'Italie et de laisser son fils Lothaire II sous la tutelle de Bérenger II, marquis d'Ivrée, il ne se retira pas à Vienne, mais dans le comté d'Arles, héritage de son père, qu'il s'étoit réservé dans son traité avec Rodolphe. Après une longue carrière, agitée par l'ambition, Hugues se retira dans un monastère, où il mourut en 947.

. A son tour, Charles-Constantin règne sur le comté de Vienne, sous la suzraineté de Louis d'Outre-Mer, roi de France, qui s'étoit avancé à la tête d'une armée jusque sous les murs de cette ville. Mais bientôt le DAUPHINÉ revient tout entier sous la domination de Conrad le Pacifique.

Conrad voulut que la ville de Vienne fût la capitale des deux Bourgognes; il prit même le titre de roi de Vienne. Sous son règne, le DAUPHINÉ jouit de quelques moments de tranquillité; il échappe encore aux dévastations des barbares, qui inondent alors la France, l'Italie et l'Allemagne. A l'ouest, les Hongrois arrivoient dans la haute Italie; au midi, les Sarrasins espagnols s'étoient établis dans la Provence et gardoient les passages des Alpes. On ne peut dire quels auroient été les malheurs du DAUPHINÉ si ces deux peuples, se donnant la main, s'étoient unis dans un but commun de conquête ou plutôt de pillage. Une ruse de Conrad les arma l'un contre l'autre, et les Bourguignons survenant au milieu de la bataille, détruisirent à la fois les Sarrasins et les Hongrois. Également affoibli par un combat meurtrier, Conrad fut habilement secondé dans cette lutte par Guillaume, comte d'Arles, qui sauva la ville de Gap d'une invasion sarrasine, et enleva, en 972, aux infidèles la forte position de Fraxinet. Dès lors, le DAUPHINÉ fut tranquille du côté du midi. Il l'étoit aussi du côté du nord et de l'ouest : la royauté des Francs n'existoit plus que grandement diminuée aux mains des Capets, et la royauté des Burgondes, à son tour, alloit disparoître.

Les empiétements des grands vassaux laïques et ecclésiastiques continuent sous le règne de Conrad le Pacifique et sous celui de son fils Rodolphe III, qui monte sur le trône en 993; cette maison marche avec rapidité vers sa décadence.

Rodolphe essaya bien de ressaisir la disposition souveraine des offices, des terres, des évêchés et des abbayes. Mais, dit Chorier, « les « gouverneurs des provinces et des villes qui avoient des titres de ducs, « de marquis, de comtes, s'y établirent une espèce de souveraineté pres- « que indépendante. » Rodolphe, pour se venger des seigneurs qu'il n'avoit pu réduire, s'adressa alors, dans son dépit, à l'empereur Henri II, avec lequel il eut une entrevue à Strasbourg, en 1016, et s'engagea à lui léguer ses États. Mais les grands de Bourgogne, qui redoutoient la puissance de l'Empereur, protestèrent contre la donation. Otte Guillaume, comte de Bourgogne, le plus puissant de tous, repoussa les troupes impériales. Cependant, la donation fut renouvelée : Rodolphe remit à l'Empereur sa couronne, son sceptre et ses ornements royaux. A la mort de Henri II, il voulut se réconcilier avec ses vassaux, et ne confirma pas le don de son héritage au nouvel empereur Conrad II. Mais Conrad réclama la Bourgogne au nom de sa femme Gisèle, nièce de Rodolphe; il prit Bâle et força, en 1024, Rodolphe à le reconnoître pour son héritier. Six ans après, quelque temps avant sa mort, il lui envoya les insignes de la royauté.

Conrad étoit occupé alors à combattre les Polonois. Eudes, comte

de Champagne et neveu de Rodolphe, réclama le trône de Bourgogne,
prit Morat, Neuchâtel, Vienne, et s'assura des États de Provence. Mais
Conrad survint, battit Eudes, le repoussa jusque dans son comté, et le
tua dans une dernière bataille. Les seigneurs de Bourgogne se soumi-
rent sans résistance à sa suzeraineté, comprenant, du reste, qu'elle seroit plus fictive que réelle. Conrad reçut à Genève la soumission des
deux royaumes de Bourgogne, et, quatre ans plus tard, l'assemblée de
Soleure, où étoient réunis tous les grands vassaux laïques et ecclésiastiques de la Bourgogne, reconnut solennellement comme roi d'Arles
Henri, son fils. Henri jura de son côté de respecter les franchises et
les immunités de ses peuples.

Le DAUPHINÉ alloit désormais vivre plus que jamais de sa vie propre
sous le sceptre lointain des empereurs d'Allemagne, dont les intérêts
les plus graves étoient en Italie, et qui, soumis d'ailleurs au caprice
de l'élection, ne pouvoient surveiller leurs droits avec cette constance
qui seule fonde une puissance réelle.

Cette province se divisoit alors en deux parties bien distinctes, la
montagne et la plaine, le haut et le bas DAUPHINÉ. Le bas DAUPHINÉ
comprenoit, en partant de l'angle que forme au nord le Rhône au moment où il reçoit la Saône, et en suivant le cours de ce fleuve :

1° La baronnie de la Tour du Pin, qui se compose de l'île de Crémieu, de Bourgoing, la Tour-du-Pin, Quirieu, et d'une partie au delà
du Rhône, où se trouvent Varey, Neyrieu, Coligny;

2° Le comté de Viennois et d'Albon; villes principales, Vienne, Albon, Romans, Pont-en-Royans, Ornacieu, Mantaille, etc. Il faut y rattacher la baronnie de Clermont;

3° Le comté de Valentinois, capitale Valence; villes principales, Alais,
Montélimar et Saint-Paul-trois-Châteaux, capitale d'un petit pays appelé le Tricastinois;

4° Enfin, le comté de Diois; villes principales, Die et Crest, qui ne
touche pas au Rhône, et longe le comté de Valentinois de manière
à en paroître une annexe nécessaire.

Le haut Dauphiné renfermoit, 1° le comté de Graisivaudan, capitale Grenoble; villes principales, Montbonod, Entraigues et Val-Bonnays. On y rattache les deux baronnies de Sassenage et de Sarmorenc et le petit pays d'Oysans. C'est dans le Graisivaudan que se trouve la grande Chartreuse;

2° La principauté de Briançon, pays entièrement couvert de montagnes. Avec Briançon, il faut citer Exilles, Césane qui portoit le titre de marquisat, et Château-Dauphin;

3° Au midi du Graisivaudan, le duché de Champsaur (*Campis Auri ducatus*), où se trouve le château de Lesdiguières;

4° Au-dessous du Briançonnois et du Champsaur, le pays de Gap et celui d'Embrun, qui portèrent le titre de comtés, et firent longtemps partie de la Provence;

5° Enfin, tout à fait au sud, les baronnies de Meuillon ou Médillion et de Montalban.

A l'époque où la féodalité jetoit sur tout le sol de France les plus profondes racines, quatre puissances se partageoient le Dauphiné, de même que toutes les autres provinces du royaume : les *prélats*, qui occupoient les villes épiscopales; les *comtes*, qui régnoient dans les villes de moindre importance, que la plupart du temps ils avoient fondées en réunissant autour de leurs châteaux des laboureurs et surtout des artisans, et qu'ils protégeoient par des fortifications, comme Bourgoing, Montélimar, la Tour-du-Pin; les *seigneurs* non titrés, qui possédoient des propriétés moins étendues dans les campagnes; enfin, les *simples chevaliers*, placés au dernier rang dans la hiérarchie féodale, et qui n'avoient que leurs manoirs : toutes personnes attachées les unes aux autres par les liens et les devoirs féodaux, et défendues par les lois d'une société toute guerrière; toutes exerçant leur autorité au-dessous d'elle, se manifestant enfin sous une même forme.

Cependant, les habitants des villes principales, placées sous l'autorité immédiate des évêques, avoient plus d'indépendance.

Le Dauphiné est une des provinces de la Gaule romaine où la métropole envoya le plus de colonies. Die, Embrun, Gap, Grenoble, Valence, Vienne, sont mentionnées par les historiens de la Gaule méridionale comme colonies romaines et comme municipes. Il existe des preuves écrites de la fondation de Valence et de l'agrandissement de Grenoble, l'ancienne Cularo, par le peuple-roi; des inscriptions trouvées sur les monuments de Die et de Vienne font connoître l'origine romaine de ces villes. La conquête barbare ne fit pas perdre aux municipes du DAUPHINÉ tous les droits dont ils jouissoient sous les empereurs. Les institutions municipales conservées à ces villes par leurs évêques, alors leurs seuls *défenseurs,* se perpétuèrent jusqu'à un certain point pendant le moyen âge. Au VIIIe et au IXe siècle, les évêques devinrent naturellement les seigneurs des cités qu'ils avoient protégées contre la tyrannie et l'oppression. Leur pouvoir étoit d'ailleurs sanctionné par l'adhésion publique; ainsi, au IXe siècle, on rencontre des traces de l'influence qu'avoient les habitants des villes dans l'élection des évêques. A Embrun, en 1056, ils interviennent pour celle de l'évêque Siméon, et, un siècle et demi plus tard, pour celle de Raymond; à Die, en 1073, l'élection de l'évêque se fait du consentement unanime du clergé, du peuple et du comte. Aussi, quoique les évêques fussent seigneurs des villes, et qu'ils eussent obtenu, comme le dit Dunod, tous les droits régaliens de la faveur des empereurs devenus rois de Bourgogne, il n'en est pas moins vrai que les habitants des villes conservèrent en partie leur liberté municipale; ils avoient au moins le droit de concourir à l'élection de leurs maîtres, et par cela seul ceux-ci devoient être moins durs; d'un autre côté, les évêques possédoient les plus grandes villes, et l'agglomération de la population a toujours été favorable à la liberté. Enfin, les évêques étoient en général moins disposés à la guerre que les seigneurs laïques.

D'autres villes, Crest, en 1188, et Montélimar, en 1198, obtinrent des chartes et des priviléges des comtes de Valentinois; Étoile en reçoit une, en 1244, d'Adhémar de Monteil; Buis, en 1288, du baron de Meuillon; Nyons, en 1314, du dauphin lui-même.

Mais les habitants des campagnes étoient moins favorisés que ceux
des villes. Le servage n'étoit peut-être pas le plus grand de leurs maux :
la guerre que se faisoient souvent les possesseurs de fiefs ruinoit sans
cesse les cultivateurs déjà si pauvres. Les artisans des villes n'étoient
guère mieux favorisés sous l'autorité des comtes. Les uns et les autres
ne comptoient pas dans l'État. Ils n'avoient aucune existence politique.

Mais bientôt les habitants des campagnes et les habitants des villes
épiscopales ou comtales alloient avoir, sinon un même suzerain direct,
du moins un premier seigneur médiat, né sur le sol du DAUPHINÉ et
sorti des rangs de la noblesse. Ce seigneur, qui alloit s'élever au-dessus
de ses égaux, c'est le premier dauphin, qui étoit issu de la maison
des comtes d'Albon. La petite ville d'Albon fut le berceau de la grandeur de cette maison, qui parvint à étendre, par ses alliances et ses
héritages plutôt que par ses conquètes, son autorité sur presque toute
l'ancienne Allobrogie.

Chorier prétend retrouver un comte d'Albon dans un seigneur nommé
Gui, *Wido, Wigo, Guigo;* en italien *Guido,* en français *Gurgues, Guignes,*
ou plus communément Gui, qui assista à l'assemblée de Varennes de
889, et concourut à l'élection de Louis, fils de Boson, au trône de la
Bourgogne cisjurane; appuyé sur des actes dont l'authenticité est au
moins douteuse, cet historien dresse hardiment la liste des descendants
de ce Gui, et il trouve : Gui II en 940, Gui III vers 1016, Gui IV en
1050, Gui V en 1060.

André Duchesne et le président de Valbonnays font remonter moins
haut la généalogie authentique des dauphins. Ils s'appuyent sur le témoignage de saint Hugues, évêque de Grenoble, qui nous apprend que
le premier comte possesseur de terres près Grenoble fut Gui le Vieux,
qui vivoit vers l'an 1040, et mourut en 1075. D'après Chorier, ce seroit
Gui VI. Mais nous l'appellerons Gui Ier. Après avoir été longtemps en
querelle avec l'évêque de Grenoble, il prit l'habit religieux et s'enferma
dans la célèbre retraite de Cluny.

Vers cette époque, on trouve un Humbert d'Albon, évêque de Gre-

7

noble; il assista au concile d'Anse, près de Lyon, en 1025. Cet Humbert fut surnommé le doux Prélat, *mitis pontifex,* et on l'accuse d'avoir sacrifié les droits de son église à l'intérêt de sa famille. — Peut-être pourroit-on présumer, d'après cela, que les comtes d'Albon ne furent d'abord que les avoués de l'église de Grenoble, et usurpèrent comme tant d'autres les domaines qu'ils étoient chargés de défendre. Quoi qu'il en soit, Gui Ier laissa deux fils, Gui II, son successeur, et Gui Raymond, tige des comtes de Forez. Gui II, surnommé le Gras, prit le titre de comte de Graisivaudan, et continua, comme son père et comme tous les barons du voisinage, la grande lutte de la féodalité militaire et de la féodalité ecclésiastique, dont le DAUPHINÉ fut un des principaux théâtres au XIe siècle. En même temps, Gui soutenoit avec autant de courage que de bonheur le pape Pascal II contre l'empereur Henri IV; aussi, l'évêque de Grenoble ne fut-il pas avoué par l'Église dans sa lutte avec le comte de Graisivaudan; il fut réduit à déclarer humblement dans un acte qu'il ne lui *restoit ni mense, ni territoire entier.*

Gui III, que l'on confond souvent avec son père, montra la même roideur que lui à l'égard des réclamations de l'évêque de Grenoble. Il paroît s'être attaché à consolider par la paix les conquêtes de ses prédécesseurs, et quoiqu'il ait accompli le pélerinage de Saint-Jacques, quoiqu'on trouve plusieurs chartes où le titre de *moine* est ajouté à son titre de *comte, Guiguo comes monacus,* sans doute en témoignage de sa piété, l'on ne voit nulle part qu'il se soit inquiété des réclamations de l'évêque de Grenoble; il conserva sans scrupule des terres pour lesquelles, selon lui, une longue possession lui tenoit lieu de droit. Gui III vécut, du reste, ainsi que son père, dans la plus complète indépendance de son suzerain naturel, l'empereur d'Allemagne. L'Empire étoit alors déchiré par la guerre civile connue sous le nom de Querelle des investitures : au moment où les provinces centrales se soulevoient tour à tour contre chaque empereur, on ne pouvoit songer à soumettre une province éloignée comme le DAUPHINÉ.

Mais Lothaire II de Saxe voulant au moins empêcher la prescription de son autorité sur l'ancien royaume de Bourgogne, la délégua au duc de Zoeringhen, qu'il décora du titre de *recteur* ou de gouverneur. Le Dauphiné pouvoit craindre de retomber sous le joug de l'empereur; mais il falloit, avant d'attaquer cette province, soumettre la Bourgogne; la bravoure du comte Renaud, en sauvant son pays, préserva aussi le Dauphiné.

Gui IV, alors comte de Graisivaudan, pilloit, pendant cette lutte, dont son fils recueillera plus tard tous les fruits, les domaines de l'archevêque de Vienne, qui avoit voulu le frustrer de quelques droits seigneuriaux. Le ressentiment réciproque du comte et de l'archevêque ne fut calmé que par l'intervention du pape. Quelque temps après, Gui IV déclaroit la guerre à son beau-frère le comte de Savoie, et assiégeoit Montmélian. Le comte de Savoie accourut au secours de cette place, la plus importante de ses petits États; il força l'ennemi à lever le siége. Gui IV mourut en 1142, au bout de trois jours, des blessures qu'il avoit reçues dans un combat acharné que lui avoit livré le comte de Savoie. On lui avoit donné pendant son règne le surnom de Dauphin, et ce surnom devint pour ses descendants un titre honorifique qui servit à désigner le seigneur suzerain du Dauphiné. A cette époque, du reste, malgré leur réelle indépendance, les dauphins reconnoissoient la suzeraineté nominale des empereurs. Ainsi, l'empereur Lothaire de Saxe prescrivit par un édit aux habitants du Dauphiné d'adopter les lois romaines, édit auquel ils purent se soumettre sans répugnance et sans difficulté, car ces lois n'avoient jamais cessé d'être observées dans la province.

Gui IV n'avoit laissé qu'un fils en âge de *pupillarité*. Sa veuve, Marguerite, fille d'Étienne, comte de Bourgogne, et nièce du pape Calixte II, prit en main la tutelle du jeune Gui V, et, par son habile fermeté, lui prépara un règne qui seroit devenu illustre s'il n'eût pas été si court. Lorsque Gui V fut en âge de porter les armes, il se rendit à la cour de son suzerain, l'empereur d'Allemagne. C'étoit alors Frédéric Ier de Hohenstaufen; le jeune Dauphinois lui plut; l'empereur l'arma chevalier de sa propre main, lui donna en mariage une de ses parentes, Béatrix de Montferrat, et, en lui accordant la possession d'une mine d'argent, située à Rame, dans le Briançonnois, il lui octroya aussi le droit de battre monnoie dans la petite ville de Cérane, au pied du mont Genèvre. Enfin, Berthold VI de Zoeringhen ayant cédé ses droits sur le Viennois au comte d'Albon, l'empereur ratifia cet arrangement : Gui V prit le titre de dauphin de Viennois, et, dans les médailles frappées à son effigie, se fit représenter sur un trône, tenant en main un sceptre terminé par une espèce d'ornement qu'on a pris pour une fleur de lis; sur le revers on lisoit : *Guigo. Delphi. Vienn. et comes Albonis*, Guigne, dauphin de Viennois, et comte d'Albon.

Gui V mourut à Vizille, en 1162, à peine âgé de vingt-six à vingt-sept ans, après avoir accompagné Frédéric Ier dans la première expédition d'Italie. Cette mort arrêta subitement les progrès de la puissance des dauphins; mais leur politique prudente devoit bientôt leur assurer de nouveaux succès. Chose assez singulière : au moment où toute l'Europe se précipite en armes vers la terre sainte, l'historien des comtes d'Albon et de Graisivaudan n'a pas une seule fois prononcé le nom de croisade. Ces comtes jouent dans le Midi un rôle analogue à celui des premiers Capétiens dans le Nord : pendant que tout s'agite autour d'eux, ils restent immobiles, et comme attendant l'occasion de recueillir les dépouilles de leurs généreux compatriotes. La noblesse dauphinoise vole acquérir en Palestine des titres de gloire; mais les dauphins, fixés dans leurs domaines, affermissent d'abord leur autorité sur le Graisivaudan. Une fois fortifiés, ils dépouillent d'abord les évêques de Grenoble, et ensuite ils soumettent graduellement tous les seigneurs du DAUPHINÉ.

Gui V ne laissoit qu'une fille, nommée Béatrix comme sa mère. Unique héritière des domaines de sa famille, Béatrix ne pouvant défendre par elle-même sa personne et ses États, épousa d'abord Guillaume, ou, selon d'autres, Albéric Taillefer, qui mourut en 1180, et se maria ensuite à Hugues III, duc de Bourgogne, qui étoit de la race des Capets. Mais Béatrix ne songeoit pas qu'en prenant pour époux un seigneur trop puissant, elle se donnoit un maître, et un maître rigoureux.

Hugues III avoit répudié sa première femme, Alix de Lorraine; il ne témoigna pas une bien grande confiance à Béatrix. On dit qu'il recommanda à son fils Eudes, qu'il laissoit régent de Bourgogne et de Dauphiné pendant son expédition à la terre sainte, de ne pas permettre à Béatrix de retourner dans le pays de ses pères. Hugues mourut à Tyr en 1192, et Béatrix se remaria en troisièmes noces à Hugues de Coligny. Elle avoit eu de son second mari un fils nommé Gui-André, qui lui succéda en 1228 dans le gouvernement du Dauphiné.

Ici s'ouvre une nouvelle période de l'histoire du Dauphiné. Pendant la durée de la maison d'Albon, les Gui dauphins traitoient d'égal à égal avec les autres barons de l'ancien pays des Allobroges; ils n'avoient pu s'affranchir ni de la suzeraineté des empereurs d'Allemagne, ni de celle des archevêques de Vienne : Gui V, malgré la faveur dont il jouissoit auprès de Frédéric Ier, ne put empêcher ce prince de confirmer au métropolitain du Dauphiné les droits régaliens qu'il réclamoit au préjudice des comtes de Grenoble. Les nouveaux dauphins de la maison de Bourgogne jouissent d'une autorité plus étendue, qu'ils doivent autant à leur courage et à leur prudence qu'à leur parenté avec la dynastie capétienne de Bourgogne, à leur alliance avec les Montfort, aux troubles qui agitent l'Empire pendant toute cette période. Du reste, même politique de neutralité entre les empereurs et les papes, entre les François du Nord et les François du Midi, au moment de la croisade des Albigeois.

C'est, en effet, à cette époque que l'hérésie des Albigeois et l'hérésie des Vaudois se répandent dans le midi de la France. Pierre de Vaud, Lyonnois, est du XIIe siècle, et sa doctrine pénétra de bonne heure dans le Dauphiné. Les Vaudois se faisoient ouvrir avec empressement les habitations des montagnards dauphinois, en récitant ces vers, les seuls qui soient restés des poésies morales et populaires de leur secte:

> Que non volia maudir, ne jurar, ne mentir,
> N'ouir, ne avourar, ne prenre de altrui,

Ne stavengar de si suo ennemi,
  Les dizous qu'es Vaudez et los fezons morir.

Gui VI ou Gui-André, fiancé d'abord avec Semnoresse, fille d'Aimar IV, comte de Valentinois, qui mourut avant la consommation
du mariage, épousa, au mois de juin 1202, Béatrix du Claustral, petite-
fille de Guillaume, comte de Forcalquier, et héritière désignée de la
moitié des États de son père. Elle eut pour dot l'Embrunois et le Gapençois.

Gui aida le comte de Forcalquier à réduire, par la force des armes,
Sisteron, dont les habitants ne vouloient reconnoître d'autre suzeraineté que celle de leur évêque. Fidèle, enfin, à la politique de ses
devanciers, tandis que la noblesse dauphinoise se rangeoit sous les
drapeaux de Jean de Brienne, un des prétendants au titre de comte
de Vienne, et alloit combattre en terre sainte pour lui donner le trône
de Jérusalem, sur lequel il possédoit des droits, le dauphin, qui ne
prit également point de part à la croisade des Albigeois, laissoit passer
le flot de la croisade, ne s'occupant que des affaires intérieures de sa
province. En même temps, son frère consanguin, Eudes, duc de Bourgogne, le nomma héritier de ses biens, à défaut d'*héritiers de son corps*.
Gui-André abandonna en revanche à Eudes tous les droits qu'il pouvoit avoir sur la Bourgogne, mais à condition que s'il naissoit à Eudes
un héritier, celui-ci l'indemniseroit de cette renonciation.

Gui-André s'étoit séparé de Béatrix de Claustral, sous prétexte de
parenté, et s'occupoit d'affermir sa domination dans l'Embrunois et
le Gapençois, que sa femme lui abandonna par les conseils d'Eudes
de Bourgogne. Afin de conserver le droit de possession, il fit volontai-
rement hommage de ces deux fiefs à l'église d'Embrun. Il marcha ensuite au secours d'Adélaïde, marquise de Saluces, tutrice de son fils,
et, pour prix de sa protection, il obtint d'elle que le marquisat de
Saluces seroit à l'avenir un fief du DAUPHINÉ.

Gui-André épousa en secondes noces Béatrix de Montfort. Cette alliance, autant que ses acquisitions récentes, rendoit sa puissance redoutable. Simon de Montfort demanda pour son fils Alméric ou Amaury, la fille que Gui avoit eue de son premier mariage. Montfort étoit maitre de presque tous les États de Raymond de Toulouse; mais il venoit de trouver une résistance insurmontable dans le comte Aimar de Valentinois. Eudes de Bourgogne et Gui-André s'entremirent entre les deux ennemis, et le mariage d'Amaury avec la jeune Béatrix signala le retour de la paix sur les frontières du DAUPHINÉ.

Cependant, la guerre des Albigeois continuoit avec le même acharnement des deux côtés. La ruine de Raymond VI entraîna celle de Béatrix de Claustral, dont les possessions faisoient partie des États du comte de Toulouse. Gui-André accueillit froidement la femme qui n'avoit pas conservé son amour, et assigna des domaines de peu de valeur à celle qui lui avoit donné deux provinces.

Pendant la guerre qui s'éleva, au retour du jeune Raymond III, entre la maison de Montfort et ce prince, que soutenoit Aimar de Valentinois, Gui-André garda toujours sa prudente neutralité. Mais il fit un voyage en Bourgogne, et, pour prévenir dans l'avenir toute contestation, il abandonna tous ses droits sur ce pays, moyennant la somme de 3,300 marcs d'argent. Plus tard, en 1220, il réclame, à la mort de l'évêque Jean de Sassenage, le droit de régale pendant la vacance du siége; mais la décision du chapitre ayant été contraire à ses prétentions, il se soumit religieusement à cet arrêt, et, quelques années après, il convint, par un traité conclu avec l'évêque Geoffroy ou Joffrey, que les dauphins et les évêques exerceroient ensemble le pouvoir souverain dans Grenoble; à cette occasion, l'un et l'autre se firent prêter serment de fidélité par les bourgeois et les habitants de la ville, et leur accordèrent plusieurs priviléges, entre autres celui de ne pouvoir être arrêtés pour une dette civile, toutes les fois qu'ils fourniroient une caution.

La guerre des Albigeois continuoit avec la même violence, et depuis la mort de Simon de Montfort, les Francs avoient perdu l'avantage.

Gui-André prêta peu de secours à son gendre, et ce n'est que sur la fin de la guerre, quand la cause d'Amaury paroissoit déjà désespérée, et qu'il alloit être forcé de céder ses droits au roi de France, que Gui se décida à venir à son aide, et assista aux siéges d'Alby et de Béziers.

Ce qui préoccupoit le dauphin, c'étoit la puissance nouvelle que venoit d'acquérir un pays limitrophe du sien, la Savoie. Cette ambitieuse et active maison de Savoie fut toujours pour les dauphins l'ennemie la plus intraitable et la plus dangereuse; brave, du reste, à rivaliser avec les Bayard, les Salvaing et les Sassenage, mais remarquable surtout par son esprit processif et sa ténacité, elle ne cessa de gagner aux querelles de ses voisins; toujours menacée par l'Allemagne et la France, et serrée entre ces deux colosses, elle eut toujours l'adresse d'échapper à leur étreinte, et, par l'habileté de sa politique plus encore que par le succès de ses armes, elle parvint à remplacer sa couronne de comte par une couronne de duc, et celle-ci par la couronne royale.

Gui-André, le plus remarquable des dauphins de la seconde race par son habileté politique, s'inquiétoit avec raison des progrès de la maison de Savoie. Il s'allia au marquis de Saluces, et tous deux conclurent de concert un traité avec la ville de Turin. Gui-André s'engageoit à ne pas contracter d'alliance avec la Savoie sans prévenir au préalable les habitants de Turin, à ne pas permettre sans leur agrément l'entrée des grains du DAUPHINÉ dans le comté de Savoie, à ne pas donner aux marchands de Quiers, de Génes, d'Asti, l'entrée de ses États, s'ils n'avoient passé par Tortone, Turin et Pignerol; enfin, il s'engageoit à envoyer deux fois par an à Turin cinquante chevaux et mille hommes d'infanterie, pour y servir pendant un mois. Il acceptoit, ainsi que le marquis de Saluces, le titre de citoyen de Turin, et achetoit dans cette ville un palais que ses descendants ne pouvoient aliéner. «Il falloit, dit « Chapuis Montlaville, que Guignes redoutât beaucoup la puissance du « comte de Savoie pour passer un traité qui l'engageoit d'une manière « si précise. »

Gui-André mourut le 5 mars 1236, laissant la réputation d'un homme également intrépide à la guerre et constant dans ses projets, et surtout profond politique.

Gui-André laissoit un fils en bas âge sous la tutelle de sa mère Béatrix de Montferrat. Le jeune prince étoit dauphin de Viennois, comte d'Albon, de Gap et d'Embrun, mais son autorité étoit contestée dans les pays les plus nouvellement réunis au DAUPHINÉ. Les Embrunois se révoltèrent; l'activité de la régente rétablit la paix.

Bientôt Gui VII disputa lui-même la souveraineté de comte d'Embrun à l'archevêque de cette ville. Les seigneurs et les prélats du DAUPHINÉ s'interposèrent dans cette lutte, et, malgré l'acte d'hommage de 1217, il fut convenu que la souveraineté seroit partagée entre le dauphin et l'archevêque; toutefois, on réserva à ce dernier le *domaine supérieur,* c'est-à-dire le droit de décider en dernier ressort.

La querelle recommence bientôt; Charles d'Anjou venoit de prendre possession de la province; Gui, pour se soustraire à la suprématie de l'archevêque d'Embrun, fit de lui-même hommage au prince françois du comté de ce nom. Le pape alors envoya un légat pour juger l'affaire. Mais consulté par Pierre, comte de Savoie, dont il avoit épousé la fille Béatrix, Gui VII mit à profit le dissentiment du pape et de l'empereur pour se rendre celui-ci favorable. Au moment où Frédéric II, revenu de la terre sainte, descendoit en Italie pour se venger de Grégoire IX, les seigneurs et les prélats dauphinois allèrent à sa rencontre, et le trouvèrent occupé au siège de Brescia. Frédéric accueillit avec bonté des vassaux qui lui apportoient de grands secours en hommes et en argent; il leur fit de grands dons. Le dauphin reçut pour sa part, à titre de fief, une pension de trois cents onces d'or, payable chaque année aux fêtes de la Résurrection; son chambellan reçut, au même titre, une pension de quinze onces d'or. De plus, Frédéric confirma l'acquisition que le dauphin avoit faite de Gap et d'Embrun; mais il ressuscita le vieux titre de vicaire général de l'empire dans le royaume d'Arles et de Vienne, en faveur de Joachim Spinola.

Gui VII, en épousant Béatrix, avoit voulu par cette alliance assurer la tranquillité de ses États. Pierre mourut sans enfants mâles, et laissa par testament son héritage à son frère Philippe; le dauphin se contenta du Fouligny, que Béatrix tenoit de sa mère, Éléonore de Fouligny, et il consentit même à rendre hommage au comte de Savoie pour la baronnie de la Tour et pour d'autres terres situées dans le pays viennois.

En 1243, Gui VII rendit hommage à l'église de Vienne pour le comté de ce nom, qui s'étendoit depuis Voreppe et Grenoble jusqu'aux Fourches-Dupuy, comprenant ainsi tout le pays entre le Rhône et l'Isère, et promit d'offrir chaque année à l'autel de saint Maurice un cierge de douze livres. En 1789, le roi de France faisoit encore offrir, comme successeur des dauphins, un cierge semblable au doyen de Saint-Maurice, par son procureur établi à Grenoble.

Gui VII laissa, en 1248, passer les croisés commandés par saint Louis, sans s'associer à leur héroïque et pieuse entreprise. Ce passage de saint Louis sur les frontières du Dauphiné fut même l'occasion d'une guerre entre ce Gui VII et le turbulent Aimar de Valentinois, qui s'étoit joint au roi de France, pour mettre fin au brigandage du sire de la Roche-Glun, vassal du dauphin; Aimar avoit d'ailleurs négligé de rendre à celui-ci l'hommage qu'il lui devoit pour la terre de Saint-Nazaire. Dès que les François furent éloignés, Gui VII prit Saint-Nazaire, saccagea Roche-Brune et plusieurs autres places. Heureusement, l'archevêque de Vienne intervint dans la querelle et réconcilia Gui VII avec Aimar.

Sur la fin de son règne, Gui VII est occupé par des guerres interminables contre les prélats et les seigneurs de ses États. Embrun se révolte de nouveau, et cette fois perd ses priviléges. Gui VII triomphe également du sire d'Agout et du baron de Meuillon. Enfin, c'est avant sa mort que s'accomplit la séparation officielle du Dauphiné et de l'Allemagne, pendant l'anarchie qui suivit la chute de la maison de Hohenstaufen et précéda l'avénement à l'empire de Rodolphe de Hapsbourg. Gui VII, qui étoit parent de Conrad IV, le dernier empereur de cette maison, resta fidèle aux Hohenstaufen. Après la mort de Conrad, il s'intitula *prince souverain,* et rejeta complétement le joug de la puissance impériale.

L'influence des dauphins dans l'ancienne Allobrogie s'étoit alors singulièrement accrue. Les seigneurs de rang inférieur ne lui contestoient plus la prééminence, et les ligues qu'ils forment entre eux prouvent l'impuissance où ils sont de lutter individuellement contre les dauphins. Cependant, cette union des seigneurs de second rang contre le seigneur principal empêcha toujours la puissance des dauphins d'être absolue. D'autres causes concoururent à ce résultat : « Les seigneurs, en guerre « continuelle avec la Savoie, dit M. Michelet, en parlant du DAUPHINÉ, « eurent intérêt à ménager leurs hommes; les vavasseurs y furent « moins des arrière-vassaux que des petits nobles indépendants. » Mais les guerres avec la Savoie ne deviennent permanentes que dans le XIIIe siècle; une cause plus générale, et qui remonte plus haut, mit un frein au pouvoir des dauphins. Cette cause, c'est l'existence dans le DAUPHINÉ des hommes libres et des francs-alleux. Dans le principe, il n'y eut pas un seul grand seigneur dans le DAUPHINÉ, et les hommes purent se défendre par eux-mêmes contre les envahissements d'une aristocratie peu forte et peu unie. Ensuite, le pouvoir des prélats étoit moins hostile que celui des seigneurs féodaux, à l'existence des hommes libres, et on compte dans le DAUPHINÉ deux archevêchés et cinq évêchés. C'est là ce qui fit qu'il exista toujours dans cette province une classe de petits propriétaires libres, vivant sur leurs francs-alleux, sans rendre hommage à personne; c'est ce qui fit que l'axiome : *Nulle terre sans seigneur,* ne fut jamais adopté dans la jurisprudence dauphinoise.

Le DAUPHINÉ alloit encore passer dans une autre maison. Ce grand fief fut apporté en dot par Anne, fille de Gui VII, à son mari, Humbert de la Tour du Pin, qui l'avoit épousée en 1273. Robert II, duc de Bourgogne, revendiqua bien la succession de Jean Ier comme son plus proche parent mâle; mais Philippe le Bel, roi de France, qui fut choisi pour arbitre, décida que le DAUPHINÉ appartiendroit à la dauphine et à son mari, qu'il passeroit ensuite à leurs enfants, et, s'ils n'en avoient pas, à Robert de Bourgogne et à ses descendants.

C'étoit la première fois qu'un roi de France intervenoit dans les affaires intérieures du DAUPHINÉ qui, un jour, devoit devenir l'une des plus belles provinces de la monarchie de saint Louis.

Anne laissa huit enfants : Jean II, qui lui succéda; Hugues, baron de Fouligny, mort sans enfants en 1328; Gui, baron de Montalban; Henri, évêque élu de Metz, mort en 1319; et quatre filles, dont l'une mariée à Philippe de Savoie.

La maison de la Tour du Pin commençoit une troisième race de dauphins. Des guerres et des négociations remplirent toute la vie de Humbert Ier. Le comte de Savoie excite Robert II contre le dauphin. Cette guerre est à peine terminée par la médiation du roi de France, que le comte de Savoie en commence une autre qui, chaque année, est suspendue pendant l'hiver, pour être reprise au retour du printemps. La dauphine douairière, Béatrix, dont l'entrée dans la maison des dauphins sembloit devoir être le gage d'une paix perpétuelle, contribua beaucoup à entretenir la haine qui divisoit les deux maisons et les deux peuples : elle donna au comte de Savoie les seigneuries et châteaux de Bonne, Bonneville, Chastellet, Credo, Alinges, Châteaufort et Rovorée, avec la partie de Seyssel et du lac de Genève qui lui appartenoit et qui devoit revenir à sa fille. Un moment elle songea à réunir la Savoie et le DAUPHINÉ, en mariant sa petite-fille Alix au comte de Savoie, et Agnès, fille de ce dernier, avec Hugues, fils de Humbert et d'Anne de Viennois. Ces deux mariages ne s'accomplirent ni l'un ni l'autre, et la guerre continua entre les Dauphinois et les Savoyards presque sans interruption.

Cependant, une puissance nouvelle dans le DAUPHINÉ s'étoit interposée entre les deux pays : c'est la France. Humbert n'avoit pas refusé de rendre hommage à Rodolphe de Hapsbourg, quand celui-ci étoit venu, en 1291, à Morat recevoir les serments de ses vassaux de l'ancien royaume de Bourgogne. Mais, dès l'année suivante, dans un voyage qu'il fit à Paris, ce qui jamais n'étoit arrivé à aucun seigneur du DAUPHINÉ, il s'étoit aussi reconnu vassal du roi de France, et avoit juré de le servir envers et contre tous, excepté contre l'empereur, le roi de Sicile, l'archevêque de Vienne et les évêques de Grenoble et du Puy; le roi promit de son côté de secourir le DAUPHINÉ contre le comte de Savoie; ce qui paroît étrange, quand on voit les réserves apportées par Humbert à son serment de fidélité, contre l'empereur d'Allemagne. Philippe le Bel attachoit la plus grande importance à voir au moins une partie du DAUPHINÉ le reconnoître comme suzerain et défendre ses intérêts. Au moment de sa lutte avec Édouard IV, roi d'Angleterre, il avoit, comme ce prince, envoyé des députés au chapitre de l'église de Vienne; le chapitre, après de longues délibérations, avoit déclaré qu'il vouloit rester neutre entre les deux princes. Le parti eût été bon, si le chapitre eût pu faire respecter sa neutralité; mais, foible comme il étoit, il devoit s'assurer un protecteur; il ne sut que se faire deux ennemis, et le plus voisin des deux, Philippe le Bel, saisit avec empressement l'occasion d'inquiéter le chapitre par son alliance avec le dauphin. Plus tard, il se fit céder par son allié, l'empereur Albert d'Autriche, toutes les terres autrefois dépendantes du royaume de Bourgogne, qui se trouvoient le long de la Saône. La France alors touche au DAUPHINÉ par deux côtés, le nord et l'ouest, et n'en est séparée que par le Rhône. Philippe le Bel trouve enfin dans les guerres continuelles du DAUPHINÉ avec la Savoie une occasion d'exercer son influence; Charles de Valois, chargé de juger le différend, et accepté comme arbitre par les deux partis, condamne Humbert à restituer les places qu'il avoit enlevées et à détruire les forteresses qu'il avoit construites. Humbert se soumet d'abord à ce jugement, quoi qu'il le trouve injuste, mais bientôt après il recommence la guerre et se venge de la décision de Charles de Valois.

Ces luttes avec la Savoie ne cessèrent un moment sous Humbert Ier que sur la fin de sa vie; dégoûté du monde, le dauphin se retira dans un cloître. Il en sortit bientôt pour soutenir une nouvelle guerre. Cette guerre terminée, il rentra dans la solitude, où il termina une vie qu'avoient fort agitée les inquiétudes de l'ambition.

Au domaine des dauphins qui lui venoit de sa femme, Humbert avoit ajouté la riche baronnie de la Tour, patrimoine de sa famille. L'empereur lui inféoda la ville de Montélimar, au préjudice de l'évêque de Valence. La dauphine douairière, revenue dans sa vieillesse à des sentiments meilleurs, donna Montbonod, Bastie-sur-Montbonod et Montfort, à Hugues, son petit-fils. Humbert acheta en outre du baron de Meuillon la terre et le bourg d'Avisan; du doyen de Connias, la seigneurie de Clais. Enfin, il bâtit la ville de Roybon, qui s'accrut rapidement d'une population active, et il reçut l'hommage des plus puissants seigneurs de DAUPHINÉ, des Sassenage, des Meuillon, etc. Presque tous les autres se réunirent à lui contre l'ennemi commun, la Savoie; et ceux qui lui refusoient obéissance comme dauphin étoient forcés de le reconnoître comme le représentant et le *sénéchal* d'Albert d'Autriche dans le royaume de Bourgogne.

Humbert accepta de l'empereur ce titre, qui pouvoit servir à faire reconnoître sa suprématie par les nobles du DAUPHINÉ, quoique toutes ses sympathies, comme celles de son pays, fussent pour la France.

Jean, fils aîné de Humbert Ier, qui avoit le titre de comte d'Embrun et la possession de la seigneurie de la Tour, avoit perdu sa mère en 1296, et pouvoit réclamer le DAUPHINÉ. Il en laissa le gouvernement à son père, et le servit avec courage contre la Savoie. Il lui succéda, sans qu'un seul de ses vassaux contestât son autorité. Il put mettre fin à la querelle des seigneurs de Sassenage et de Saint-Quentin, et faire porter devant un tribunal un procès qui alloit se décider par les armes.

Jean II cherchoit à éviter de renouveler avec la Savoie les hostilités interrompues depuis la mort d'Humbert Ier; il ne soutint nullement les prétentions de son frère Hugues et de sa grand'mère Béatrix, qui revendiquoient la possession de ce comté. Le dauphin étoit occupé à sauver Hugues de Brescien, doyen du chapitre de Vienne, qui avoit assassiné sur son tribunal Anthelme de Mirbel, *courrier* ou *couratier* de Vienne, c'est-à-dire, juge pour l'archevêque dans les affaires civiles et temporelles; il obtint grâce pour son protégé, moyennant la fondation d'une chapelle expiatoire et une somme d'argent donnée aux enfants de la victime.

Cependant, Hugues de Foucigny réussit à entraîner son frère dans sa querelle avec la Savoie; sans prévenir Jean II, il conclut ensuite la paix avec leur ennemi, et épousa la fille du comte Amédée, en renonçant pour lui et pour Béatrix à toutes leurs prétentions sur la Savoie. Le dauphin, irrité contre Hugues, confisqua quelques-unes de ses terres; mais, ayant conclu une trève avec la Savoie, par l'entremise de Philippe le Bel, il se réconcilia avec son frère, et partit avec lui pour secourir l'empereur Henri VII.

Au retour de cette expédition, il eut à réconcilier les habitants de Grenoble avec leur évêque. Dans cette circonstance, il agit avec les deux parties comme seigneur haut-justicier, et rétablit la concorde dans la ville. Jean partit bientôt après pour six ans; il sentoit combien il lui étoit nécessaire de resserrer les liens de son alliance avec la France et de détruire les impressions qu'avoit pu laisser dans l'esprit du roi le comte de Savoie, qui l'avoit visité quelque temps auparavant. Philippe promit au dauphin, pour son fils aîné, la main d'une de ses petites-filles, et lui donna toutes les marques d'une bienveillance extraordinaire. Cependant, ce prince étoit alors occupé à faire condamner les Templiers, et Henri, le plus jeune frère de Jean II, étoit entré dans cet ordre.

C'est à cette époque que le concile de Vienne donna au roi Philippe le Bel en toute propriété la ville de Lyon; ainsi postée à l'angle nord-ouest du DAUPHINÉ, la royauté françoise n'avoit qu'à laisser agir le temps pour devenir la maîtresse d'un pays dont elle avoit la clef. Une nouvelle guerre s'étoit allumée entre la Savoie et Hugues de Foucigny; Jean II, qui étoit toujours irrité contre son frère, s'étoit d'abord tenu dans l'inaction; mais bientôt il se joignit à lui. Cependant cette guerre n'eut d'autre résultat que l'entière réconciliation de Jean avec Hugues. Ils se reconnurent par un traité réciproquement héritiers l'un de l'autre, dans le cas où l'un des deux mourroit sans enfants.

Jean II voulut aller ensuite visiter le pape à Avignon; Jean XXII le reçut avec toutes les marques de la plus grande distinction. Le dauphin séjourna peu de temps à Avignon; il sentoit sa santé s'affoiblir; il voulut retourner dans ses États; la maladie le força de s'arrêter au Pont de la Sorgues, et il y acheva ses jours le 5 mars 1319, à l'âge de trente-cinq ans.

Avant d'entreprendre ce pieux voyage, Jean II avoit négligé les affaires de sa succession : il laissa la régence du DAUPHINÉ à son plus jeune frère, Henri, élu évêque de Metz, mais en lui recommandant de prendre toujours l'avis de Hugues de Foucigny. La veille de sa mort, apprenant que la dauphine venoit d'accoucher d'une fille, il lui légua par un codicille 30,000 livres viennoises, et augmenta l'apanage de son second fils Humbert des droits éventuels qu'il avoit sur l'héritage de Fouligny.

Jean mourut aimé de ses peuples et estimé de ses ennemis; bien qu'il usât plus volontiers de ruse que de violence, il étoit brave, et, sur le champ de bataille, personne n'étoit *mieux faisant* que lui.

Après la mort de Jean II, conformément à ses volontés, son frère Henri prit en main le gouvernement du DAUPHINÉ; mais il s'associa dans ses fonctions de régent Béatrix d'Anjou, fille de Charles Martel, roi de Hongrie, et veuve du dauphin.

Le jeune Gui VIII, à peine âgé de sept ans, étoit à la cour de France, sous la protection de sa tante Clémence de Hongrie; Henri profita de ce séjour pour presser le mariage de son neveu avec une fille de France, mariage projeté par Philippe le Bel. Il envoya à la cour de Philippe le Long, qui régnoit alors, le brillant et courageux Albert de Sassenage; mais celui-ci tua en duel le grand maître Jean de Graville, qui avoit traité le dauphin de *pourceau du Dauphiné*. Les négociations furent sur le point d'être rompues, et Albert ne dut la vie qu'à la protection d'Édouard de Savoie, qui se trouvoit alors à Paris. Cependant la colère du roi s'apaisa, et le mariage de Gui VIII avec Isabelle de France fut célébré à Corbeil en janvier 1323. La princesse avoit pour dot les châteaux de Clermont, de Château-Gaillard et de la Roche, ainsi que la ville d'Annecy.

Le prince Édouard de Savoie attaquoit continuellement le comte de Genève, fidèle allié des dauphins, et tout récemment il venoit de faire une cruelle injure à Hugues de Foucigny. En 1325, Gui VIII, devenu majeur, déclare la guerre à la Savoie. Cette expédition fut malheureuse; le jeune Gui, sans avoir égard à l'infériorité de ses troupes, bien moins nombreuses que l'armée du comte de Savoie, et au désavantage de sa position, se précipita tête baissée dans le péril, en dépit des conseils de son oncle. Il fut forcé de battre précipitamment en retraite. Ce ne fut pas tout : Hugues de Foucigny fut aussi malheureux que son neveu dans une seconde bataille, et le comte Édouard de Savoie s'allia avec le sire de Châlons, et Robert, frère du duc de Bourgogne. C'est alors que le dauphin, Hugues de Foucigny et le comte de Genève signèrent un nouveau traité qui resserroit leur union : la bataille de Varey, l'une des plus célèbres du temps, en fut le fruit; les comtes d'Auxerre et de Bourgogne, le baron de Beaujeu, furent faits prisonniers, et l'orgueil de la Savoie fut abaissé autant que la gloire du DAUPHINÉ fut relevée par ce triomphe. En même temps, le comte de Valentinois se reconnoissoit vassal du dauphin, et le sire de Montluel, qui n'avoit pas d'enfants, léguoit à Henri, oncle de ce dernier, toutes ses propriétés.

Pendant trois ans, une trêve tacite s'établit entre les deux pays. En 1328, Philippe de Valois ayant demandé un corps auxiliaire au dauphin et au comte de Savoie, pour son expédition en Flandre, les deux princes allèrent le joindre, jaloux l'un et l'autre de mériter ses bonnes grâces et de s'assurer son appui. Gui fut le plus favorisé; à la ba-

11

taille de Cassel, il eut l'honneur de commander douze bannières, qui formoient l'avant-garde de l'armée françoise, et contribua beaucoup à la défaite des Flamands. Philippe de Valois donna au dauphin l'hôtel qu'habitoit à Paris la reine Clémence de Hongrie. Cette princesse venoit de mourir, après avoir réconcilié, à son heure suprême, le dauphin, son neveu, avec le comte de Savoie.

Cette union dura jusqu'à la mort du comte Édouard; mais, à cette époque, la Savoie fut disputée à son frère Aimon par le duc de Bretagne qui avoit épousé sa fille. Le dauphin s'allia au duc de Bretagne, et fut aussitôt attaqué par Aimon. Philippe de Valois intervint, fit jurer une trève aux deux princes, et la prolongea pendant deux ans.

Gui VIII profita de cet invervalle de paix forcée pour régler d'une manière définitive, dans ses domaines, le nombre d'hommes que chaque baron devoit lui fournir en cas de guerre; il porta aussi un œil attentif sur les désordres qui s'étoient glissés dans l'administration de la justice, et surtout dans le recouvrement des impôts et des péages. Ces réformes salutaires assurèrent à Gui VIII l'amour de ses sujets; mais on eût dit que la fortune, en le rendant si cher à ses peuples, ne vouloit que leur faire verser sur sa tombe des larmes plus amères.

Philippe de Valois avoit en vain essayé, dans un voyage à Avignon, de réconcilier le comte de Savoie et le dauphin. Celui-ci leva aussitôt des troupes, et, avec une hardiesse digne des plus grands capitaines, il vouloit enlever rapidement les petites places qui environnoient Chambéry, et s'emparer de cette capitale de la Savoie. Mais après quelques brillants succès, au moment où il venoit reconnoître la Perrière, bourgade près de Grenoble, il reçut un trait d'arbalète au-dessous de l'aisselle gauche, et périt, en 1330, victime de son audace, à l'âge de vingt et un ans.

Gui VIII est un des plus grands princes de sa maison; la bataille de Varey, qui l'avoit couvert de gloire, est la plus célèbre où se soient rencontrés les Dauphinois et les Savoyards, et les réformes qu'il introduisit dans l'administration avoient montré qu'il savoit être également habile politique et brave général.

Humbert II, frère de Gui VIII, lui succède. Ce prince imprévoyant ne sut pas mettre à profit les bons conseils de son oncle, et son alliance avec le roi de Naples, dont il pouvoit épouser une parente, Marie des Baux, manqua par sa négligence. A son retour dans le Dauphiné, il trouva ses États attaqués par le comte de Savoie; mais, au lieu de courir aux armes, il négocia, et obtint la prolongation de la trêve conclue naguère sous les auspices de Philippe de Valois. Humbert étoit dévot sans être moral; le séjour de la cour de Naples lui avoit donné un goût excessif pour le luxe, et l'incertitude de son esprit ne lui permettoit pas de suivre un plan de conduite ferme et constant; il se trouva bientôt endetté, et cela après avoir vendu cent quatorze terres; voilà, dit le chroniqueur, où l'entraînoient ses *folles imaginations*.

Il n'y eut qu'une chose dont la vanité de Humbert ne lui permit pas d'être prodigue : ce fut son autorité. Il créa, à l'exemple de la cour de Naples, un proto-notaire, espèce de secrétaire d'État, auquel il prétendoit en vain soumettre la noblesse. Il fut plus heureux dans sa lutte avec les évêques, qui possédoient encore une puissance temporelle assez grande dans le Dauphiné : l'archevêque de Vienne fut soumis au *pariage* comme l'évêque de Grenoble. Enfin, la ville de Romans s'étant révoltée contre son autorité, il la prit d'assaut en 1342, et fit payer aux habitants cinquante mille marcs d'argent et 200,000 florins d'or.

Cet amour de la domination fit concevoir au dauphin l'idée de ceindre le bandeau royal. L'empereur Louis de Bavière le lui fit offrir; mais Humbert étoit partisan du pape Clément VI, ennemi de ce prince, et refusa; c'est du pontife qu'il espéroit obtenir le titre de roi; il s'attacha à mériter sa faveur, et s'offrit de lui-même pour commander la croisade que Clément VI proposoit à l'Europe. Il fut rejeté par les cardinaux, mais accepté par le pape, et partit de Marseille le 2 octobre 1345, après avoir emprunté de grosses sommes.

Pendant son absence, Henri de Villars, archevêque de Lyon, dirigea avec fermeté l'administration du Dauphiné. La propre tante de Humbert, Isarde des Baux, accusée d'avoir assassiné son mari, Ponce de

Malvoisin, fut brûlée vive le 6 février 1347, près des ormes de Romans. En même temps, le régent s'efforçoit de rétablir l'ordre dans les affaires du fisc. Mais à son retour, qui eut lieu à la fin de 1347, Humbert remit le désordre dans les finances et ralluma la guerre avec la Savoie.

Cependant le dauphin avoit perdu son fils unique par un déplorable accident : un jour qu'il se jouoit avec le jeune André à l'une des fenêtres de son palais, bâti sur les bords du Rhône, il laissa tomber le malheureux enfant dans le fleuve, et ne put le sauver. Enfin, pendant sa croisade, il avoit vu mourir sa femme dans l'île de Rhodes; ne pouvant trouver de consolation à ces infortunes, il résolut de se retirer dans un cloître, et s'occupa immédiatement de désigner le prince qui lui succéderoit.

D'après les conseils du président d'Expilly, Humbert vouloit d'abord donner ses États au pape; mais la noblesse dauphinoise affectionnée à la France, et qui voyoit sous sa domination un large horizon s'ouvrir à ses vues ambitieuses, le détourna de ce projet. Les rois de France n'avoient pas négligé de s'attacher cette brave noblesse, et Philippe de Valois venoit tout récemment de donner à Albert de Sassenage, l'un des plus puissants seigneurs du Dauphiné, le commandement d'une armée destinée à agir dans le Poitou et la Saintonge. D'ailleurs, Humbert devoit sourire à l'idée de faire punir par le roi de France de tous les maux qu'ils avoient causés à sa famille, ses ennemis perpétuels, les comtes de Savoie. On ne sait s'il fut question entre Humbert II et Philippe de Valois d'un projet de traité dès le moment de la mort du jeune André, mais, en 1335, Humbert avoit cédé au roi de France le bourg de Sainte-Colombe, en face de Vienne; c'étoit avec Lyon la clef du Dauphiné; et il est certain qu'arraché à ses incertitudes par Henri de Villars et l'évêque de Grenoble Jean de Chissey, flatté d'ailleurs par les séduisantes promesses que lui faisoit Philippe VI, et poussé par le besoin d'argent, il avoit, dès le 9 juin 1343, fait une donation entre-vifs de tous ses États, hors quelques terres d'Auvergne qu'il réservoit à sa famille, à Philippe, second fils de ce monarque ou à l'un des fils du duc de Normandie, son fils aîné. Il fut encore convenu que celui des deux que le roi choisiroit prendroit le titre de dauphin du Viennois et porteroit les armes du DAUPHINÉ écartelées avec celles de France. Philippe de Valois payoit cette donation 40,000 écus d'or; il assignoit, en outre, au dauphin une pension de 10,000 livres sur les revenus de la province. D'après ce traité, le DAUPHINÉ pouvoit devenir un apanage et être, comme la Bourgogne, l'Anjou et tant d'autres pays, le siége d'une dynastie princière issue de la race des Capets. Philippe de Valois jugea plus à propos de réunir cette nouvelle province au domaine de la couronne, et de la rendre, pour ainsi dire, inaliénable, en en faisant l'apanage de l'héritier présomptif de la couronne depuis le moment de sa naissance jusqu'à son avénement au trône. En 1349, il nomma, pour en prendre possession, le fils aîné du duc de Normandie, Charles, destiné après son père à la couronne de France. Humbert confirma cette donation le 6 juillet de la même année; il entra ensuite dans l'ordre des Dominicains, et le jour de Noël il reçut les trois ordres sacrés dans trois messes successives. Le pape le créa patriarche latin d'Alexandrie, puis administrateur perpétuel de l'église de Reims; enfin, Humbert étoit désigné pour l'évêché de Paris, et il ne songeoit à rien moins qu'à devenir pape, quand il mourut à Clermont en Auvergne, le 20 mars 1355. Il fut enterré à Paris au couvent des frères prêcheurs, dont il étoit prieur.

Si ce prince avoit fait peu de chose pour la gloire du DAUPHINÉ, si son luxe avoit obéré le pays, il faut reconnoître pourtant que, guidé par les conseils de Henri de Villars, archevêque de Lyon, il consolida les institutions de la province par de sages réformes. Voici, du reste, quel étoit l'état de ces institutions au moment de la réunion du DAUPHINÉ à la France.

Sous le rapport judiciaire, le DAUPHINÉ étoit divisé en *mandements*, comprenant chacun plusieurs *châtellenies*. Le *châtelain* jugeoit les gens de guerre, et intervenoit dans les procès civils au-dessous de 60 sous.

Il y avoit, en outre, dans chaque mandement un juge particulier qui connoissoit des affaires de son ressort; dans chaque comté, un *juge mage* ou juge supérieur, et enfin, à Grenoble, un juge suprême ou *juge de la cour delphinale*, qui recevoient les appels.

Les impôts se levoient presque partout par feux; dans quelques localités, on comptoit le nombre de toises occupées par chaque maison, et ce calcul étoit la base de la répartition de l'impôt. Les impôts, les amendes, les péages, étoient déposés entre les mains de collecteurs-trésoriers appelés *véhéiers*, sous la direction d'un *trésorier général*.

Les troupes étoient levées par les *baillis* et les *capitaines généraux*. Les principaux officiers militaires étoient, outre ceux-ci, le *connétable :* Étienne de Lapoèpe fut revêtu de cette charge par Humbert Ier en 1289; elle devint héréditaire dans la maison de Clermont; le *sénéchal* ou maître d'hôtel du dauphin, qui avoit autant d'autorité dans les camps que dans le palais du prince avant la création du connétable; enfin, le *maréchal*, qui remplissoit des fonctions analogues à celles des maréchaux de France à cette époque, s'occupant de l'assiette des camps, de leur défense, etc.

Le principal ministre du dauphin étoit le *chancelier*. Humbert II institua, comme nous l'avons vu, un *protonotaire*, auquel il prétendoit donner une autorité plus étendue; mais il en revint bientôt aux usages du pays. Humbert se signala par son inconstance dans l'administration comme dans tout le reste : le 10 octobre 1335, il défendit la chasse dans le Graisivaudan, sous peine de 10 livres d'amende pour un bourgeois, et de 25 pour un gentilhomme; en 1347, le droit de chasse fut rétabli indistinctement pour les bourgeois et les gentilshommes.

Il organisa, en 1339, l'université de Grenoble, où l'on enseignoit depuis longtemps la jurisprudence romaine; cette université, dont le fameux Antoine Govéa étoit premier professeur en 1558, fut réunie, en 1567 à celle de Valence.

Enfin, ce qui peut recommander surtout la mémoire d'Humbert, ce fut son célèbre statut delphinal, ainsi que l'établissement de ce conseil qui devoit devenir plus tard le parlement de Grenoble. La disposition la plus remarquable du statut fut celle qui abolissoit dans le DAUPHINÉ les *mainmortes* : il n'y eut plus de ces propriétaires libres pendant leur vie et serfs après leur mort, comme il y en avoit dans les autres provinces, et le DAUPHINÉ eut toujours, sous le gouvernement des rois de France comme sous celui de ses princes particuliers, une classe de petits propriétaires libres. Aussi la division de la propriété augmenta souvent l'aisance du pays.

Le conseil delphinal existoit avant Humbert II, mais sous une autre forme; c'étoit la réunion des vassaux du dauphin, assemblés pour juger leurs pairs; en un mot, le conseil étoit tout à fait analogue au parlement féodal établi à la cour de France. La même révolution eut lieu dans le parlement de France et dans le conseil du DAUPHINÉ; ce furent les légistes qui y prirent la plus grande influence, et les seigneurs en furent à peu près exclus. Ce que Philippe le Bel fit pour le parlement de Paris, Humbert II le fit pour le conseil delphinal. Ce conseil cessa d'être ambulatoire; établi à Saint-Marcellin, en 1337, transféré à Beauvoir l'année suivante, il fut fixé, en 1340, à Grenoble par des lettres patentes du 1ᵉʳ août. Composé d'un président, du chancelier du DAUPHINÉ, d'un procureur fiscal, et de quatre jurisconsultes, deux en droit canonique et deux en droit civil, il jugeoit en dernier ressort. Humbert lui assujettit la juridiction des comptes, et lui donna un sceau particulier, sur lequel étoit représenté un dauphin. Ainsi, le conseil delphinal étoit tout à fait, sur des proportions moins larges, ce qu'étoit à cette époque le parlement de Paris. Il eut de plus que lui une mission politique à remplir : chaque semaine il s'adjoignoit le bailli, le juge et le procureur fiscal du Graisivaudan, l'avocat et le procureur général, le juge de la cour commune de Grenoble, le maître rationnel, et les auditeurs des comptes avec leur trésorier, pour délibérer sur les affaires publiques.

Mais il y avoit une institution du DAUPHINÉ qui pouvoit devenir plus importante pour lui, surtout après sa réunion à la France, et défendre sa liberté, c'est l'assemblée des états de la province. Jusqu'en 1319, on trouve bien des espèces de conseils généraux de la province, et, comme on disoit alors, des *parlements,* où se rassemblent, avec le dauphin et la noblesse, des membres du clergé et quelquefois des bourgeois; mais il n'y avoit rien de fixe, rien de réglé dans la tenue de ces assemblées. La royauté françoise, en ajoutant à ses provinces l'ancien domaine des dauphins, compléta et régularisa ces assemblées provinciales, qui pouvoient être regardées comme la représentation nationale des Dauphinois. Le Dauphiné fut compté au nombre des *pays d'états,* c'est-à-dire des provinces qui, quoique réunies à la couronne, conservoient le droit de voter l'impôt chaque année.

Malgré l'acte de cession signé par Humbert II, Charles, le premier dauphin de la maison de France, rencontra quelque opposition à la prise de possession du pays; ainsi, le Briançonnois et les habitants de Buis en Montalban lui résistèrent jusqu'à ce qu'il eût juré d'observer leurs priviléges. Il eut aussi une guerre à soutenir contre le comte de Savoie; après quelques hostilités, un traité fut conclu qui donna au comte toutes les terres delphinales situées au delà du Rhône et du Guiers, et faisoit rentrer dans le domaine du dauphin les possessions de la Savoie en deçà de ces deux rivières. Mais la France perdoit à cet échange; le parlement de Paris condamna le comte de Valentinois qui l'avoit négocié, à une forte amende, et les hostilités avec la Savoie recommencèrent jusqu'au mariage d'Amédée avec Bonne de Bourbon, dont le dauphin avoit épousé la sœur, Jeanne de Bourbon.

D'un autre côté, l'empereur prétendoit toujours avoir des droits sur le Dauphiné; en 1365, pour consoler le comte de Valentinois de l'arrêt du parlement de Paris, il lui donna, dans un voyage à Avignon, le titre de vicaire général de l'Empire en Dauphiné. Ce fut seulement en 1378 qu'une bulle de l'empereur Charles IV nomma le fils du roi Charles V, Charles, deuxième dauphin de la maison de France, « vi-« caire général et perpétuel du royaume d'Arles et de Dauphiné, avec

« plein pouvoir de connoître par main souveraine des appellations
« interjetées à l'empereur, faire la paix ou la guerre, donner loix aux
« sujets, icelles casser et abroger; à l'exception néanmoins du comté
« de Savoye quoique soumis au vicariat de l'empire. »

Au midi, le pape d'Avignon s'étoit fait rendre hommage par la ville
de Montélimar, et le comte Aimar VII de Valentinois lui avoit légué
ses domaines; le pape les avoit adjugés à Louis de Poitiers, neveu
d'Aimar, à titre de fief.

En 1378, le roi Charles V ordonna au marquis de Boville, son lieutenant en DAUPHINÉ, de se mettre en possession de la ville de Vienne,
et, le jour de Noël, cet ordre fut exécuté, malgré la résistance de l'é-
vêque. Quelque temps après, les habitants de Grenoble et de Vizille,
irrités par la dureté de leur évêque, Aimon de Chissey, et excités sous
main par Boville, son ennemi personnel, se rassemblèrent sur la place
qui prit depuis cette époque le nom de *Mauconseil,* assiégèrent le prélat dans son palais, et le réduisirent à fuir sur les terres de Savoie.
De là l'évêque envoya au roi ses mémoires justificatifs, qui furent
accueillis. L'évêque rentra dans sa ville; quelques pauvres diables
expièrent la révolte par leur supplice, et Boville, l'instigateur du complot, fut amnistié.

Depuis l'avénement de Charles VI au trône jusqu'à la fin de son
règne, ou de 1380 à 1422, le titre de dauphin passe successivement
aux cinq fils de ce malheureux prince. Charles, l'aîné, meurt en
1386, trois mois après sa naissance. Le second, aussi nommé Charles,
meurt à neuf ans, en 1399, d'un poison lent que lui avoit fait prendre
dans une pomme Valentine de Milan. Louis Ier, le troisième, sembloit
doué d'une constitution plus forte; il meurt à l'âge de dix-neuf ans,
en 1415, trois ans après qu'on lui eut donné le titre de régent du
royaume. Son frère, Jean, qui s'étoit retiré dans le Hainaut, chez son
beau-père, revint à cette nouvelle; l'année suivante, il meurt à son
tour. Ce fut le cinquième fils de Charles VI, qui s'appeloit Charles
comme son père et deux de ses frères, qui régna.

Pendant cette période, l'histoire du DAUPHINÉ ne présente aucun fait remarquable, si ce n'est la création d'une chambre des comptes, qui fut établie en 1383 à l'instar de celle de Paris. Elle existait encore en 1789, et étoit composée d'un premier président, de cinq autres, de deux chevaliers d'honneur, de dix-huit conseillers maîtres des comptes, de quatre conseillers correcteurs, de six conseillers auditeurs, d'un avocat général, d'un procureur général, de quatre secrétaires, d'un receveur et d'un contrôleur des rentes, d'un payeur des gages et d'un premier huissier.

En 1384, les Embrunois se révoltèrent contre leur archevêque, Jean Artaud, comme les Grenoblois venoient de le faire contre leur évêque. Artaud consentit à chasser ses officiers qui étoient la cause de la révolte, et le calme se rétablit.

En 1385, le duc de Bourgogne vint présider à Royans les États du DAUPHINÉ, et il en obtint des subsides pour cette expédition en Angleterre qui coûta tant d'argent à la France, et se borna, en définitive, à quelques pirateries sur les côtes ennemies. L'année suivante, le roi vint en DAUPHINÉ avec ses oncles, et entra solennellement dans la ville de Vienne, dont il fit relever les murailles.

En 1393, le zèle fanatique d'un inquisiteur, nommé Bourelly, porta le ravage dans les petits cantons montagneux de la Valpute, de Fressinières et de l'Argentière, où s'étoient retirés les restes des Vaudois persécutés en Languedoc. Depuis plus de cent cinquante ans, ils vivoient tranquilles et inaperçus; Bourelly en fit brûler deux cent trente.

L'année suivante, le duc de Bourgogne vint encore présider les États assemblés à Romans; c'étoit le moment de son ambassade auprès du pape Benoît XIII, pour l'engager à céder la tiare et à mettre fin au grand schisme d'Occident.

C'est à cette époque qu'il faut placer les attaques dirigées par l'évêque de Vienne, Thibaut de Rougemont, contre le roi d'abord et le fort de Belle-Colombe; puis contre la famille des Torchefelons; il fallut que le pape envoyât le cardinal de Pampelune pour faire rentrer l'évêque Thibaud dans l'ordre.

En 1404, au moment où le roi achetoit de son dernier possesseur le comté de Diois et Valentinois, toute la noblesse du DAUPHINÉ se révolta contre son gouverneur Boucicaut : celui-ci ayant fait arrêter le seigneur de Montmaur pour avoir chassé le cerf, huit cents gentilshommes allèrent l'assiéger dans son château, et il ne put que s'enfuir pendant la nuit, pour ne plus reparoître dans son gouvernement.

En 1408, une ordonnance du 20 octobre déclara que le clergé du DAUPHINÉ ne faisoit pas partie de l'Église gallicane.

L'année suivante, le jeune Louis de France fut déclaré dauphin par ordonnance du 28 janvier. Son premier soin fut de forcer Béraud III d'Auvergne à ne mettre dans ses armes qu'un dauphin pâmé au lieu d'un dauphin vivant. Il s'occupa ensuite de faire rendre à Amédée VIII de Savoie l'hommage qu'il devoit pour les pays échangés en 1354.

L'année de la mort de Louis II, en 1415, l'empereur Sigismond vint à Vienne, et, pour marques de l'autorité qu'il affectoit toujours de prétendre au DAUPHINÉ, il accorda de nouveaux priviléges à Valence et à Romans. Mais quand il convoqua ses prétendus vassaux du DAUPHINÉ, quelques années plus tard, personne ne répondit à son appel; en 1419, le dauphin fut mieux traité : il vint presser le siége de Saint-Esprit; les Dauphinois, pour témoigner leur zèle, se chargèrent seuls des dangers de cette entreprise.

Ainsi, le DAUPHINÉ étoit franchement entré dans le mouvement général de la France, au moment où celle-ci étoit accablée par les revers et les malheurs, car alors la désastreuse guerre qu'elle soutenoit contre l'Angleterre duroit déjà depuis plus d'un demi-siècle. Les défaites de Crécy, de Poitiers, d'Azincourt, avoient eu lieu. Enfin, un arrêt du parlement de Paris, du 12 novembre 1420, bannit le dauphin du royaume, et le déclara déchu du trône. Pendant toute cette triste période, le DAUPHINÉ fournit aux armées françoises une foule de braves et loyaux gentilshommes; mais, éloigné par sa position géographique du théâtre de la guerre, il ne fut pas du moins en proie aux dévastations d'un ennemi acharné. Une seule fois, en 1424, un partisan de la coalition anglo-bourguignonne, Louis de Châlons, prince d'Orange, osa s'attaquer aux Dauphinois sur leur propre territoire. Il fut d'abord heureux, s'empara de Gap, défit le gouverneur du DAUPHINÉ, Sassenage, près de Verneuil, le tua avec plus de trois cents gentilshommes, et enleva encore le château d'Anjou, qui appartenoit aux Bresciens. Mais lorsqu'il alla mettre le siége devant Belle-Combe, il fut forcé par les Viennois à battre en retraite. Enfin, atteint par Raoul de Gaucourt, gouverneur, et Humbert de Grolée, maréchal du DAUPHINÉ, il fut complétement battu, malgré un renfort de Bourguignons et de Savoyards, et forcé, pour sauver sa vie ou sa liberté, de s'élancer tout armé dans le Rhône. Dans cette bataille, qui se livra en 1430 près d'Anthon, dans la baronnie de la Tour, et qui peut être comparée avec la célèbre bataille de Varcy, on voit au nombre des vainqueurs un Pierre du Terrail, ancêtre de Bayard.

Un an avant la bataille d'Anthon, les Anglois avoient été forcés de lever le siége d'Orléans. De toutes parts la France réagissoit avec force contre ses ennemis et leur arrachoit leurs conquêtes; le prince d'Orange perdit tout ce qu'il possédoit dans le DAUPHINÉ, grâce à la bravoure des gentilshommes de la province.

Mais si les Dauphinois ne refusoient pas de payer à la France le tribut de leur sang, ils étoient moins prodigues de leur argent. Les États assemblés à la Côte Saint-André, en 1436, refusèrent au roi de nouveaux subsides, et, quoiqu'il vînt lui-même en DAUPHINÉ avec son fils Louis l'année suivante, ils ne lui accordèrent pas davantage.

En 1440, Louis, huitième dauphin de France, fut confirmé par son père dans la possession de sa souveraineté. Son premier acte d'autorité fut de faire mettre en jugement Étienne Guillon, président du conseil delphinal. En 1443, ce magistrat racheta quatre mille écus d'or le droit de reprendre sa charge. Mais s'étant mis à la tête d'une opposition contre le DAUPHINÉ au nom du roi son père, le dauphin fut accusé de crimes imaginaires, ainsi que son gendre Guy Pape, Anion Guillon, juge mage du Graisivaudan, et un autre membre du conseil delphinal, Bertrand Merle. Il fut condamné au bannissement et à une amende de 100 marcs d'or; les autres furent acquittés par les commissaires que Louis avoit nommés pour les juger.

C'est une chose assez curieuse à étudier que les commencements d'un prince comme celui qui depuis fut Louis XI. On voit tout d'abord ce caractère remuant s'agiter, s'exposer à des dangers que sa prudence lui fit éviter plus tard. En 1444, il attaque les Suisses à l'improviste, et détruit en entier un corps de seize cents d'entre eux. On sait quelle résistance les Suisses opposèrent aux grandes compagnies qui suivoient Louis; la bataille de Saint-Jacques fut une saignée salutaire faite à ce mauvais sang de la France.

En 1445, le dauphin force le duc de Savoie à lui rendre le Diois et le Valentinois, moyennant l'abandon d'une créance de 3,000 ducats; il recouvre en échange ses droits sur le Fouligny. Mais, dès l'année suivante, les hostilités recommencent; Louis prend Saint-Genis d'Aost et Montluel, et le duc de Savoie n'obtient la paix qu'en payant 54,000 écus d'or pour les frais de la guerre. C'est à cette époque que Montélimar fut repris au pape, auquel on donna le château de Grillon.

Ainsi, Louis XI qui s'efforça plus tard de compléter le territoire de son royaume, compléta d'abord, en sa qualité de dauphin, le territoire de la province apanagère. En même temps, il y établissoit plus fortement son autorité, et forçoit par un édit tous les seigneurs du pays à reconnoître sa suzeraineté, et à remettre à la chambre des comptes leurs actes d'aveu et le dénombrement de leurs fiefs. Le traité de *pariage* conclu en 1338 entre le dauphin et l'archevêque de Valence fut étendu aux villes de Romans, Valence et Saint-Paul-trois-Châteaux; l'autorité du dauphin y fut dès lors égale à celle des prélats. Enfin, Louis enleva le droit de guerre à tous les seigneurs, soit laïques, soit ecclésiastiques.

Mais le dauphin, qui avoit jusque-là suivi l'exemple de son père, et avec autant de bonheur que de courage, s'engagea dans le complot connu sous le nom de Praguerie, et, après plusieurs expéditions en Guienne contre les Anglois et leurs partisans, il revint dans sa province, mécontent du roi son père, et prêt à tout entreprendre contre lui.

Du reste, le séjour de ce prince en DAUPHINÉ fut utile au pays; il compléta une partie de son organisation. En 1452, il avoit établi à Valence une université; en juin 1453, il transforma le conseil delphinal en parlement de Grenoble; en 1454, il créa la charge de procureur fiscal du DAUPHINÉ.

L'année 1455 vit la fin de la Praguerie. Charles VII, après avoir délivré le sol français de la présence des Anglois, y établissoit l'autorité monarchique dans toutes les provinces. Il donna ordre à Antoine de Chabanes d'aller arrêter le dauphin dans le DAUPHINÉ même. Mais Louis fut averti, et le jour même de l'arrivée de Chabanes, sous prétexte d'une partie de chasse, il sortit dans la campagne, et, lui dixième, s'enfuit en Franche-Comté.

Après la mort de sa première femme, Marguerite d'Écosse, Louis avoit épousé en 1451 Charlotte de Savoie; mais la jeunesse de Charlotte ne permettoit pas la consommation du mariage. Louis, à cette époque, aimoit Marguerite de Sassenage, qui lui donna deux fils. «Pen- « dant les dix années qu'il régna en DAUPHINÉ, dit Chorier, Imbert de « Bastarnay, baron du Bouchage, eut toute son amitié, et Marguerite « de Sassenage tout son amour. » Bastarnay avoit deux mérites aux yeux du dauphin : son habileté à chasser l'oiseau, et la complaisance avec laquelle il servoit Louis et Marguerite dans leur coupable liaison. Le dauphin, pendant son séjour chez le duc de Bourgogne, fut rejoint par Charlotte de Savoie, et consomma son mariage à Namur le 10 janvier 1457.

Bientôt après, en 1461, Louis XI monta sur le trône de France, et se vengea cruellement sur Guillaume de Poitiers et Gabriel de Roussillon de l'opposition que ses projets contre son père avoient rencontrée dans le parlement de Grenoble.

En 1463, il mit fin aux excès commis dans le territoire de Gap par l'évêque Gautier.

En 1473, le prince d'Orange de Céreste ayant attaqué le DAUPHINÉ, fut pris dans un combat près de Joux sur le Rhône, et, quatre ans plus tard, ses États étoient confisqués et réunis au DAUPHINÉ par un arrêt du parlement de Grenoble, à la date du 20 septembre 1477.

C'est vers le même temps que l'inquisiteur Veillety voulut recommencer contre les Vaudois les poursuites de Bourelly; Louis XI s'y opposa.

Parmi les faits remarquables de l'époque, il faut signaler les prétentions de la cour de Rome sur le Diois et le Valentinois. Ces deux comtés furent remis au pape en 1482; mais le parlement de Grenoble réclama avec tant d'énergie, que le pape Innocent VIII se désista en 1491.

Charles VIII régnoit alors; ce prince, deuxième dauphin de France, si l'on compte son frère aîné, Joachim, que Saint-Galais fait mourir avant l'avénement de son père au trône, ce prince, dis-je, eut trois fils : Charles Orland ou Roland, un autre Charles, et François. Le dernier mourut en 1496. Louis XII eut deux enfants morts si promptement après leur naissance qu'on ne connoît pas leurs noms. Ainsi, depuis 1461 jusqu'à la majorité de François, fils aîné de François Ier, qui naquit en 1517, le DAUPHINÉ n'eut pas de gouvernement particulier. Du reste, la cession faite par Charles VII à son fils Louis fut la dernière; la Praguerie avoit trop montré clairement l'inconvénient qu'il y avoit à donner au jeune héritier au trône une principauté indépendante.

Sous Charles VIII, Zizim, frère de Bajazet, habite le château de Roche-Chinard, et se rend célèbre dans la province par ses amours avec la belle Hélène de Sassenage; sous Louis XII, se réveilla contre les Vaudois la persécution allumée en 1513 par Rostaing, archevêque d'Embrun, et rallumée deux ans plus tard par un évêque d'Angoulême, inquisiteur de la foi.

Mais le fait le plus général de l'histoire du DAUPHINÉ à cette époque, c'est le rôle que joua la noblesse dauphinoise dans les expéditions des François en Italie et les guerres avec l'Espagne. A côté de Bayard, le plus illustre représentant de la valeur dauphinoise, nous devons citer son ami Dumolard, qui commanda la légion dauphinoise; Montoison, qui décida la victoire de Fornove, et prit dès lors pour devise le cri poussé par Charles VIII : *A la rescousse Montoison;* d'autres, enfin, les Tallard, les du Bouchage, les Saint-Vallier, les Sassenage. L'arrière-ban de la noblesse dauphinoise marcha tout entier en Italie en 1495, en 1512, en 1513; lors de l'invasion de Charles-Quint, en 1529, quatre mille gentilshommes s'assemblèrent à Romans pour l'arrêter; l'arrière-ban avoit encore marché en 1522 et 1523, pour la défense de la province attaquée par la Savoie.

Cependant, deux mouvements importants changeoient la forme des esprits au xvi° siècle; l'un, tout littéraire, et qui s'appela la Renaissance; l'autre, tout religieux, et qui fut la Réforme; le DAUPHINÉ, pays toujours prêt, comme tout le midi de la France, à accepter les révolutions s'il ne les provoque pas, prit la plus grande part à ces deux mouvements : une foule d'érudits, de jurisconsultes, s'acquirent, par d'importants travaux, une place honorable dans l'histoire littéraire de la France. Mais ce fut surtout la réforme qui donna, pendant plus d'un siècle, une espèce de vie particulière au DAUPHINÉ, et le fit concourir jusqu'au ministère de Richelieu au mouvement général de la France.

Six ans après la première tentative de Luther, le protestantisme avoit déjà pénétré en DAUPHINÉ. Romans, Valence, Montélimar, embrassèrent avec ardeur la réforme de Calvin, et en 1560, la cène fut publiquement célébrée dans cette dernière ville le jour de Pâques. La modération du lieutenant du roi en DAUPHINÉ, Antoine de Clermont, permettoit aux calvinistes de propager leurs opinions sans obstacles.

Le duc de Guise, gouverneur général de la province, remplaça Antoine de Clermont par Lamotte Gondrin, malgré la résistance des habitants et le privilége de la province, qui vouloit que le lieutenant du roi fût Dauphinois quand le gouverneur ne l'étoit pas. Bientôt la persécution commença. Maugiron, aidé par un homme qui devoit jouer un rôle bien singulier dans les troubles religieux du DAUPHINÉ, le baron des Adrets, fit exécuter plusieurs ministres à Valence, à Montélimar, à Romans. C'est alors que parut Charles Dupuy, seigneur de Montbrun, que ses ennemis même appeloient le *vaillant Montbrun*. Il prit plusieurs villes dans le Royanez; mais, battu par Gondrin près de Molans, il dut chercher une retraite en Allemagne. Il revint l'année suivante, quand des Adrets, agissant d'après des ordres secrets de la reine mère, eut soulevé Valence et fait massacrer Lamotte Gondrin. Les calvinistes du DAUPHINÉ ne pouvoient voir avec plaisir à leur tête un homme comme des Adrets, qui n'étoit entré dans leur parti que par haine contre les Guises, et qui, d'ailleurs, leur nuisoit plus par ses cruautés inutiles qu'il ne les servoit par son courage. Le prince de Condé lui refusa le gouvernement du Lyonnois; et, comme des Adrets songeoit à traiter avec le duc de Nemours, chef des catholiques, il fut arrêté par l'ordre du conseil des députés du tiers état assemblés à Valence, et transféré à Nîmes pour être jugé. Il restoit à la tête des religionnaires deux hommes dévoués à leurs croyances, Montbrun et Lesdiguières. Après avoir livré un grand nombre de combats aux catholiques, en 1570, ils étoient sur le point de poser les armes; la Saint-Barthélemy vint deux ans plus tard les leur faire reprendre, malgré la belle conduite du gouverneur de Gordes, qui refusa d'exécuter les ordres sanglants de Charles IX. Deux villes, Livron et Loriol, se signalèrent aussi par leur résistance opiniâtre; et la première, après avoir repoussé le gouverneur du DAUPHINÉ, ne céda pas davantage aux armes du roi Henri III. Les calvinistes conservèrent leurs avantages jusqu'à ce que Montbrun, pris au combat de Mirbel, eût été décapité en 1594 par arrêt du parlement de Grenoble.

Mais Lesdiguières soutint son parti avec la même intrépidité et avec plus de succès que Montbrun; il ne céda qu'à l'autorité bienveillante de Henri IV, et le DAUPHINÉ, sous le gouvernement réparateur du bon roi, rentra, pour n'en plus sortir, dans le mouvement général de la France. Lesdiguières, devenu catholique, connétable de France et presque roi dans sa province, refusa le commandement que lui offroient les calvinistes attaqués par Richelieu.

Cependant, les deux premiers ordres de la province avoient, pendant les troubles religieux, étendu leurs prérogatives aux dépens du tiers état; le tiers présenta ses doléances au roi, qui les renvoya à son conseil : un arrêt du 15 avril 1602 débouta le tiers de sa demande. Les députés du DAUPHINÉ, aux états généraux de 1614, demandèrent en vain qu'on fît droit aux réclamations de la province; la taille y resta personnelle. De là des agitations continuelles, qui firent suspendre, en 1628, les états provinciaux du DAUPHINÉ. Mais un nouvel arrêt du conseil déclara, en 1634, la taille réelle et non personnelle, et cet arrêt fut confirmé par une ordonnance de 1639, qui prescrivit une révision générale des *feux*, pour l'asseoir sur une base plus solide et plus équitable; cette opération fut terminée seulement en 1705, et mise aussitôt à exécution. Cette lutte, dans laquelle apparoît déjà le tiers état avec son esprit d'opposition, est le seul fait à signaler pendant le XVIIe siècle dans l'histoire du DAUPHINÉ, alors absorbé dans la magnifique unité de la France sous la monarchie absolue de Louis XIV. Cet état de choses durera sans trouble plus de cinquante ans, jusqu'au moment où le parlement de Grenoble fera pressentir par son opposition le réveil de l'esprit provincial, le précurseur de l'esprit révolutionnaire, dont la journée des tuiles, du 7 juin 1789, et l'assemblée de Vizille, du 21 juillet suivant, seront les manifestations premières. Le DAUPHINÉ ne devoit sortir de cette grande lutte, comme toutes les autres provinces de France, que pour être annulé dans la centralisation administrative du royaume, et partagé en trois départements, qui sont ceux des Hautes-Alpes, de la Drôme et de l'Isère.

Trois physionomies dominent l'histoire du DAUPHINÉ, Bayard, le compagnon de François Ier, le dernier, peut-être, le plus éclatant honneur de la chevalerie, le sauvage baron des Adrets, et le grand capitaine de Lesdiguières, ami de Henri IV. Il semble qu'il y ait dans ces trois caractères comme un reflet de la nature du sol qui les a produits et qu'ils ont illustré, quelque chose d'ardent comme le soleil qui les a vus naître, quelque chose d'âpre et de fort comme les sombres rochers, et les montagnes couvertes de noirs sapins, à l'ombre desquels ils ont été élevés. Au milieu des horreurs des guerres de religion, tour à tour huguenot et catholique, funeste aux deux partis, le baron des Adrets s'est acquis une réputation de férocité dont le souvenir fait encore la terreur de la province. Le connétable de Lesdiguières fait plus d'honneur au DAUPHINÉ. Toujours fidèle à la France et à son roi, jamais vaincu, il a mérité cet éloge de Henri le Grand, «qu'il ne voudroit céder qu'à Lesdiguières le titre de premier capitaine de l'Europe;» et cette parole de la reine Élisabeth d'Angleterre : «S'il y avoit en France deux Lesdiguières, j'en demanderois un au roi.»

Noble renommée qui s'incline encore devant le nom de Bayard. Ce sera l'éternelle gloire du DAUPHINÉ d'avoir produit le chevalier *sans peur et sans reproche*.

Entrée du Château de Bayard.

Vienne.

Vienne rattache à son nom de nombreux et imposants souvenirs. Les ruines de ses monuments attestent sa grandeur passée.

On ne sait rien de précis sur son origine. Mais les fables ne font pas faute. Suivant Étienne de Byzance, qui vivoit au ve siècle, des Crétois remontant le Rhône jusqu'à Vienne, où les conduisoit un oracle, s'y seroient arrêtés, et auroient appelé la colonie nouvelle *Bienna,* du nom d'une de leurs jeunes filles tombée dans un précipice au milieu de fêtes religieuses. Adon, d'après Livius, assure que Vienne fut fondée du temps d'Amasias, roi de Juda, par un Africain exilé, Venerius, qui lui auroit donné son nom. Une autre version du même historien rapporte cette fondation au temps du prophète Élie et du roi Josaphat. Le Dominicain Lavinius en fait honneur au prétendu roi des Gaulois, Allobroges, qui vivoit, dit-il, au temps d'Ascadatès, roi des Assyriens, environ sept cents ans après le déluge.

Ce qui est certain, c'est que Vienne, avant la conquête de Jules César, étoit la capitale des Allobroges, et que, soumise aux armes romaines, elle devint une des villes les plus riches et les plus importantes de l'empire.

Vienne, chez les Romains, portoit le nom de *Vienna* ou de *Vindebonna.* Les Grecs l'appeloient *Obenné, Obiennos, Biennos* et *Bienné.* Peut-être tout le secret du nom de Vienne est-il dans ses vins dont les Romains faisoient grand cas, et qui jouissoient d'une vieille renommée. Le *vinum* des Latins, le *oinos* des Grecs scroient l'origine du mot Vienne. On appeloit ces vins, allobroges ou vins à la poix, *vina picata*. Ils étoient, en effet, travaillés avec de la résine, et contractoient à cette préparation une teinte particulière et un bouquet approchant du goût de la violette. Columelle parle de cette préparation. Martial et Plutarque citent les vins de Vienne avec grand éloge.

Quelques manuscrits du moyen âge portent *Vigenna*, au lieu de *Vienna*, ce qui a permis de dire *Vigenna via gehennæ*, Vienne le chemin du supplice. Ce fut, en effet, l'honneur de Vienne de donner bien des martyrs à la foi chrétienne.

Quoi qu'il en soit de ces origines, Vienne fut sous les Romains une ville puissante. Elle étoit le point de départ de cinq routes militaires rayonnant vers les grandes extrémités de l'empire; deux vers l'Italie, deux dans le midi de la Gaule, une vers le nord, en passant par Lyon. Vienne a longtemps porté le titre de ville sénatoriale. Pline lui donne le nom de colonie augustule. Jules César y avoit institué un sénat, dont le ressort s'étendoit sur toutes les Gaules; elle avoit des juges municipaux, des préfets, des préteurs, des questeurs, et d'autres magistrats, entre lesquels se répartissoit une organisation administrative complète. Claude y fixa la résidence du préfet des Gaules et du commandant de la flotte du Rhône. Julien, Valentinien, plusieurs princes y séjournèrent. Rien ne fut épargné par les maîtres du monde pour rendre cette ville une des plus magnifiques des Gaules.

Elle avoit, comme Rome, un prétoire, un forum, un panthéon. De nombreux édifices publics la décoroient. De tous ces monuments il ne reste que des fragments échappés à l'invasion des barbares et au zèle aveugle des derniers empereurs. Ces ruines conservent encore l'empreinte de la grandeur romaine. L'œuvre de destruction a été bien complète, cependant; la loi de l'empereur Honorius ordonnant d'employer à la construction des monuments d'utilité publique, aux fondations des églises,

les débris des temples renversés, paroît avoir reçu à Vienne une exécution rigoureuse, et c'est dans les fondations du palais archiépiscopal
démoli qu'on a retrouvé nombre d'inscriptions, de précieux fragments
de sculpture et d'objets antiques.

Le palais des empereurs étoit un des principaux monuments de
Vienne. On ne sait pas en quel temps il a été construit. Vitellius, Julien, l'ont habité. Valentinien y a laissé la vie. Détruit par le feu du
ciel, au temps de saint Mamert, le palais impérial est resté en ruines
jusqu'au xvii° siècle. Un couvent de capucins s'est alors élevé sur ces
ruines; les moines, qui ont d'ailleurs tant conservé, détruisirent ces
magnifiques débris dans leur pieuse ignorance. En 1662, une dernière
construction, celle du collége, fit disparoître les derniers vestiges romains. Il n'en reste plus rien aujourd'hui. Ce fut en 1662 que la ville de
Vienne fit présent au maréchal d'Effiat, surintendant des finances, d'une
statue en marbre, représentant un *arracheur d'épines*. Cette statue, qui
étoit, dit-on, une répétition ou une copie antique, avoit été trouvée dans
les ruines du palais, ainsi que beaucoup d'autres marbres aujourd'hui
dispersés.

Lorsque le pouvoir des empereurs d'Occident succomba dans les
Gaules, Vienne devint la capitale de l'État bourguignon. Elle conserva
quelque temps une sorte d'éclat, pour déchoir ensuite promptement
en subissant le pouvoir des Francs. Prise et reprise, livrée au pillage,
elle avoit souffert, il est vrai, de la tyrannie des princes bourguignons;
mais il lui restoit alors une certaine prééminence, ou du moins
quelque espoir de se relever des misères que lui avoient apportées
les guerres de l'invasion; soumise aux Francs, elle n'eut plus d'espérance, et elle se trouva dès lors confondue dans la foule des autres
villes, dévastées, comme elle, et ruinées. D'ailleurs, l'intérêt des con-
quérants étoit de l'opprimer, afin de mieux s'assurer de la conquête.
Pour comble de maux, après avoir langui trois siècles dans l'épuisement, elle devint le théâtre de la guerre entre les enfants de Lothaire.
Assiégée et prise par Charles le Chauve, assiégée de nouveau quelques

années après, forcée de se rendre à discrétion, et saccagée entièrement par Richard le Justicier, l'un des généraux de Carloman en 882, elle vit son manteau de murailles arraché et détruit.

Un siècle auparavant, les Maures avoient passé, renversant tout sur leur passage et exerçant plus particulièrement leur dévastation dans les environs de VIENNE.

Ces indignes traitements excitèrent les Viennois à secouer le joug. Ils se concertèrent avec les seigneurs des provinces voisines. On s'assembla à Mantaille, en présence de six archevêques, de dix-sept évêques. Bozon fut proclamé roi de VIENNE. La ville lui fut ouverte; et bientôt la paix imposée à Charles le Gros, successeur de Carloman, fit perdre aux Viennois, sous le règne d'un bon prince, le souvenir de leurs maux passés.

VIENNE se trouva de nouveau la capitale d'un royaume qui porta son nom, et qui comprenoit le DAUPHINÉ actuel, le Lyonnois, une partie de la Savoie, de la Franche-Comté, du Languedoc et de la Provence. Les remparts de la ville furent relevés sur plusieurs points; on en construisit de nouveaux; les anciennes portes furent remplacées par d'autres qui elles-mêmes n'existent plus aujourd'hui; on ajouta des tours aux remparts; mais VIENNE ne conserva point toute l'étendue qu'elle avoit du temps des Romains, lorsqu'elle occupoit sept collines.

Le royaume de VIENNE dura jusqu'en 1032, sous sept rois : Bozon; Louis, son fils, depuis empereur; Charles-Constance ou Constantin, prince de VIENNE; Hugues, duc de Provence; Rodolphe II, roi de la Bourgogne-Transjurane, État formé de l'ancienne Bourgogne au delà du mont Jura, et fondé, quelques années après le royaume de VIENNE, par Rodolphe Ier; Conrad le Pacifique; Rodolphe III le Fainéant.

Ce dernier roi désigna pour lui succéder l'empereur Conrad le Salique, et lui envoya la lance de saint Maurice, ainsi que le sceptre et la couronne qui avoient servi à couronner le roi Bozon.

Conrad et ses successeurs firent valoir leurs droits et les appuyèrent de quelques troupes envoyées en deçà des Alpes; mais la résistance étoit organisée; les seigneurs protestèrent contre la donation faite par Rodolphe, et profitèrent des troubles qui survinrent bientôt entre l'empereur et le pape, pour se rendre indépendants. VIENNE, qui avoit d'abord reconnu l'autorité de l'Empire, ne tarda pas à s'en séparer. Elle suivit l'exemple des autres villes dont les gouverneurs s'érigeoient en souverains sous les titres de prince, de comte ou de baron.

Le premier maître de VIENNE fut Reynaud Ier, fils de Paton et de Gerberge, fille elle-même du roi Conrad. Reynaud, qui prétendoit des droits au trône du chef de sa mère, prit le titre de comte de Bourgogne et de VIENNE, titre et prétention dont se prévalurent ses descendants.

Pour affoiblir le nouvel État, à défaut de pouvoir le soumettre, l'empereur d'Allemagne inféoda au duc de Zeringhen Conrad toutes les provinces qui avoient formé l'ancien royaume de Rodolphe III. De là naquirent de nombreuses complications, dont l'issue profita aux comtes de Graisivaudan, depuis dauphins de Viennois, après que les ducs de Zeringhen leur eurent cédé tous leurs droits sur la ville de VIENNE et sur le Viennois.

La cession fut faite en 1155 par Berthold, fils de Conrad, à Guignes V, fils de Guignes, dauphin, en présence de l'empereur Frédéric, qui la confirma.

A Reynaud Ier, comte de Viennois, avoient succédé sous ce titre : Guillaume, son fils; Reynaud II, fils de Guillaume; Étienne, frère de Reynaud II.

Étienne, partant pour la terre sainte, céda à Guy, son frère, archevêque de VIENNE, et depuis souverain pontife sous le nom de Calixte II, les droits de principauté et de régale sur cette ville.

Cette cession avoit donné naissance aux droits de l'Église, et VIENNE se trouvoit soumise nominalement pour longtemps encore à trois souverains distincts, l'archevêque, le seigneur de Mâcon, descendant des ducs de Bourgogne, portant le titre de comte de VIENNE, et enfin le comte de Graisivaudan, s'intitulant comte palatin de VIENNE, titre qui devoit être remplacé plus tard par celui de dauphin de Viennois.

Les droits de l'archevêque semblent avoir triomphé des prétentions rivales; mais cette prééminence étoit plutôt honorifique que réelle, les habitants de Vienne s'étant toujours préservés des querelles auxquelles donnoit lieu la possession de leur ville. Ils étoient tous égaux, c'est-à-dire, suivant l'expression du temps, tous nobles; ils jouissoient de prérogatives communes à tous les citoyens, exempts de tailles, de tributs, de redevances et autres charges de cette nature, à l'abri même de gabelles et de péages par terre et par eau. Ils devoient, il est vrai, pourvoir eux-mêmes aux besoins de leur ville; mais ils régloient leurs taxes, et la protection de l'Empire, sous laquelle ils s'étoient placés dès le XIIe siècle, les couvroit contre les usurpations éventuelles de l'archevêque, dont l'empereur étoit le souverain.

Les choses demeurèrent en cet état jusqu'au temps où les dauphins, dont la puissance grandissoit chaque jour, à mesure que s'affoiblissoient leurs rivaux, devinrent assez forts pour s'introduire dans Vienne et s'y former un parti. Ce fut en 1378 que le dauphin Charles réunit cette ville au Dauphiné. Louis XI, encore dauphin, l'incorpora définitivement à la province en 1450. Elle perdit, un à un, ses immunités et ses priviléges, pour être bientôt assimilée aux autres villes de la province et de la monarchie. Elle n'a fait que décroître, et elle est bien loin de répondre par son état actuel à la grandeur de ses souvenirs.

L'archevêché de Vienne remontoit aux premiers temps du christianisme. Du temps d'Eusèbe, Lyon et Vienne étoient les deux plus illustres métropoles des Gaules. L'archevêque de Vienne a longtemps porté le titre de grand primat des Gaules. Trente-huit évêques de cette Église ont été canonisés. Ses droits étoient considérables; ils ont déchu avec le temps, avec l'importance de la ville elle-même.

A Vienne fut tenu le quinzième concile général, présidé par le pape Clément V, et où se trouvoient les patriarches d'Antioche et d'Alexandrie, plusieurs cardinaux, plus de trois cents archevêques ou évêques, et trois rois, ceux de France, d'Angleterre et d'Aragon. On ordonna dans ce concile l'abolition de l'ordre des templiers.

Les légendes font remonter la première fondation de la métropole de Vienne à l'apôtre saint Paul, qui plaça son Église sous l'invocation des Machabées. Elle occupoit alors l'emplacement où s'éleva depuis la chapelle de Maguelonne, que l'archevêque Jean de Burnin dédia également aux Machabées, et de plus à saint Maurice. En 713, l'archevêque Édoalde avoit déjà consacré à saint Maurice la première église restaurée par ses soins, pour recevoir les reliques du saint martyr qu'il y déposa. Depuis elle fut encore rebâtie, mais plus au midi.

L'archevêque Léger voulut donner à Vienne une basilique digne d'une grande ville, digne de son glorieux patron saint Maurice. En 1052 furent jetés les fondements de la belle cathédrale qu'on admire encore aujourd'hui. L'œuvre eut à souffrir de longues interruptions; il fallut cinq siècles pour qu'elle fût parfaite. La partie la plus ancienne est la nef principale avec ses bas côtés, à partir du sol jusqu'au-dessus des grandes arcades. Les bas côtés étoient originairement fermés au nord et au midi, par des murs percés de fenêtres. Lorsqu'on voulut agrandir l'église, les murs furent démolis pour donner ouverture à une rangée de chapelles construites en dehors des nefs. Ce travail porte le caractère du XIVe siècle. Dans une seule travée, une des croisées du XIIe siècle a été conservée. A l'extérieur, au côté nord, on a reporté sur le mur des chapelles, au-dessus des fenêtres à ogives du XIVe siècle, une riche galerie du style byzantin qui couronnoit le premier mur latéral.

Le chœur semble avoir été construit immédiatement après la nef, il porte le caractère de l'architecture du XIIIe siècle. Les voûtes de la grande nef appartiennent au XIIIe et au XIVe siècle. L'archevêque Thibaud de Rougemont, à la fin du XIVe, contribua beaucoup à l'avancement des travaux et à la décoration extérieure de l'édifice. Jean de Burnin surpassa par son zèle les soins de ses prédécesseurs. Pierre Palmier eut l'honneur de mettre la dernière main à l'édifice : en 1539 il étoit entièrement achevé.

C'est une opinion généralement admise par les archéologues du pays, que toute la partie orientale de l'église a été construite des débris d'anciens monuments romains, dont le ciseau auroit fait disparoître les sculptures païennes. Les bases des piliers les plus rapprochés du chœur sont en marbre antique, et conservent leurs premiers ornements.

Près du porche, à droite et à gauche, dans l'intérieur de l'église, sont deux colonnes en marbre antique, torses et cannelées, et vis-à-vis, sur les côtés du même porche, au midi, sont aussi deux colonnes en marbre antique, simplement cylindriques et de diamètres inégaux.

La façade de l'église, ouvrage non interrompu du xv⁰ et du xvi⁰ siècle, porte l'empreinte de la transition du gothique fleuri à la renaissance. Au-devant de la façade s'étend une plate-forme dont les murs de terrasse joignent la voie publique, et qui est divisée en deux parties inégales par un escalier de vingt-huit marches.

La hauteur de la façade est de quatre-vingt-dix pieds au-dessus du sol de l'église; elle est couronnée de chaque côté par une tour carrée servant de clocher, dont l'élévation est de vingt-huit pieds. Chacune de ces tours supporte un donjon en pierre de douze pieds. La plate-forme étant élevée de seize pieds au-dessus de la rue, la hauteur du monument, du sol de la rue au sommet des donjons, est de cent quarante-six pieds. La largeur de la façade est de cent quatorze pieds.

Trois portails ménagés sur la façade donnent entrée dans l'église. Le portail du milieu, aussi large que les deux autres réunis, est divisé en deux parties par un meneau. Une niche creusée dans le meneau contenoit la statue en pierre de saint Maurice de grandeur naturelle. Quarante-huit niches, disposées en trois cordons, enceignent le portail. On y trouve représentés non-seulement l'histoire de la vie et de la mort de Jésus-Christ, mais encore le parallèle de l'ancienne Loi et de la Loi nouvelle, d'une manière conforme aux traditions du xii⁰ et du xiii⁰ siècle.

Les portails latéraux ne sont pas moins riches en ornements. Chacun d'eux est entouré de seize niches en deux cordons. Les sculptures du portail de droite représentoient l'ascension de Notre-Seigneur, et celles du portail de gauche, l'assomption de la Vierge; la plupart de ces sculptures ont été détruites. Trente niches de plus grandes proportions décorent en outre la façade. Chacune d'elles contenoit la statue d'un saint. Les statues tombèrent presque toutes en 1567 sous les fureurs du baron des Adrets et des religionnaires. Il n'en reste plus que quelques-unes dans un état complet de mutilation. Au-dessus du portail, entre les deux tours, s'élevoit l'image en bronze doré du grand saint Maurice. Elle fut ausi abattue par les protestants. La tradition populaire rapporte que celui qui commit cet attentat sacrilége fut frappé par le canon ennemi aux pieds de la statue renversée.

A l'intérieur, l'église se compose d'une nef, autrefois divisée par un jubé, de deux bas côtés et de chapelles latérales. La hauteur du sol au sommet de la nef est de quatre-vingts pieds; la longueur de la nef est de deux cent quatre-vingt-un pieds; celle des bas côtés est de deux cent cinquante-neuf pieds. La largeur de l'édifice est de cent sept pieds.

La voûte étoit autrefois azurée et semée d'étoiles d'or. Elle est supportée par quarante-huit colonnes de proportions colossales, dont vingt-quatre engagées dans la muraille.

Le jubé, détruit par la révolution, étoit construit d'une pierre blanche aussi polie que le cristal. On y voyoit les armes de la maison de Maugiron et celles de la famille de Villars, qui, de 1575 à 1693, a fourni cinq archevêques à VIENNE.

Outre les trois portails de la nef, il existe deux portes latérales, l'une au midi, l'autre au nord de l'église. Cette dernière est surmontée extérieurement par une corniche antique.

Cette cathédrale fut saccagée, en 1562 et en 1567, par les protestants. Son trésor, ses ornements sacerdotaux, sa bibliothèque, ses archives, tout disparut. Les cloches furent enlevées et brisées; les statues qui avoient échappé au premier désastre furent impitoyablement abattues. On en vint même à tenter de démolir les murailles et d'incendier la toiture. Sans l'intervention de quelques notables habitants de Vienne, la destruction étoit consommée. Les bienfaits de Henri IV permirent de réparer en partie ces actes de vandalisme. La toiture fut restaurée au commencement du xvii⁰ siècle; mais les statues n'ont jamais été rétablies. A trois époques, les monuments chrétiens ont été saccagés ou renversés; l'invasion des barbares, la réforme, la révolution françoise. Trois fois ils se sont relevés de leurs ruines.

Au-devant du maître autel, on déposa en grande pompe, le 11 juillet 1547, le cœur du dauphin François, fils de François Iᵉʳ, mort à Tournon. Le roi Henri II avoit commis Annet de Grollée, abbé de Saint-Pierre, pour aller chercher à Tournon, et accompagner jusqu'à Vienne, le cœur de son frère.

Le 11 juillet 1548, anniversaire de la cérémonie de consécration, on déposa sur la cassette contenant le cœur du dauphin, une table en bronze, avec l'inscription suivante :

D. O. M. S.

Corpvs abest, cor tantvm hîc est pars maxima nostri principis in coelo corporis vmbra manet.

D. Francisco Francisci primi Gall. regis avgvstiss. primogenito delphino Vienn. Britann. dvci Viennenses moestiss. posvere v° idvs Ivlii MDXXXXVIII.

Memoriæ et æternitati.

Le corps de notre prince n'est point dans cette église. Elle n'en possède que la plus noble partie, le cœur. L'ombre immortelle du corps, l'âme est au ciel.

A la mémoire éternelle de François, Dauphin de Vienne, duc de Bretagne, très-auguste fils et premier-né de François Iᵉʳ, roi de France, les Viennois désolés ont consacré ce monument, le Vᵉ jour des ides de juillet MDXLVIII.

Nous avons été frappés, avec Chorier, de ce qu'il y a de hardi dans cette définition de l'âme, *umbra corporis,* l'ombre du corps, image d'une poésie payenne.

Au côté droit du même autel est un mausolée en marbre d'une grande beauté, élevé à la mémoire d'Armand de Montmorin, arche-

vêque de Vienne, par les soins de Henri Oswald de la Tour d'Auvergne,
cardinal-archevêque de Vienne en 1737. C'est le chef-d'œuvre du sculpteur Michel-Ange Slodtz, mort en 1764, à qui l'église doit encore le
bel autel de marbre qui décore le chœur.

On montre à Vienne les restes d'un temple érigé en l'honneur d'Auguste et de Livie. On croit pouvoir rapporter la construction de ce
temple à l'an 16 de notre ère, correspondant à l'an 768 de la chro-
nologie romaine.

De l'inscription placée sur la frise et sur l'architrave il ne reste que
les trous où les lettres de bronze étoient scellées. Cette inscription étoit
ainsi conçue :

CON. SEN. DIVO. AVGVSTO. OPTIMO. MAXIMO

ET DIVAE   AVGVSTAE.

De l'accord unanime du sénat, au divin Auguste, très-bon, très-grand, et à la di-
vine Augusta.

Dans l'intervalle des lettres de la deuxième ligne étoit un aigle en
bronze aux ailes déployées.

La longueur totale de l'édifice, prise à la base du stylobate, est de
quatre-vingt-un pieds, sa largeur de quarante-cinq pieds, et sa hauteur
de cinquante-deux pieds, du sol au sommet du fronton.

Le dessin général est d'une très-belle proportion; mais les détails de
l'exécution ne répondent point à la beauté de l'ensemble. On y remarque des discordances bizarres, et qu'on ne peut attribuer qu'à
l'inexpérience et à la négligence apportées dans la conduite des travaux. Ces défauts n'enlèvent rien à la majesté de l'édifice. Il est probable qu'une grande partie du temple avoit été restaurée vers la fin
du IIIe siècle.

Le temple se transforma en prétoire du temps même des Romains;
cela est passé en tradition dans le pays, et le peuple veut même que
Ponce Pilate y ait présidé.

Abandonné après la chute du paganisme, négligé jusqu'au IXe siècle, il devint alors une église sous l'invocation de la Vierge. Ce fut à cette époque que, pour agrandir l'édifice, l'archevêque Burchard fit abattre les murs de la cella; les colonnes du pourtour furent liées par une muraille. Comme les cannelures des colonnes dépassoient trop le niveau, on les martela; l'ancienne entrée se trouva ainsi condamnée, et, suivant les règles de l'architecture chrétienne, on perça le mur du posticum, afin que la porte de l'église regardât l'occident. Les siècles suivants amenèrent encore d'autres changements.

Cette église, connue sous le nom de Notre-Dame de la vie (*viæ veteris, du vieux chemin*), devoit être transformée par la révolution en lieu d'assemblées populaires : ce fut le club des jacobins. L'année 1822 lui donna enfin une destination plus conforme à son origine; le temple antique devint un musée, et c'est là qu'on voit aujourd'hui réunies les antiquités de la ville de VIENNE, placées autrefois dans l'église de Saint-Pierre.

Parmi ces précieux restes de la grandeur romaine, on remarque un groupe de deux enfants se disputant un oiseau, en marbre de Carrare, haut de vingt pouces neuf lignes, trouvé en 1800 dans une vigne auprès de l'ancien gymnase; ce groupe allégorique a été souvent commenté. La Décade philosophique lui a consacré une notice. Cuvier s'en est occupé. Quelques archéologues pensent que ces deux enfants sont la personnification du bon et du mauvais génie.

Un marbre de Paros, d'un bon style, une levrette caressant son petit; on voudroit un peu plus de finesse dans l'exécution. Ce marbre, malheureusement mutilé, a été trouvé sur les bords du Rhône dans le village de Chomas.

Plusieurs belles mosaïques : la plus considérable, de vingt-cinq pieds carrés, trouvée en dehors des murs de la ville en 1775, formoit un grand tableau dont le centre est à peu près perdu. Par les débris que l'on possède, on reconnoît que c'étoit un sujet maritime. La bordure est en coquilles. On y voit des poissons nageant dans la mer. L'exécution en est soignée. C'est la plus belle mosaïque conservée à Vienne; une autre mosaïque, découverte en 1789, sur l'emplacement du palais des empereurs, est un pavé entier, précieux par l'élégance du dessin et par l'harmonie des couleurs; on remarque encore un fragment représentant des oiseaux, des lampes, des vases, des boucliers et des dauphins adossés à un trident; des débris de statues; un faune jouant avec un enfant, malheureusement brisé; une tête colossale d'Hercule; une tête de Bacchus, en grès, trouvée sur l'emplacement d'un ancien temple de Mars; une main colossale de femme, avec un anneau, tenant une corne d'abondance; des torses de grandeur naturelle; des têtes d'empereurs romains; une tête coiffée d'un petase; des bas-reliefs plus ou moins mutilés; un Phœbus qui descend sous les eaux; un Mercure assis sous un figuier; en marbre d'Italie, une figure assise et à demi drapée : les draperies sont assez belles; un fragment de figure, de grandeur naturelle, assise sur un rocher, dont le pied baigne dans les eaux : ce morceau a été trouvé près du Rhône, vis-à-vis de l'ancien champ de Mars; une frise d'enfants chargés de guirlandes de fruits; et puis des fragments de colonnes, de frises, d'entablements, de soffites, d'architraves, de corniches; de nombreux chapiteaux de toutes les formes et de tous les ordres, des encadrements, des cippes, des pierres tumulaires, des morceaux de céramique, des inscriptions romaines, des meules à bras, taillées dans la lave, des amphores, des urnes, des vases, des figurines de bronze, et nombre d'autres objets antiques trouvés à Vienne ou dans ses environs. Ce musée s'est enrichi récemment de plusieurs objets très-précieux, entre autres de beaux bas-reliefs en hauteur, découverts à Sainte-Colombe, et de grands dauphins de bronze qui, disposés en applique, formaient la décoration du quai antique sur le Rhône.

Au milieu de ces monuments de l'antiquité païenne, ressortent les tombes en marbre blanc de saint Léonien et de saint Aymard, dont les inscriptions, selon le goût du temps, sont en partie gravées en monogramme.

Après le Prétoire de Pilate, le monument longtemps désigné par la tradition comme le tombeau du juge de Jésus-Christ, où on a vu tour à tour la tombe de Vénérius, le cénotaphe d'Auguste ou de quelque autre empereur, une *meta*, un obélisque astronomique, et qui n'est probablement qu'un tombeau inachevé, ne rattache à son existence aucun souvenir.

Ce monument, qu'on appelle aujourd'hui l'*Aiguille,* est situé hors de la porte du Midi, au bord de l'ancienne voie Domitia. Il est construit de fortes pierres si exactement appareillées, qu'il est souvent difficile d'en retrouver les joints. On y reconnoît la main romaine.

Le monastère de Saint-Pierre de VIENNE paroît avoir été bâti peu de temps après l'église de Saint-Sévère, construite elle-même, dit-on, vers l'an 420 de l'ère chrétienne. Quelques auteurs en attribuent la fondation à saint Léonien. Soumise à la règle de Saint-Benoît, cette ancienne abbaye fut pendant plus de huit cents ans une des plus florissantes du Dauphiné et de la France. Dès le VIe siècle, on y comptoit déjà cinq cents religieux. Détruite par les Arabes, elle fut reconstruite sous l'épiscopat d'Adon, archevêque de VIENNE. Des princes et des rois la dotèrent; elle fut enrichie par Gérard de Roussillon, comte de VIENNE, par l'empereur Hugues, le roi Conrad, enfin, par Robert, comte de Dreux, fils de Louis le Gros. Robert y fut enterré.

Le cimetière et l'abbaye ne furent clos de murs que sous Charles V. Cette enceinte est un lieu consacré par la vénération des chrétiens. Suivant la belle expression de Chorier, on ne sauroit trouver de terre plus sainte, puisqu'elle est non-seulement mêlée à la cendre de tant de glorieux martyrs que la persécution a frappés depuis l'origine de la foi, mais encore composée et comme exhaussée de ces restes vénérables. D'anciennes chartres attestent qu'on y a retrouvé les ossements de saint Didier, de saint Mamert, saint Avite, saint Pantagathe, saint Zacharie, deuxième successeur de saint Paul; saint Isicius, saint Naamat, saint Aquilin, saint George, saint Éthérius, saint Phocas, saint Aaron, saint Marculphe, saint Burchard, sainte Blandine, et de

tant d'autres martyrs. Ces précieuses reliques furent relevées solennellement par deux cardinaux sous le pontificat d'Innocent IV. Saint
Léonien y repose parmi les confesseurs de la foi. Louis XI, encore
dauphin, avoit fait réédifier son tombeau. Tel étoit le caractère de
sainteté attaché à cette abbaye, et surtout à son église, que les princes
n'osèrent point s'y faire inhumer. On crut accorder un grand honneur
à Gisèle, femme de Hugues, comte de Vienne, roi de Bourgogne et
empereur d'Italie, en lui élevant un tombeau sous le porche de l'église.

Une chaire épiscopale en pierre, qui étoit autrefois derrière le maître-
autel, a donné lieu de croire à quelques archéologues que l'église de
Saint-Pierre a été dans l'origine la cathédrale de Vienne. Ils s'auto-
risoient, en outre, de la sainteté reconnue de cette église et du grand
nombre de prélats viennois qui y ont reçu la sépulture dans les premiers siècles de l'Église. On lisoit sur cette chaire l'inscription suivante:

DESINAT LOCVM DOCENDI SVSCIPERE QVI NESCIT DOCERE.

Qu'il cesse d'usurper la chaire de vérité celui qui ne sait pas enseigner.

Il est bien difficile de porter un jugement sans des éléments de
certitude plus positifs. Ce qui est certain, c'est l'ancienneté de cet édifice. A la voûte du chœur, des peintures que Chorier a mentionnées,
représentoient l'image de Notre-Seigneur Jésus-Christ et celles des apôtres.
L'or et l'argent mêlés à ces peintures très-anciennes témoignent du
style byzantin qui les avoit inspirées.

Le plan est celui d'une basilique, à laquelle on a ajouté une tour servant de clocher. Les cloîtres et les chapelles sont d'une construction postérieure. La nef, qui est ancienne, est composée de débris romains. Les arcs
à plein cintre qui supportent la voûte reposoient sur des colonnes antiques d'ordre corinthien. Les fûts des colonnes étoient d'un seul bloc
de cipolin; les chapiteaux et les bases de marbre blanc. Les cham-
branles des croisées étoient flanqués de colonnes antiques de marbre
noir. La voûte est en plein cintre. C'est là qu'on voyoit autrefois les

fresques rehaussées d'or, et qui ont maintenant disparu. Toute cette ordonnance, monument précieux de l'histoire des arts, est recouverte et comme ensevelie sous une décoration moderne, ouvrage du célèbre Soufflot, exécuté dans les années qui précédèrent immédiatement la révolution.

L'entrée de l'église est précédée d'un porche où se trouvoit le tombeau de Gisèle. Sur ce porche s'élève la tour carrée du clocher. Au devant de la porte étoient des lions de pierre supportant des colonnes, comme à Saint-Gilles, qui elles-mêmes soutenoient un dais de pierre. Les chroniqueurs, dans leur amour du merveilleux, ont attribué à Virgile la sculpture de ces lions, que saint Grégoire auroit apportés de Rome à VIENNE dans une seule nuit. Chorier, embarrassé comme beaucoup de savants des derniers siècles pour expliquer une question d'archéologie chrétienne, a émis l'opinion que ces lions supportoient des candélabres destinés à éclairer les fidèles qui se rendoient aux offices de nuit. Cette explication erronée de la part d'un homme d'aussi grand savoir, montre combien les esprits les plus savants ont été exposés dans le passé à commettre des erreurs, que reproduisent encore quelquefois de nos jours des hommes éminents par leur érudition, pour n'avoir pas approfondi les questions monumentales et archéologiques du christianisme.

Les murs et les cloîtres du monastère sont depuis longtemps démolis; ses nombreux tombeaux ont été profanés et brisés; deux des plus importants, et qui remontent aux temps mérovingiens, ont été transportés dans l'église Sainte-Maurice, et se voient dans la nef, aux deux côtés de la principale entrée. Il ne reste debout que l'église, défigurée à l'intérieur par une inepte décoration.

Cette église a joui longtemps d'immunités particulières. Les chapitres de Saint-André le Bas et de Saint-Chef s'étoient réunis au chapitre de Saint-Pierre. Il falloit faire preuve de noblesse pour être admis parmi les chanoines, qui prenoient le titre de comtes de Saint-Chef, et avoient le droit de porter une croix et la soutane à parements et à boutons violets. Une pieuse relique, donnée par saint Pierre à saint Zacharie, un des premiers archevêques de Vienne, la sainte nappe ou le saint mantil de la cène de Notre-Seigneur Jésus-Christ et de ses disciples, étoit exposée dans l'église de Saint-Pierre aux fêtes solennelles de Pâques et de la Pentecôte. Un grand concours de fidèles s'y rendoit comme en pélerinage. Innocent IV avoit accordé des indulgences aux chrétiens qui visitcroient cette relique aujourd'hui perdue.

Une chapelle voisine de l'église Saint-Pierre étoit spécialement destinée au culte de la sainte Vierge, la chapelle de Notre-Dame. Deux statues ornoient autrefois l'entrée de ce sanctuaire, saint Jean l'Évangéliste et sainte Barbe. Au-devant du grand autel s'élevoit le tombeau d'Antoine de Poisieux, archevêque de Vienne. Ce prélat avoit fondé de ses biens à perpétuité une grand'messe quotidienne et une fête anniversaire le premier jour de chaque mois, en l'honneur de la sainte Vierge. Sur le tombeau on voyoit couchée son effigie de bronze, et tout autour l'image des douze apôtres. Les guerres de religion du XVIᵉ siècle et nos grands troubles politiques ont fait disparoître jusqu'à la trace de ces monuments et de ces fondations pieuses. La voûte ouverte laisse arriver la pluie dans cette chapelle, devenue le magasin d'un tonnelier.

L'abbaye de Saint-André le Bas remonte au VIᵉ siècle. Une table de marbre conservée dans le chœur de l'église porte l'inscription suivante:

HIC IACET DVX ANCEMONDVS	QVI REXIT SEDEM
NVLLI VIRTVTE SECVNDUS	ET EDIDIT AEDEM

Ici repose le duc Ancemond qui, ne cédant à nul au monde en vertu, gouverna ce lieu, et construisit cet édifice.

L'archevêque Adon confirme cette inscription, en attribuant à un duc Ancemond l'honneur d'avoir jeté les fondements du monastère, excité à cette œuvre pieuse par sa fille Émilie. Du XIᵉ au XIIᵉ siècle, l'église fut reconstruite sous la direction de l'architecte Guillaume

Martin, dont le nom se voit encore gravé sur la base d'un pilastre de la nef, suivi de la date de 1152. Bernon, qui avoit donné à l'abbaye les reliques de saint Maxime, l'abbé Aquin, le moine Guichard, le roi Conrad, mort en 994, ont confié leur dépouille mortelle à l'église de Saint-André.

L'épitaphe de Conrad exprime les plus nobles sentiments de philosophie chrétienne.

QVI VESTES GERITIS PRETIOSAS QVI SINE FINE NON PROFVTVRAS ACCV-MVLATIS OPES DISCITE QVAM PAVCIS OPIBVS POST FVNERA SITIS CONTENTI SACCO SVFFICIATQVE LAPIS CONRADVS IACET HIC......

Vous qui vous parez de vêtements somptueux, qui sans fin accumulez des trésors pour n'en jamais jouir, sachez combien peu de richesses vous suffisent après la mort, un linceul, une pierre. Conrad gît ici......

L'inscription atteste ensuite les grands bienfaits dont le roi avoit enrichi l'abbaye.

L'église n'a jamais été terminée. L'architecte Martin n'en avoit élevé que la nef sans l'achever. Aujourd'hui, cette nef, close brusquement par un mur transversal, sans porte, et percé d'une fenêtre ogivale, présente un ensemble incomplet, sans portail ni façade. On y entre par des portes latérales. Le chœur paroît d'une époque postérieure. Sa voûte basse ne se raccorde point avec celle de la nef. La voûte haute elle-même, malgré l'analogie d'ordonnance, semble faire disparate avec la construction générale. Quelques chapiteaux présentent des exemples assez purs de l'ordre corinthien; d'autres sont ornés de figures symboliques ou couverts de guttules carrées. Les bases sont attiques. Trois larges cannelures sillonnent les pilastres, comme on le voit quelquefois dans les monuments d'architecture romane du Midi. Des frises et d'autres ornements de style lombard donnent, surtout à l'intérieur de l'édifice, une analogie avec les constructions contemporaines de l'Italie. Les croisées, surmontées d'archivoltes, sont ornées de colonnes que soutiennent des figures d'hommes ou d'animaux, décoration symbolique qui se trouve fréquemment dans les édifices du xᵉ et du xiᵉ siècle. Deux colonnes de marbre blanc, d'un diamètre considérable et d'une grande hauteur, qui supportent le chœur, ont, suivant Chorier, une origine romaine. Il mentionne encore une tribune appuyée sur des colonnes de marbre, et située entre le chœur et la nef : tribune et colonnes ont été renversées par les guerres de la réforme.

Le clocher appartient à la construction romane, dont il offre un beau type. C'est une tour carrée, haute d'environ soixante-quinze pieds. Des arcs à colonnettes et de légères corniches la divisent en trois zones. Autrefois une flèche très-élevée surmontoit la tour, couverte aujourd'hui d'un simple toit. Cette flèche, qui se perdoit dans les nues, au dire de Chorier, étoit revêtue d'une armure de fer battu, sur laquelle étoient tracés des caractères gothiques, déjà assez altérés à l'époque où vivoit le savant archéologue pour qu'il n'en ait pu reconnoître le sens. La flèche avoit été élevée au xvᵉ siècle.

Les cloîtres du monastère sont du côté opposé à la tour du clocher. Ils conservent de grands souvenirs. Suivant Chorier, c'est dans la chapelle du Saint-Esprit que l'abbé Guillaume de Mirabel a institué en 1308 une des plus imposantes solennités de l'Église catholique, la Fête-Dieu, jusque-là non célébrée, observée à présent dans tout le monde chrétien. L'histoire attribue l'institution de la Fête-Dieu au pape Innocent III, qui probablement l'a consacrée.

La famille de Boissac avoit eu les honneurs de la sépulture dans cette chapelle. Pierre de Boissac l'avoit fait réparer, l'avoit enrichie de ses dons, et sur les tombes des nobles morts de son sang avoit fait graver des inscriptions, empreintes des sentiments les plus élevés, que fait valoir une grande délicatesse d'expression. Le tombeau de Clémence de Boissac, aïeule du fondateur, porte cette épitaphe : *Elle s'est endormie dans le Seigneur, plus remplie de vertus que d'années.*

On communiquoit du cloître à l'église par une porte latérale. Les galeries du cloître étoient décorées, suivant le style roman, de colonnettes accouplées, et toutes d'un dessin différent. De trois en trois travées et aux angles, un pilastre tenoit la place des colonnettes, comme dans tous les beaux cloîtres du Midi, à Toulouse, à Elne, en France, à Tarragone, en Espagne. Cet intérieur, singulièrement pittoresque, a été peint plusieurs fois. M. Thierriat, professeur à l'école des Beaux-Arts de Lyon, en a fait un tableau. Depuis quelques années, cet intérieur est comme enseveli sous une épaisse maçonnerie. Ce beau monument n'existe plus que par le souvenir. Il a été mutilé à un tel point qu'on sauroit à peine le reconnoître.

Dans le faubourg d'Arpot, sur les bords du Rhône, près de la porte de la Tuilerie, s'élevoit autrefois une tour aujourd'hui rasée, et dont le pied baignoit dans les eaux. Le peuple l'appeloit la tour de Pilate, sans autres raisons que celles qui ont fait donner le nom d'aiguille de Pilate à l'obélisque que nous avons décrit, et quelques vagues rumeurs dont se nourrit si avidement la crédulité populaire. C'est ainsi que près de la ville de Saint-Vallier on donnoit encore le nom du mauvais juge au domaine d'un secrétaire du dernier dauphin, Humbert Pilati. Suivant la spirituelle remarque de Chorier, bien peu de gens connoissent le nom de l'obscur Pilati, tandis qu'un éternel opprobre s'attache à ce Pilate qui a livré Jésus-Christ. La tour maudite avoit sa légende. Pilate s'y seroit donné la mort, et son corps, jeté dans le fleuve, en auroit rendu les eaux funestes aux navigateurs. Gervais de Tillisbery raconte l'histoire merveilleuse d'une tour portée dans Vienne par les diables. Quoiqu'un auteur ait hésité à affirmer que ce n'est point la tour de Pilate, il n'est pas probable que ce soit celle-là.

Non loin de la tour détruite s'élevoit la plus ancienne église de Vienne, également ruinée, celle de Saint-Sévère, fondée dans le ve siècle, et dont il reste à peine quelques vestiges; un angle, au nord, une façade d'environ trente pieds de retour où l'on voit encore encastrés confusément des débris de chapiteaux et des fragments de frises et de corniches, et des inscriptions romaines, actuellement conservées dans le musée de Vienne. Saint-Sévère avoit assis le sanctuaire du vrai Dieu sur les temples renversés du paganisme, faisant tourner au culte de Jésus-Christ les riches ornements destinés à l'adoration des idoles. Chorier a vu encore ces ruines sacrées; des salles revêtues et pavées de marbres antiques, de brèche et de porphyre, le tombeau du saint évêque, des inscriptions romaines, une horloge solaire et l'image de saint Sévère au-dessus du grand portail, avec un démon enchaîné à ses pieds. Pour distinguer aujourd'hui ce qui reste de ces ruines vénérables, il faut visiter une écurie dont les murs sont formés de leurs débris.

Sainte-Colombe étoit autrefois un faubourg de Vienne séparé de la ville par le Rhône, dont un pont réunissoit les deux rives. Symphorien Champier, dont Chorier reproduit l'assertion, fait remonter la construction de ce pont à l'an du monde 4588, cent soixante-quinze ans avant la naissance de Jésus-Christ. Tibérius Gracchus, traversant le Rhône pour conduire en Espagne les légions romaines, auroit jeté le premier pont connu dans les Gaules, sur le fleuve le plus indompté, *impatiens pontis*, selon la belle expression latine. L'archevêque Adon confirme cette opinion. Le pont de Vienne se trouveroit dans cette hypothèse plus ancien que ce fameux pont en bois de la ville d'Arles, dont Ausone parle comme d'une merveille. Le pont de Vienne étoit-il de pierre ou de bois dans l'origine? Probablement il étoit de bois, et ce ne fut que dans la suite des temps, et avec le progrès des arts dans les Gaules, qu'une construction en pierre, comme les Romains en ont tant laissé dans toutes les parties de leur empire, remplaça le pont militaire. Quoi qu'il en soit, on considéroit depuis longtemps ce pont comme un des plus beaux édifices du monde, lorsque l'impétuosité du fleuve, grossi par les pluies et par les neiges, emporta l'arche du milieu, le 11 février 1407.

Avant ce désastre, une chapelle s'élevoit sur la pile du milieu, où le clergé et le peuple se rendoient solennellement chaque année pour célébrer la fête des Merveilles.

Ce fut un grand événement que la chute du pont de Vienne. De grands intérêts politiques s'y trouvoient engagés, aussi bien que des intérêts de localité considérables. Ce passage pouvoit seul donner Vienne aux rois de France; de même qu'il ouvroit les portes de la France centrale aux armées de l'Empire. Aussi y eut-il un grand empressement pour en faire les réparations. Le roi de France et l'empereur accordèrent des franchises de péage pour les matériaux destinés à l'édifice; les nobles, les bourgeois, le peuple de Vienne, et des villes et des campagnes voisines, apportèrent à l'envi leur argent. Ce qui frappe parmi ces dons que dicte le patriotisme, c'est la haute libéralité du clergé. On voit le doyen de la cathédrale de Vienne, Laurenton Barletonis, donner 60 florins d'or commun; Pierre de Sallusse, précenteur, 100 florins d'or pur; Étienne Auris, maître du chœur, 22 florins. Le chapitre répond à de si nobles exemples. Il réunit parmi les chanoines 702 florins. Les monastères et les abbayes apportent leur offrande : tandis que le chapitre de Saint-Pierre donne 316 florins, les religieux de Rossillon épuisent leur pauvre épargne pour imiter le patriotisme de leur abbé. Les religieuses de Saint-André le Bas donnent 32 florins; leur abbesse, Jeanne de Torchefelon, avoit offert 10 florins. Nombre de communautés religieuses contribuèrent à cette œuvre publique, et c'est là une noble protestation contre bien des calomnies. Dans toutes les provinces de la France, comme dans tout le monde chrétien, ce clergé, ces ordres monastiques, dont on accuse si souvent l'esprit d'envahissement et de convoitise, ont toujours contribué aux grandes entreprises d'intérêt public; le plus souvent, ils les ont préparées. Nous l'avons dit souvent; nous ne perdrons jamais une occasion de le redire.

Les réparations faites à grands frais ne sauvèrent pas le pont de Vienne de l'impétuosité du fleuve : il fut renversé plusieurs fois encore, en totalité ou par parties, jusqu'en 1651, où l'on a renoncé à le rétablir.

Sur la rive droite du fleuve, s'élève encore, à la tête du pont ruiné, la tour de Sainte-Colombe, aujourd'hui privée des constructions accessoires qui en ont fait au XIVe siècle une forteresse importante. Philippe

de Valois vouloit s'assurer la rive droite du Rhône, être maître absolu
du bourg de Sainte-Colombe, et s'en faire un point d'appui pour
s'emparer un jour de VIENNE, alors gouvernée par ses archevêques;
foible pouvoir condamné à flotter indécis entre l'Empire et la France,
et dont un roi politique devoit opérer la réunion à la monarchie,
afin de préparer l'englobement du DAUPHINÉ. Le roi Philippe fit donc
construire une forte tour, surmontée d'une plate-forme, flanquée de
quatre tourelles qui ne subsistent plus qu'en partie. La tour et les tourelles étoient crénelées et percées de meurtrières. Une fleur de lis en
relief sur une pierre, près d'une petite fenêtre au couchant, atteste
l'origine françoise de l'édifice. Philippe de Valois avoit, en outre, défendu Sainte-Colombe d'une enceinte de murailles. On y pénétroit par
trois portes, au midi, au couchant, au levant. La dernière, regardant
le pont, étoit munie d'une herse et flanquée d'une tour. Les trois
portes étoient marquées aux armes du roi de France. Toutes ces fortifications ont à présent disparu.

Les Cordeliers, les religieuses de l'ordre de Saint-Benoît et les sœurs
de Sainte-Marie avoient autrefois des couvents à Sainte-Colombe. Le
dernier, établi dans le cours du xviie siècle, ne se recommande que
par quelques inscriptions antiques, découvertes dans ses fondations.

Les deux autres ont été célèbres. Avant d'apporter la règle de Saint-
François à Sainte-Colombe, les Cordeliers avoient fondé leur communauté dès le xiiie siècle à Saint-Gervais, près de Romestang. En 1260,
l'archevêque de VIENNE, Jean de Burnin, fit construire pour eux sur
des ruines antiques, de vastes bâtiments. Ce monastère devint rapidement un des plus considérables de l'ordre, aussi célèbre par l'enseignement des sciences et des lettres que par sa richesse. Le roi Philippe
de Valois a été le protecteur du monastère de Sainte-Colombe; il y a
fait élever une chapelle sous l'invocation de saint Jacques et de saint
Philippe. D'après le témoignage de Chorier, cette communauté demeura dans son éclat et sa prospérité jusqu'à l'époque où le cardinal
d'Amboise lui fit perdre ses biens, sous prétexte de ramener l'ordre

à ses conditions de pureté et de pauvreté primitives. Les ruines qui ont servi de base à ce monastère, aujourd'hui renversé, témoignent de la grandeur des constructions romaines dans cette partie de la Gaule.

Le lieu occupé par le faubourg de Sainte-Colombe portoit, sous la domination romaine, le nom de *Griniacum*. De là les monastères construits sur cette rive du Rhône ont pris la désignation de *Griniacenses*. Ces monastères étoient célèbres pour leur antiquité et pour la sainte austérité de leur règle, à l'égal de la célèbre abbaye de Lérins. Trente filles de l'ordre de Saint-Benoît vivoient dans une de ces communautés, qui a pris et qui a donné à tout le bourg le nom de sainte Colombe vierge et martyre : Colombe avoit reçu le baptême à Griniacum. Condamnée au supplice à Sens par l'empereur Aurélien, elle donna de si hautes marques de sa constance, que ses reliques et son nom devinrent l'objet de la vénération des maîtres même de la foi chrétienne. Saint Loup voulut être enterré à ses pieds. Saint Éloi, évêque de Noyon, travailla de ses mains un reliquaire d'or, pour y renfermer la dépouille de la sainte femme. Les Bénédictins de Griniacum reçurent avec les plus grands honneurs un de ses ossements, et donnèrent à leur communauté le nom de sainte Colombe, devenue leur patronne.

Dans le jardin de ce monastère existoient des salles souterraines, paraissant remonter à une haute antiquité, et où Chorier avoit cru reconnoître une de ces prisons où les Romains entassoient leurs esclaves, un *ergastulum,* où il avoit même vu la prison de saint Ferréol. Ces hypothèses paroissent aujourd'hui dénuées de fondement. Ces appartements souterrains étoient des caves de quelque somptueux édifice, comme le donnent à penser des débris de marbres trouvés à l'entour.

Un chapiteau symbolique d'un beau travail, un cippe funéraire avec une inscription romaine, d'autres inscriptions de peu d'intérêt, découverts sur le territoire de Sainte-Colombe, sont maintenant déposés dans le musée de Vienne. Le cippe funéraire que Chorier avoit décrit au XVIIe siècle, longtemps perdu par l'incurie des derniers siècles, n'a été retrouvé que depuis quelques années dans la rue de la Bobe, où il servoit de borne.

C'est par cette incurie déplorable qu'une belle mosaïque, trouvée par le savant Schneider sur ce sol de Sainte-Colombe, si riche en souvenirs de l'antiquité, est actuellement perdue pour les arts. Il n'en reste que le dessin fait par Schneider. Elle représentoit Achille à Scyros, au moment où il est reconnu par Ulysse. On ne sauroit trop élever la voix contre cette négligence coupable, qui a fait perdre à la France un si grand nombre d'antiquités et d'autres objets précieux.

En sortant de l'enceinte de Sainte-Colombe par la porte du Midi, on arrivoit par un grand chemin à l'église de Saint-Baudile, à Ampuis, où saint Éloi guérit un démoniaque, suivant une légende populaire. Dans le château des seigneurs d'Ampuis on admiroit de beaux pavés de mosaïque qui attestoient son antique splendeur. De l'église et du château, il ne reste plus de vestiges. Il y a quelques années, on a trouvé sur l'emplacement qu'ils occupoient autrefois, des médailles en bronze à l'effigie de Claude le Gothique, et une colonne milliaire, portant une inscription commémorative du règne de l'empereur Maximin et de son fils Maxime. Cette colonne est aujourd'hui conservée au musée de Lyon.

Plus près de Sainte-Colombe, s'élevoit l'église de Saint-Jean, incendiée et détruite par les Arabes d'Espagne. On a trouvé sous ses ruines de précieux monuments de l'antiquité romaine, et dans le nombre une mosaïque conservée au musée de Lyon, représentant une lutte de l'Amour et du dieu Pan.

Près de Saint-Jean, on voyoit un édifice magnifique, s'il faut en croire les fragments que les hommes ont épargnés, et le nom que conserve encore au sol qu'il occupoit jadis, la tradition populaire, le *Mireau*, la merveille; le vrai nom étoit *Miralleus*, qui n'a point de rapport avec l'étymologie vulgaire. Quelques archéologues ont pensé que le Mireau étoit ce grand édifice dont la construction est ainsi mentionnée par l'archevêque Adon : *Gracchus apud Viennam urbem Galliæ, in His-*

22

paniam ulteriorem transiens, platomam miro *opere construxit, et pontem
super Rhodanum ab utroque littore castris* miro *opere fundatis superduxit.*
« Gracchus, dans sa marche vers l'Espagne citérieure, construisit près
de la ville de Vienne en Gaule un édifice (platomam), *merveille de
l'art,* et jeta par-dessus le Rhône un pont flanqué sur chaque rive de
camps retranchés d'une force *merveilleuse.* » Nous ferons remarquer que
ce mode de construction a été en usage dans tout le moyen âge. En
Orient, et particulièrement en Occident, on trouve partout des ponts
flanqués à chaque extrémité de châteaux ou de tours fortifiées. Plus
tard les rives qui portent le *Mireau* devoient recevoir une nouvelle
célébrité des croyances de la poésie française.

Nous avons déjà parlé du pont de Sainte-Colombe, en invoquant
pour son origine l'autorité d'Adon. Maintenant, qu'est-ce que cet édifice
appelé *Platoma?* Ce terme n'a pas d'acception connue dans la langue
latine, même aux dernières périodes de la décadence. Est-ce un palais?
un château fort? Cette dernière hypothèse est la plus acceptable, puisqu'il s'agissoit d'une position importante à défendre. Ce n'est pas celle
que la tradition a adoptée. Le Mireau seroit un palais où le grand
Pompée, non plus Gracchus cette fois, auroit donné aux voluptés,
épris d'une facile maîtresse, ce temps si précieux que réclamoit en
Espagne la guerre de Sertorius. Un miroir joue dans cette fiction un
rôle presque magique.

Chorier aime mieux voir dans ces belles ruines les restes d'un édifice
religieux. Le sol où, de son temps, les vignes ne sembloient s'élever
qu'en perçant un pavé de mosaïques, où l'on voyoit encore des fragments de colonnes de marbre, des pans de murs, chargés de précieuses
incrustations, lui paroît digne d'avoir porté le plus grand des monastères *Griniacenses,* que l'archevêque Adon appeloit *præclarissima
domus martyrum,* la plus illustre demeure des martyrs.

Des fouilles récentes ont démenti les observations de Chorier. On
a découvert plusieurs salles enfouies sous la terre, et parfaitement
conservées, des étuves avec leurs fourneaux pour chauffer l'eau, une

vaste salle de bains, toute pavée et revêtue de marbre. Dans cette salle se trouvoient des fragments de statues antiques, et dans le nombre deux beaux torses de femmes. L'un représente une Vénus accroupie; et une main d'enfant, encore attachée au dos de Vénus, a fait penser qu'un Amour reposoit sur ses genoux, et l'enlaçoit de son bras. La draperie du second torse est d'une beauté remarquable. Une main tronquée tenant un serpent, trouvée dans les mêmes ruines, a fait supposer que ce torse représente la déesse Hygie. Ces précieux fragments appartiennent à M. Michoud.

Dans ce même sol des vignes de Saint-Romain, on a trouvé, il y a quelques années, une belle mosaïque, qui formoit autrefois un pavé de vingt pieds de longueur sur une largeur d'environ quinze pieds. Au centre du tableau, Orphée, assis et coiffé d'un bonnet phrygien, chante en s'accompagnant de sa lyre. Des animaux de toutes sortes, les bêtes féroces comme les oiseaux, attentifs à ses chants, et subissant l'empire de la muse, formoient dans des cadres accessoires des groupes habilement variés. Ce bel ensemble a été malheureusement altéré. Le sujet principal a été acquis par la ville de Lyon, qui le conserve dans son musée.

Par une rencontre singulière, les religieuses de la communauté de Sainte-Claire s'étoient établies près de Sainte-Colombe, sur l'emplacement d'une tuilerie antique, dont un grand nombre de produits étoient recouverts par le sol. Ces produits portent généralement le nom du maître romain de la tuilerie, *Clarianus*. Les protestants ont brûlé ce couvent, où le clergé de Saint-Maurice se rendoit en grande pompe chaque année pour célébrer la fête de l'Assomption; les religieuses se retirèrent à Vienne, pour aller à la fin du xvie siècle fonder au Chemin-Neuf l'abbaye de Notre-Dame des Colonnes.

Au village de Saint-Romain, des fouilles, faites à diverses époques depuis les derniers siècles, ont amené la découverte d'un grand nombre d'amphores, disposées par rangs les unes près des autres, et la bouche tournée vers la terre. Ces vases portent la plupart le nom du potier. C'étoient évidemment les dépôts ou magasins de plusieurs usines. Des œuvres plus délicates, et précieuses pour l'art de la céramique, ont été découvertes parmi les carreaux de brique et les amphores : ainsi des frises, des bas-reliefs représentant des chasses et des fêtes. Les fouilles ont encore produit un grand nombre de médailles et d'espèces monnayées du règne des Césars, un buste en bronze de Jupiter, et un faune en plomb, qui, malheureusement, appartiennent à des collections particulières.

C'est à Saint-Romain, sur une hauteur autrefois fortifiée par les Romains, au nord de Sainte-Colombe, qu'existoit l'ancienne commanderie de Saint-Romain en Gales, de l'ordre de Saint-Jean de Jérusalem. Une église, construite, dit-on, au ıx^e siècle, par cet illustre archevêque Barnard, qui a laissé son nom à la belle abbaye de Romans, avoit, suivant la tradition, donné le dernier asile sous ses voûtes sacrées à de nobles chevaliers de l'ordre, morts en combattant contre les Maures dans le voisinage. La dépouille des martyrs Exupère, Séverin et Félicien, avoit été confiée par saint Barnard à l'église de Saint-Romain, avant d'être portée à l'abbaye de Romans. La révolution a tout frappé, l'église et les tombeaux. Elle a fait disparoitre également les traditions pieuses. On célébroit autrefois chaque année à Saint-Romain la fête des Merveilles; tout le clergé de VIENNE s'y rendoit solennellement en procession, le dimanche après l'Ascension, au milieu d'un grand concours de peuple. Rien de merveilleux comme la légende qui se rattachoit à cette fête si bien nommée. Sous le règne d'Antonin, quarante-huit martyrs reçurent la mort à Lyon le même jour. Pour ravir des reliques au pieux enthousiasme des chrétiens, les persécuteurs avoient livré au feu les corps glorieux, et avoient dispersé leurs cendres au vent. Mais Dieu vouloit honorer ses apôtres de vérité. Ces cendres dispersées se réunirent miraculeusement sur le Rhône. Le fleuve les porta jusqu'à Saint-Romain en Gales, où elles furent recueillies. Il sembloit alors qu'elles formassent quarante-huit corps bien distincts, dont les noms devinrent apparents par un nouveau miracle. C'étoit en l'honneur des saints confesseurs qu'avoit lieu la fête des Merveilles.

Près de la commanderie de Saint-Romain, s'élevoit l'église de Saint-Jean, aujourd'hui ruinée. On croit que c'est dans ce lieu que se trouvoit la prison d'où saint Ferréol parvint à s'échapper. L'église Saint-Jean possédoit quelques inscriptions antiques, qui ont été presque toutes portées au musée de Lyon.

Nous ne ferons que mentionner le Puits des fées, trois cavités circulaires creusées dans un rocher sur la rive du Rhône, près de Saint-Romain, où les anciens ont peut-être vu le bain des nymphes, et dont la crédulité populaire a fait l'asile de ces fées mystérieuses qui se mêlent à tant de légendes.

Il nous faut maintenant repasser le Rhône, et visiter encore les ruines gigantesques que la domination romaine a laissées à VIENNE. En touchant la rive, au pied du pont romain, nous trouvons la trace presque effacée de cette grande institution des Templiers. C'est ici que s'élevoit jadis la maison de l'ordre. Il ne reste de toute cette prospérité, si cruellement châtiée, que le nom de la rue du Temple. En dirigeant ses pas vers le Midi, dans la direction de la voie Domitienne qui longe le Rhône, à peine marquée à de longs espaces par quelques blocs de granit, en longeant les remparts de la ville, en contournant le *Crappum* ou mont Saint-Just, on rencontre la voie Aurélienne, dirigée d'occident en orient, pour aller de VIENNE aux Alpes grecques. C'est aujourd'hui le chemin de Saint-Marcel. Jusqu'à une distance d'un quart de lieue environ, à partir de la ville, on peut suivre cette voie, large d'environ neuf pieds, construite de blocs énormes de granit, formant des polygones irréguliers, exactement appareillés. Les Romains n'avoient pas trouvé la pierre du pays assez résistante. Ils ont fait venir de loin et à grands frais des blocs de granit, ouvrage impérissable, s'il n'avoit eu à subir que les injures du temps. La main des hommes l'a détruit. La voie Aurélienne étoit bordée de constructions dont les fondations subsistent encore en quelques endroits. Elle passe au pied du *Pompeiacum*, l'ancienne citadelle, le Capitole, dont on voit encore

23

à sa droite de magnifiques pans de murailles, appareillés en moellons, et vient aboutir entre les ruines du théâtre, à peine reconnoissable, à gauche, et les ruines de l'amphithéâtre, à droite, au grand plateau artificiel, où s'élevoient les constructions des Romains, temples, palais et portiques. Un pont ruiné l'aidoit à franchir le ravin de Saint-Marcel, qui sépare les grandes terrasses du théâtre adossé au mont Saint-Just.

De ce théâtre il reste à peine quelques vestiges, les massifs sur lesquels s'appuyoient les gradins en hémicycle. Les éboulements de la montagne ont tout recouvert. Quelques colonnes du portique ont été transportées dans l'église de Saint-Pierre, dont elles soutiennent la nef.

Au delà du pont, s'élevoit sur le grand plateau que surmonte le *Pompeiacum*, adossé au massif de rochers dont la cime portoit la citadelle, un des plus beaux amphithéâtres qu'aient élevés les Romains. Comme nous l'avons vu souvent en Espagne, en Sicile et dans l'Asie Mineure, on avoit creusé dans le roc une moitié de l'ellipse; l'autre moitié élevoit son triple rang de galeries du côté du Forum. Par une heureuse singularité, que permettoit la disposition naturelle du terrain, la demi-ellipse entaillée dans le rocher élevoit ses gradins bien au-dessus de la partie libre, et le spectateur jouissoit ainsi de la vue de toute la ville, étagée majestueusement sous ses pieds jusqu'à la rive du Rhône.

De cet édifice il ne reste que ce que la main de l'homme n'a pu atteindre, le rocher et le massif de la demi-ellipse qui s'y attache, sur une épaisseur de quinze pieds. On y voit encore à quelques places les cavités des galeries, souvent entaillées dans le roc. Il ne reste rien de la partie dégagée. On semble avoir arraché jusqu'aux fondations. Un jardin, des vignes, dessinent encore à peu près le pourtour de l'amphithéâtre romain.

La vigne couvre également le sommet du *Pompeiacum*, le sol où s'élevoit, protégé par les remparts de la citadelle, le temple de Jupiter. C'est là que les Romains avoient établi pour la première fois le siége de leur puissance dans cette partie des Gaules. Vᴵᴱɴɴᴇ étoit la capitale de l'Allobrogie. Après Domitius et Fabius, vint le victorieux Pompée, courant à la conquête de l'Espagne. Il ajouta aux fortifications de la citadelle, et lui laissa son nom. Ce fut le *Pompeiacum* que Jules-César devoit rendre inexpugnable. Des murailles massives, flanquées de fortes tours, enceignoient cette montagne inégale à ses racines, formant à son sommet un parallélogramme qui regardoit Vienne à l'occident, et dont la croupe orientale s'arrondissoit en hémicycle. C'est du côté du levant qu'on juge encore, par ce qui reste, de la force imposante de l'antique citadelle. Des murailles, hautes de cinquante pieds en certains endroits, s'appuient au flanc de la montagne. Construites en blocage de moellons, elles sont revêtues d'un parement d'assises de granit, divisé de sept pieds en sept pieds par trois rangs de briques, magnifique spécimen de l'*opus insertum,* employé par les Romains jusqu'à l'époque de Jules-César, et qui ne fut abandonné momentanément, en faveur de l'*opus reticulatum,* sous le règne d'Auguste, que pour reparoître constamment depuis dans les constructions romaines.

Il nous faut retourner sur nos pas, et du haut de la grande terrasse, adossés à l'amphithéâtre, au pied de la citadelle, reconstruire par la pensée cette vieille ville romaine, dont le pied tient encore au sol de la ville moderne, dont les ruines attestent avec tant d'autorité l'antique splendeur.

Devant l'amphithéâtre regardant le Rhône, au couchant, s'élevoit le temple de Jupiter. Plus loin, au nord, étoit le temple de Mars, près des jardins et du palais de l'empereur, qui terminoient le plateau du côté de la Gère. Au couchant, et du mont Saint-Just jusqu'à la Gère, s'étendoit une forte muraille soutenant la terrasse. Quatre rampes, où de larges escaliers étoient ménagés, conduisoient au palais des Thermes, à l'extrémité sud, puis au Forum, qui occupoit un vaste emplacement entre le plateau et le Rhône, puis enfin au fleuve. En remontant le fleuve à l'embouchure de la Gère, et sur la rive droite, on rencontroit le port des Galères; un peu plus loin, sous le mont du Salut, s'élevoit le Panthéon. Tous ces monuments ont à peu près disparu. De la ville haute on distingue à peine quelques vestiges des grands escaliers, un angle ruiné des portiques du Forum, le temple d'Auguste et de Livie, que nous avons déjà décrit, compris autrefois dans l'intérieur de ces portiques, noble édifice, qui lutta contre le temps et contre les restaurations, confondu parmi les maisons modernes, et qui bientôt semble se perdre entre la basilique de Saint-Maurice et le clocher roman de Saint-André. Du grand escalier romain, il ne reste plus qu'un des deux murs d'échiffre; ruiné en partie, ce mur offre encore un aspect monumental. Il est construit en belle pierre de Choin, appareillée par assises d'égale hauteur. Les paliers de repos qui divisoient les montées, sont accusés par une forte saillie sur le nu des murs de la rampe. Cette disposition faisoit disparoître la monotonie qu'auroit offert un mur uni sur une aussi grande étendue : car il est facile de reconnoître par ce qui reste encore, que le développement de l'escalier devoit occuper un espace d'environ cent pieds. La hauteur de la dernière rampe au-dessus du sol est de près de trente-trois pieds. Elle est enterrée de neuf pieds environ. Une cymaise, d'une belle exécution et d'un profil grandiose, couronne ce mur, qu'elle suit dans tout son développement, dessinant les rampes, les repos des paliers et les saillies. L'aspect seul de ce mur si fortement construit, et d'un si grand style, suffit à donner une haute opinion de la magnificence de la Vienne antique.

Le Forum, par son large développement et par l'élégante profusion des ornements qui le décoroient, répondoit à cette grandeur. L'arcade qui subsiste encore, et qui formoit l'angle sud des portiques, est perpendiculaire au mur d'échiffre du grand escalier. On n'y trouve pas la pureté des beaux temps de l'architecture romaine, mais l'ornementation porte un cachet d'élégance, et les proportions de l'ensemble ne manquent ni de grandiose, ni de richesse. Au moyen âge, cet unique reste du Forum antique servit de soubassement à une tour carrée, dont une portion existe encore aujourd'hui. La construction de cette

tour, grossièrement bâtie en petits moellons, fait mieux ressortir la
solidité de l'appareil du grand arc romain, construit en beaux blocs
de pierre. Longtemps on avoit pris cette arcade pour un reste d'arc
de triomphe. C'est, en effet, une noble ruine, et, en la voyant, on
aime à recréer par l'imagination cette longue perspective d'arcades
portées par des colonnes, grand édifice public, digne de servir aux assemblées d'une population entière.

Au midi du portique, dans l'espace occupé maintenant par l'Hôtel-
Dieu, le palais de l'Archevêché, et une partie du Cours, s'élevoit un
édifice qu'on croit avoir été le Gymnase. Rien n'en est resté debout.
Mais ce devoit être une des plus riches constructions de VIENNE, des
plus grandes et des plus élégantes. Le sol qu'elle a occupé recéloit,
jusque dans ces dernières années, des fragments précieux de l'art antique. On a trouvé, nous l'avons déjà dit, dans les fondations de l'Archevêché, à l'époque de la démolition, des bas-reliefs, des frises, des
colonnes, des chapiteaux. Les fouilles ont produit le beau torse de
femme qui se voit au musée de VIENNE. Schneider assure en avoir
vu tirer jusqu'à vingt-deux colonnes de marbre d'Espagne, fragment
par fragment. Ces colonnes reposoient sur une couche épaisse de ma-
tières réduites en charbon ou en cendres; au-dessous on pouvoit reconnoître un riche et élégant pavé. En 1824, à l'époque de la démolition, on trouva presque toutes les assises d'un arc de triomphe
antique. L'état de ces débris, les cendres qui couvrent le sol, attestent
que le Gymnase a été détruit par un violent incendie.

C'est ainsi que le feu ou la pioche ont tout renversé. Il y a vingt-
quatre ans, on découvroit près du Panthéon une salle antique en-
fouie depuis bien des siècles. Les marbres qui la revêtoient, d'élégants
pilastres, une ornementation simple et riche à la fois, la découverte
faite dans ces ruines d'une statue brisée, le faune dont la tête, exposée
d'abord au musée de Vienne, puis portée à Paris, est maintenant un
des ornements du musée du Louvre, tant de motifs qui devoient conduire à la conservation de ce monument d'un autre âge, ont été ou-

bliés. La salle du faune n'existe plus. On la cherche en vain en face de ces tours démantelées que l'archevêque Burnin avoit élevées sur le mont du Salut. L'œuvre des Romains disparoît ainsi chaque jour, et déjà elle auroit péri, s'il étoit au pouvoir des hommes de détruire sans l'action prolongée des siècles ces grands murs de pierre et de brique, ces remparts de la citadelle, ces fortes substructions qui semblent avoir pris racine dans le sol auquel elles adhèrent.

C'est ainsi que l'on voit encore survivre au palais des Empereurs, à leurs jardins, ces murs de cinquante pieds de hauteur appuyés de contre-forts d'une épaisseur de trente pieds, destinés à soutenir les terrasses qui se penchent sur les bords de la Gère. Ces murailles gigantesques enceignoient une étendue de près de neuf cents pieds, décrivant en plan une suite continue d'arcs rentrants, dont la convexité devoit opposer un obstacle inébranlable à la poussée des terres supérieures. Dans l'origine, ces arcs étoient reliés par un mur droit dont on voit à peine quelques assises, et qui en a été violemment détaché. A en juger par ce qui subsiste, ce mur droit étoit appareillé en pierre de Choin à bossages. En vain on a fouillé dans cette muraille, comme dans une carrière, pour bâtir la ville moderne; les parties circulaires, construites en simple blocage, isolées des ouvrages qui concouroient à leur solidité, suffisent encore à porter l'énorme poids des terres qui les pressent. Ces murs soutenoient dans leur vigueur première un palais des maîtres du monde, et les spacieuses terrasses de leurs jardins; fouillés par les années et par l'injure persistante des hommes, ils remplissent une destination plus conforme à leur état. Ils portent la ville des morts, le cimetière de VIENNE, analogie mélancolique où la poésie peut voir un symbole.

Nous quitterons maintenant la ville des Allobroges et des Romains; de la VIENNE moderne, nous avons visité la cathédrale et les grandes abbayes; quelques maisons particulières, où le moyen âge et la renaissance ont laissé l'empreinte gracieuse de leurs arts, arrêtent encore le voyageur; le nombre n'en est plus grand maintenant. La plus remarquable, heureusement située dans l'axe d'une rue perpendiculaire à celle des Orfévres, offre un véritable intérêt. Le rez-de-chaussée et le premier étage sont de la fin du xve siècle. Le second étage porte le cachet du xvie. Le rez-de-chaussée a été construit en pierre de Choin. Toute l'ornementation du premier étage, c'est-à-dire les encadrements et les jambages des croisées, a été taillée dans le marbre blanc. Une pierre plus tendre du pays a servi à la construction du reste de l'édifice, à partir du dessus de l'encadrement jusques et y compris l'entablement qui couronne l'ordre du dernier étage, supporté par des consoles d'une fine sculpture.

Les croisées du premier étage ont conservé une partie de leurs vitraux du temps. On y voit encore des médaillons de verre de couleur. Malheureusement, les croisées du second étage ont reçu des mutilations fâcheuses. La croix en pierre qui les divisoit a été brutalement arrachée, et le vide des baies est maintenant défendu par d'ignobles jalousies.

Ainsi, Vienne si grande sous les Romains, si éclatante encore par les monuments religieux du moyen âge et par ses constructions de la renaissance, a été tuée par l'oubli, par l'ignorante brutalité des temps modernes. En la quittant, il faut mêler un regret aux adieux. Vienne n'est plus qu'une ombre pâlie.

En descendant le Rhône, à quelques lieues de Vienne, et non loin du fleuve, on trouve Roussillon, dont le château est célèbre. On sait peu de chose de cette petite ville. Elle existoit sous l'empire romain. L'*Itinéraire d'Antonin* la mentionne sous le nom d'*Ursolis*. Elle figure avec celui de *Figlinis* dans la Table de Peutinger. L'histoire se tait sur Roussillon jusqu'au xve siècle. En 1465, des lettres du roi Louis XI l'érigent en comté. Louis, bâtard de Bourbon, amiral de France, qui avoit épousé Jeanne, fille naturelle de Louis XI et de Marguerite de Sassenage, reçut, le 12 février, le titre de comte de Roussillon. De ce mariage naquirent Charles de Bourbon, comte de Roussillon, qui mourut sans enfants, et Suzanne de Bourbon, comtesse de Roussillon, qui épousa Jean de Chabannes, et en eut deux filles, Antoinette et Blanche, toutes deux comtesses de Roussillon. Antoinette épousa René d'Anjou, baron de Mézières, en premières noces, et Jacques de Brissay en troisièmes noces. Elle vendit sa part du comté à sa sœur Blanche de Tournon, veuve de Jacques de Coligny, seigneur de Châtillon, par contrat du 29 décembre 1532, pour le prix de 25,000 livres. François, cardinal de Tournon, succéda à sa sœur Blanche pour cette moitié de Roussillon, et en fit hommage au dauphin, le 17 mai 1535. Le cardinal acquit l'autre moitié du baron de Mézières. La famille de Tournon étant tombée en celle de Levy-Ventadour, le comté de Roussillon y passa aussi, et c'est de cette dernière famille que la maison de Clermont de Chatte l'acquit vers la fin du XVIIe siècle.

Roussillon a été fermé de murailles, avec un beau château, dont l'église, dédiée à saint Jacques, étoit à la nomination du prieur de Salèses.

Le château de Roussillon fut bâti par le cardinal de Tournon. Charles IX s'y arrêta et y signa, en 1564, plusieurs édits interprétatifs du traité d'Amboise, qui n'eurent d'autre résultat que d'augmenter l'irritation des protestants. Un autre édit de Charles IX, daté de ce château, devoit avoir une influence plus durable, celui qui fixa le commencement de l'année au 1er janvier. C'est de Roussillon qu'a pris origine pour la France le calendrier Grégorien.

Roussillon étoit autrefois le chef-lieu d'un mandement du même nom dans l'élection de Romans, et dont le juge en première instance ressortissoit au parlement de Grenoble.

Nous n'évoquerons qu'un souvenir du château de Montléans, à présent détruit, le nom d'une famille illustre dès le XIVe siècle dans le Viennois, et mêlée à l'histoire de la France : celle des Maugiron. Montléans avoit été érigé en comté en faveur de cette maison, en 1569. Sur les murs du château on voyoit les armes de Maugiron, un gironné de six pièces d'argent et de sable; armes parlantes : comme, d'après les lois du blason, le gironné doit être de huit pièces, celui-ci

n'étant que de six, étoit un mal gironné, un mauvais gironné, un
Maugiron.

Encore un château renversé, celui de Falavier, qui a joué un rôle
dans l'histoire du Viennois. Falavier étoit autrefois le chef-lieu d'un
mandement composé de plusieurs paroisses dans le bailliage et l'élection de VIENNE. Le château et la terre furent donnés, en 1369, par le
roi Charles V, au nom de Charles, dauphin, son fils, à Pierre, comte
de Genève. Louis de Chalon, prince d'Orange, succéda à la famille
de Genève, et se rendit maître de la terre et du château, où il
mit des hommes d'armes, sous les ordres de Pierre de Barges, en
1430. Alors se débattoient entre le dauphin et le duc de Bourgogne
les différends auxquels mit fin la bataille d'Anthon, le 11 juin de
la même année. Le prince d'Orange, qui avoit pris parti pour le duc,
partagea sa défaite. Quatre jours après la bataille d'Anthon, les troupes
du dauphin prenoient possession du château de Falavier, qu'avoient
déserté Pierre de Barges et ses soldats.

On voit avec intérêt les ruines du château de Seyssuel, ancienne
possession de l'archevêque de VIENNE, très-rapprochée de la ville, au
nord, dans le bailliage et l'élection de laquelle elle étoit autrefois comprise. Ce château a été brûlé au commencement du xvᵉ siècle.

Un peu plus à l'est, non loin de la petite rivière de la Véga, s'élève
encore le château de Septème, dont l'enceinte et les tours portent le
caractère de l'architecture du xivᵉ siècle. On croit que Septème fut
ainsi nommé d'une pierre milliaire romaine qui s'y trouvoit, la septième pierre, le septième mille, à partir de VIENNE. Charlemagne passant par le Viennois, fonda à Septème une chapelle sous l'invocation de
saint Blaise. Une famille du nom de Septème posséda cette terre jusqu'en 1240, époque à laquelle Briande de Septème, la dernière héritière
de ce nom, en étoit dame. La terre étoit tenue alors par le seigneur
à titre d'alleu. Briande la porta en dot à Guillaume de Beauvoir, son
époux. En 1249, tous deux en firent hommage au comte de Savoie, en
échange d'avantages stipulés. Thomas, comte de Savoie, s'engageoit à

donner à Briande 5o livres tournois après la mort de son mari, et à Guillaume de Beauvoir une pension viagère à prendre sur le péage de Saint-Symphorien d'Ozon. Dans le cours de la même année, le comte Amé de Savoie rendit hommage pour cette terre à l'archevêque et au chapitre de la province de VIENNE, qui en avoient la suzeraineté. Le comte se déclara solennellement vassal de l'Église, et prêta serment en cette qualité entre les mains de Briant de Larieu, qui occupoit alors le siége de VIENNE.

Le château de Septème est encore habité.

Plus au nord, le bourg de Saint-Symphorien d'Ozon prend ce dernier nom de la petite rivière d'Ozon qui le traverse, pour aller non loin de là se jeter dans le Rhône. Saint-Symphorien avoit autrefois un château. C'étoit le chef-lieu d'un mandement dans le bailliage et l'élection de VIENNE. Le bourg, le château et la terre qui en dépendoit, ont appartenu longtemps aux comtes de Savoie. Pierre, comte de Savoie, fit clore le bourg de murailles en 1238. En 1252, l'archevêque de VIENNE, Jean de Burnin, fit construire sur le Rhône, à la hauteur de Saint-Symphorien, un pont qui en prit le nom. Le bourg possédoit également un péage considérable. Un acte de reconnoissance, en date du 2 des ides d'avril de 1309, constate les droits du comte Amé de Savoie sur le bourg de Saint-Symphorien d'Ozon. Il y est écrit que le comte possède des maisons, des moulins, un étang, des bois, divers champs et un péage, qu'on y percevoit au lieu dit Venices. Le comte jouissoit, en outre, du ban du vin, du droit de mesure, du droit de boucherie et autres droits sur les bestiaux et sur les marchandises. L'acte de reconnoissance fait mention du château de Saint-Symphorien, situé près du chemin de VIENNE.

A deux lieues à l'est de VIENNE, sur le territoire de la commune d'Eysin-Pinet, on voit encore debout une forte tour ronde, dernier reste d'un château détruit, dont elle atteste, toute démantelée qu'elle est, la grandeur et l'antiquité : c'est la tour de Pinet. C'étoit, dit-on, l'une des plus anciennes constructions élevées autour de VIENNE.

Un revêtement extérieur de briques donne à ce vénérable monument un aspect particulier. C'est le seul exemple de ce mode de construction dans les environs de VIENNE.

Un acte passé au XIIIᵉ siècle, le 12 juin 1254, entre Albert, seigneur de la Tour du Pin, et Guillaume de Beauvoir, seigneur de Pinet, montre que le Pinet étoit un arrière-fief de la Tour du Pin. Drouet Devaux, héritier de la terre du Pinet, par testament de Guillaume de Beauvoir, fit donation de cette terre au dauphin, Humbert II, par acte du 8 novembre 1337. On ignore l'époque de la ruine du château.

Situé plus au nord, au delà de Saint-Symphorien d'Ozon, Saint-Priest mérite, à un double titre, l'attention du voyageur, et pour ses souvenirs, et pour les monuments qu'un amour éclairé des beaux-arts lui a donnés de nos jours ou conservés.

C'est dans l'ancien château de Saint-Priest, aujourd'hui détruit, que le roi Charles VII, réduit à châtier la rébellion de son fils Louis, dauphin, qui déjà promettoit Louis XI, signa, le 8 mars 1456, les lettres patentes de réunion du DAUPHINÉ. Les États et les grands du DAUPHINÉ, réunis dans le château, reconnurent Charles VII comme leur prince souverain.

A la suite des troubles de la ligue, le château de Saint-Priest fut choisi pour une conférence entre les chefs des partis opposés. Cette conférence, dont le but étoit de mettre fin à la guerre, eut lieu le 8 mars 1597. Les négociateurs étoient des hommes considérables : le chef des protestants de la province, Lesdiguières, dont la renommée militaire est si haute; Pompone de Bellièvre, chancelier de France; Joffrey Calignon, chancelier de Navarre; et Ennemond Rabot, premier président du parlement de Grenoble.

Sur l'emplacement de l'ancien château s'est élevé un édifice moderne, que les comtes de Saint-Priest ont embelli de toutes les richesses des beaux-arts. C'est dans cette belle résidence que M. le comte actuel de Saint-Priest, pair de France, a fait transporter et relever par les soins

de M. Chenavard, une porte du xvi⁰ siècle; précieux monument de
l'architecture de transition, où brille déjà le goût de la renaissance, et
que l'ignorance d'un spéculateur alloit détruire. Cette porte s'élevoit
autrefois à VIENNE sur la place de Saint-Maurice. La libéralité éclairée
d'un homme de goût l'a conservée pour les arts.

En continuant à se diriger vers l'orient, au delà de la Bourbre, et
à deux lieues environ du point où cette rivière porte ses eaux dans
le Rhône, on rencontre Crémieu, petite ville resserrée entre deux
monticules, dont les sommets, couronnés de tours ruinées et de remparts démantelés, évoquent les souvenirs féodaux du moyen âge. Dès
le IX⁰ siècle, Crémieu apparoît dans l'histoire. L'empereur Louis le
Débonnaire, Pepin, roi d'Aquitaine, et plusieurs seigneurs des provinces voisines, s'y réunirent, en 836, pour régler quelques différends
survenus entre Agobard, archevêque de Lyon, et Barnard ou Bernard,
archevêque de VIENNE. On devoit aussi pourvoir aux besoins de l'Église
de ces deux métropoles; mais on ne put rien conclure à cause de la
fuite des deux prélats menacés d'être dépossédés pour la part qu'ils
avoient prise à la déposition de Louis le Débonnaire. L'acte qui rappelle cette assemblée désigne Crémieu sous le nom de *Stramiacum,* et
l'indique comme une dépendance du Lyonnois. On sait que ce lieu,
le château de la Balme, celui d'Anthon, Morestel et d'autres terres en
deçà du Rhône, au nord de la Charuise, étoient encore cinq cents
ans après sous la protection de l'Église de Lyon.

Le ressort supérieur de cette puissance ecclésiastique sur la partie
du DAUPHINÉ la plus rapprochée de la Bresse, étoit un droit si bien
établi, que les barons de la Tour du Pin, qui possédèrent les premiers
la seigneurie de Crémieu, après la chute du royaume de Bourgogne,
et les dauphins, leurs successeurs, reconnurent constamment la tenir
de l'archevêque de Lyon et de son chapitre. Les titres parvenus jusqu'à
nous en font foi. Mais les actes eux-mêmes n'ont qu'une autorité douteuse pour éclaircir les obscurités dont s'entoure l'histoire de cette ville.

Un acte de l'hommage rendu par Guignes André à l'archevêque

Robert, en 1230, établit que Crémieu et la Balme étoient alors au pouvoir du dauphin. Guignes se déclara vassal du prélat et de ses chanoines pour ces possessions. Ils lui promirent en échange aide et assistance, s'engageant à le secourir dans le Viennois jusqu'à Voreppe, et même jusqu'à la Buissière, en cas de siége de cette forteresse.

Vingt ans plus tard, en 1250, l'archevêque Philippe confère la seigneurie de la Balme en *fief rendable* à Albert, baron de la Tour. Il n'est pas douteux que ce baron ait reçu également en fief la seigneurie de Crémieu, car on voit son principal héritier, Hugues, sénéchal de l'église de Lyon, se réserver ce château, dans le traité où il cède à son frère Humbert la baronnie de la Tour.

Hugues mourut, laissant tous ses biens à son frère; et le mariage du baron Humbert avec la dauphine Anne réunit ces deux seigneuries au domaine des dauphins de la troisième race.

La situation de la Balme sur la rive droite du Rhône, presque au bord du fleuve, à quatre lieues environ de Crémieu, en faisoit une résidence utile aux dauphins. Ils pouvoient, de ce château, gouverner leurs possessions sur les deux rives du Rhône. Ce voisinage devoit aider à l'accroissement du bourg, que tendoit à favoriser la politique des dauphins. Humbert II dota un couvent de moines Augustins que le dauphin son père y avoit fondé. Des actes datés de ce règne établissent l'existence d'un hôtel des monnoies à Crémieu. La proximité d'un grand centre d'industrie et de commerce, la riche et populeuse ville de Lyon, avoit d'ailleurs développé l'activité commerciale des habitants de ce petit bourg, dont les trafiquants juifs et lombards venoient grossir chaque année le nombre, à tel point que c'étoit une des places importantes du Dauphiné sous le gouvernement du dauphin Louis, fils de Charles VII. Un acte de mauvaise politique faillit arrêter et détruire dans sa source toute cette prospérité. Louis prononça le bannissement des juifs de tout le Dauphiné. Crémieu se trouva en un instant presque déserte. Les juifs formoient l'élément principal et le plus actif de sa population : pour repeupler cette solitude, il fallut que le prince effrayé accordât aux habitants de Crémieu une exemption générale de tous impôts pour une période de vingt ans (1448). Funestes effets des guerres de religion, que réprouve le véritable esprit du catholicisme. C'est ainsi que plus tard la révocation de l'édit de Nantes devoit ruiner non plus une ville, mais des provinces entières de la France, et surtout le Dauphiné, au profit de l'étranger.

A Crémieu se rattachent les noms de deux rois chers au Dauphiné.

Louis XII ordonna d'y relever les anciennes fortifications et d'en construire de nouvelles, lorsqu'il fit mettre en état de défense les frontières de la Savoie du côté du Dauphiné (en 1512); François Ier y séjourna en 1536. C'est du château des dauphins qu'est daté, le 19 juin de cette année, l'édit connu sous le nom d'*ordonnance de Crémieu,* qui servoit autrefois de règle pour les justices inférieures. Charles IX y passa quelques jours en 1564; il y signa, dans le mois de juillet, un édit concernant la nomination des consuls. L'édit ordonnoit que les villes eussent à présenter deux candidats pour chaque charge consulaire, le roi se réservant le droit de choisir entre les deux.

Vers la même époque, l'atelier monétaire de Crémieu fut transféré à Grenoble.

Les guerres de religion, si acharnées et si terribles dans le Dauphiné, atteignirent à peine ce point important. La position même de Crémieu, sa proximité de Lyon, l'avantage qu'on pouvoit tirer de sa possession pour agir sur le Bugey et sur la Savoie, la firent considérer par le parti catholique comme une place centrale. Les troupes du roi, et ensuite celles de la Ligue, l'occupèrent constamment avec des forces assez nombreuses pour en rendre le siége à peu près impossible. Cependant Lesdiguières, alors le chef le plus entreprenant et le plus habile des religionnaires, tenta de s'en emparer en 1589. Le désir de se mesurer avec Lapoype Saint-Julien qui commandoit les catholiques dans l'île de Crémieu, c'est-à-dire tout le pays compris entre le Rhône et la Charuise, excitoit encore son courage. Mais en vain le brave capitaine multiplia les attaques; la place étoit garnie de bonnes troupes sous les ordres de Bombin, tandis que Saint-Julien lui-même tenoit la campagne et harceloit sans cesse les assiégeants. Lesdiguières voulut essayer d'un assaut comme dernière ressource. Il prit Crémieu par son côté le plus foible, Saint-Hippolyte, où les ruines d'un ancien prieuré étoient les seuls obstacles de la défense. Les assiégés suppléèrent au défaut des murs par un retranchement. Si vigoureuse que fût l'attaque, l'énergie des défenseurs fut plus grande encore, et l'ennemi fut réduit à se retirer, laissant nombre de vaillants soldats sur la brèche. Laurent Galle, seigneur de Mestral, un des amis de Lesdiguières, y périt d'un coup de feu. Sa noble fin a inspiré les vers d'Expilly et des meilleurs poëtes du Dauphiné. Cinq ans après, la ville de Crémieu tenoit encore pour la Ligue. Elle ne se rendit au roi Henri IV qu'après la paix, en 1594.

Depuis lors, Crémieu ne paroît plus dans l'histoire.

De sa prospérité, de son opulence d'autrefois, la petite ville a conservé du moins deux nobles monuments, fondations pieuses en faveur de la vieillesse et de l'indigence. Un hôpital pour les malades y existe depuis plus de quatre siècles. Un hospice, asile des vieillards, rappelle la bienfaisance de Louis Lapoype et de Gaspard Laras.

Longtemps associé à l'existence historique de Crémieu, dont il a partagé les vicissitudes, le village de la Balme est demeuré célèbre par la grotte naturelle qui porte son nom, et que l'on a mise au nombre des merveilles du Dauphiné. Placée sous l'invocation de Notre-Dame, cette grotte attire à double titre l'attention du voyageur. C'est une œuvre imposante de la nature à visiter, un pélerinage à accomplir. Un chemin rapide mais facile conduit à la grotte, où l'on pénètre par une salle spacieuse excavée en voûte; sur cette salle s'ouvrent deux galeries, l'une en face, la plus vaste et la plus intéressante; l'autre à droite, désignée sous le nom de salle du Capucin. Au fond de la grande galerie, un lac, formé sans doute par les eaux qui suintent à travers la voûte calcaire, décrit, entre les figures capricieuses des rochers, un canal dont les replis sinueux rendent la navigation très-difficile. Il faut presque une heure pour le parcourir, et souvent le voyageur doit se coucher dans la nacelle pour passer sous les voûtes basses que traversent les eaux. Ces lacs et ce fleuve dans les entrailles de la terre, dont le cristal limpide, quelquefois sombre, quelquefois éclatant, n'est jamais éclairé que par des flambeaux, produisent les effets les plus pittoresques et les plus ravissants. Nous avons vu la grotte d'Anti-Paros, et elle n'a pas, comme celle de la Balme, son Styx et son Achéron. On arrive au niveau du lac par une série de plans que la nature semble avoir disposés méthodiquement. Deux grands bassins forment deux étages au-dessus de l'eau, et l'espace qui les sépare, disposé en pente douce, est divisé en excavations qui affectent assez régulièrement la forme d'une conque. Ce sont de véritables gradins où le pied s'arrête avec sécurité. La galerie du Capucin n'a point de lac. Le suintement de la voûte l'a dotée d'une colonne naturelle qui relie le sol à la partie supérieure de la grotte. Cette colonne, que les dépôts calcaires grossissent chaque jour, repose au fond dans un bassin circulaire. Les concrétions qui se trouvent à la voûte, tout autour de cette colonne, présentent les combinaisons les plus singulières. Ce n'est pas sans quelque peine qu'on obtient la vue de ce palais souterrain. Il faut gravir une espèce de montagne intérieure très-escarpée, et puis descendre péniblement jusqu'au fond de la galerie du Capucin. La grotte dans son ensemble a environ quatre-vingts pieds de large; elle a cent pieds de hauteur. Sa profondeur totale est de plus de deux mille pieds. La partie supérieure est couronnée par une sorte de dôme où la madone occupe une chapelle.

Avant la fondation de la chapelle, ces lieux étoient pleins de terreurs superstitieuses. On raconte que François Ier, attiré par les narrations merveilleuses qu'on faisoit de la grotte de la Balme, y vint avec un grand nombre de gens d'armes, et choisit, disent les récits du peuple, les plus courageux pour pénétrer dans les sombres galeries. On voyoit encore du temps de Chorier les débris d'un bateau que le roi fit ap-

porter pour naviguer sur le lac. Au retour de cette exploration, les
choses surprenantes que les gens du roi s'amusèrent à raconter, aug-
mentèrent encore, dit Mézeray, l'effroi des habitants. Mais bientôt,
si l'on en croit la tradition, les esprits s'enfuirent à l'approche d'un
saint ermite qui prit possession de la caverne, en y construisant sa
cellule et une chapelle où, à certains jours de l'année, et dans les
temps de calamités publiques, une foule immense vient s'agenouiller.

A peu de distance de Crémieu, vers le sud, on trouve le bourg de
Saint-Chef, qui a reçu son nom d'une antique et célèbre abbaye de
Bénédictins, fondée, en 570, par saint Theudère, que l'Église honore
aussi sous le nom de saint Chef. Ce solitaire, disciple de saint Césaire
d'Arles, voulut établir un monastère près du village d'Arcisse, où il
étoit né. Pour accomplir son pieux dessein, il choisit, ou, suivant le
récit poétique de l'auteur de sa Vie, un ange lui désigna un lieu sauvage, nommé Alarone, situé dans la vallée Rupienne, au milieu d'une
épaisse forêt qui couvroit alors toute la contrée. Cette solitude, ajoute
la légende, étoit peuplée d'animaux redoutables; mais le saint anachorète les écarta par la seule puissance de ses prières (1). Après
la mort de saint Chef, arrivée en 575, son corps, déposé d'abord à
Vienne, fut transporté dans son abbaye. L'édifice qu'il avoit construit,
ruiné par les guerres ou par le temps, fut rétabli, au ixᵉ siècle, par
Barnoin, archevêque de Vienne, pour quelques religieux de l'abbaye
de Montiérender en Champagne, que les Normands avoient chassés de
leur pays. Le pape Formose confirma, en 892, cette seconde fondation,
et permit aux moines de se choisir un abbé, à la charge de payer,
chaque année, à l'archevêque de Vienne, une redevance d'une livre
d'argent. A ce privilége Barnoin ajouta, à la prière du comte Hugues,
le don de revenus considérables qui appartenoient à son église, dans
les paroisses d'Arcisse, de Disimieu, de Vinieu et de Vasselin. Reconstruite ou réparée, en 1056, par les soins de l'archevêque Varmond,

____

(1) *Vita S. Theuderii. Acta sanctorum ordinis S. Benedicti*, tome I.

27

favorisée de nouvelles concessions par Louis, fils de Boson, roi de Bourgogne, et par l'empereur Frédéric II, qui autorisa et augmenta ses franchises en 1214, l'abbaye de Saint-Chef devint la plus riche du diocèse de Vienne, et, suivant Chorier, « l'une des plus fameuses de « France.» Son importance s'accrut encore lorsque, vers le milieu du même siècle, les prieurés de Jullieu, de Crémieu, de la Tour du Pin, de Saint-Alban et de Vezeronce, furent placés sous sa dépendance. Plus d'une fois, on vit les abbés de Saint-Chef traiter de puissance à puissance avec les dauphins. Ceux-ci, comme possédant un fief qui relevoit de l'abbaye, étoient tenus de la secourir au besoin, et de lever des troupes pour sa défense. Mais, afin d'assurer aux religieux une protection plus constante et plus efficace, il fut convenu, dans l'année 1288, entre Humbert Ier et l'abbé Aymon, que le dauphin et ses successeurs seroient gardiens perpétuels de l'abbaye, sous la condition que le chapitre de Saint-Chef aideroit le dauphin de ses vassaux, pour ne les employer toutefois qu'entre le Rhône et l'Isère, et au delà du Rhône jusqu'à la rivière d'Ain. De son côté, Humbert s'engageoit à défendre le chapitre contre toutes personnes, l'archevêque de Vienne excepté.

Cependant, au milieu de sa plus grande prospérité, l'abbaye de Saint-Chef eut à souffrir de graves désordres intérieurs. En 1277, une sédition ayant éclaté parmi les moines, l'archevêque de Vienne s'empara du château de Saint-Chef, qui étoit un fief de son église, y mit garnison, et entra de vive force dans le monastère, où la discipline ne se rétablit qu'après l'expulsion des plus rebelles et la déposition de l'abbé. Des abus, on ne dit pas de quelle nature, s'étant plus tard introduits dans le chapitre, et les religieux ne pouvant s'accorder sur le choix de leur abbé, le pape Jean XXII déclara l'archevêque de Vienne chef perpétuel de l'abbaye, qui fut ainsi unie à l'église métropolitaine.

Après cette réunion, le fait le plus notable de l'histoire du monastère de Saint-Chef est celui de sa sécularisation au XVIe siècle. A la demande des chanoines, et sur les motifs qu'ils exposèrent dans un mémoire conservé aux archives de la cathédrale de Vienne, François Ier leur accorda des lettres datées de 1531, qui modifioient leur institution, et qui furent confirmées, au mois d'août 1536, par une bulle du pape Paul II. Cette bulle les exempta de faire des vœux, et convertit leur maison en un chapitre noble de vingt-huit chanoines.

Le bourg de Saint-Chef n'a guère d'autres annales que celles de l'abbaye, autour de laquelle il s'est formé. Le dauphin Jean lui avoit accordé, en 1316, des priviléges que le roi Charles VII confirma pendant son séjour à VIENNE.

Il ne reste que l'église de l'ancienne abbaye de Saint-Chef; le cloître et les autres bâtiments de cet antique monastère ont subi le sort de nos plus précieux monuments, la spoliation et la destruction.

La disposition de cette église est celle d'une basilique. Les nefs paroissent être du XIᵉ siècle; elles sont séparées par des piliers supportant des arcs, et couvertes par des plafonds lambrissés en menuiserie. Les piliers, probablement anciens, ont dû être retaillés au XVᵉ siècle. Les murs latéraux sont construits en petit appareil.

Les transsepts doivent être d'une époque un peu postérieure à la nef; car l'arc triomphal est ogival, et l'ornementation des chapiteaux indique le style du XIIᵉ siècle.

Les deux travées formant les extrémités des transsepts sont divisées en deux étages. Au côté droit, le premier étage est une dépendance du clocher qui surmonte cette partie du monument. Au côté gauche, le premier étage est occupé par une petite chapelle, formant tribune, décorée de peintures à fresque du XIIᵉ siècle; cette curieuse chapelle a une abside, et son pavement est en mosaïque. La porte principale de cette église a été refaite au XVᵉ siècle; elle est richement décorée, comme la plupart des constructions de cette époque.

Sur un plateau qui occupe le centre de la jolie vallée de l'Eynans, s'élève, au milieu d'un frais paysage, le bourg de Saint-Geoire, dont le château et l'église, à peine cités par les historiens du pays, sont cependant dignes d'attention. L'un et l'autre doivent leur fondation à une famille illustre, celle des anciens barons de Clermont, aujourd'hui ducs de Clermont-Tonnerre, qui prenoient les titres de premiers barons, connétables et grands maîtres héréditaires du DAUPHINÉ. La libre et souveraine baronnie de Clermont, dont Saint-Geoire faisoit partie, fut érigée en comté en 1547, et plus de deux siècles après (1775), devint duché-pairie.

Dès le XII° siècle, il existoit à Saint-Geoire un château fort, relevant de l'archevêché de VIENNE. Il en est question dans un accord fait, en 1105, entre l'archevêque Gui et Hugues, évêque de Grenoble. Peut-être avoit-il été bâti par Siboud de Clermont, qui vivoit en 1080.

C'est sur l'emplacement de ce premier château qu'a été construit, au XV° siècle, le manoir aujourd'hui subsistant. Sa forme est celle d'un C, initiale du nom de ses nobles possesseurs; bizarre fantaisie, à laquelle il faut attribuer l'irrégularité de l'édifice et l'incommodité de ses distributions intérieures. Les appartements, aux vastes cheminées, sont maintenant inhabitables; mais ils méritent encore d'être visités. Leurs lambris sont couverts d'intéressantes peintures, dont les plus belles et les mieux conservées ornent le salon des archives. Ce sont des grisailles d'un dessin de l'école italienne, représentant des sujets mythologiques. Leur style indique l'époque de la Renaissance. Les soubassements sont occupés par les armoiries coloriées et rehaussées d'or, des diverses branches de la maison de Clermont : *de gueules à deux clefs d'argent passées en sautoir.* Un pape du XII° siècle avoit, dit-on, donné ces deux clefs pour armes à Aynard de Clermont, dont la vaillance l'avoit rétabli sur le siége de Saint-Pierre. Une descendante des Clermont, madame de Tourzel, est aujourd'hui propriétaire de ce château.

La tradition attribue à la même famille la fondation de l'église de Saint-Geoire. On cite, sans en préciser la date, une charte par laquelle Guillaume de Clermont, archevêque de VIENNE au commencement du douzième siècle, auroit abandonné certaines dîmes à la fabrique de Saint-Geoire, pour être employées aux réparations de l'église et à l'entretien d'un prédicateur et d'un maître d'école.

Aucune partie de l'édifice actuel, si ce n'est peut-être le chœur, ne paroît remonter à une époque aussi reculée. L'abside, bâtie en tuf, est soutenue à l'intérieur par des contre-forts dont la tête, terminée en biseau, est tracée par une archivolte qui contourne les ogives de ses fenêtres. Les arcs doubleaux et les bandeaux des voûtes retombent sur des colonnettes et des pieds-droits dont la chute est arrêtée par des consoles ornées de têtes d'animaux et de visages grimaçants; caractères auxquels on reconnoît le XIIIe siècle dans les monuments religieux du DAUPHINÉ.

La nef et les bas côtés sont d'une époque postérieure. A la console de l'un des piliers, un personnage tient un écu aux armes de Clermont; vis-à-vis, un enfant lui montre en souriant deux os de mort passés en sautoir.

Les stalles du chœur, curieusement sculptées, rappellent les magnifiques boiseries de Brou et de Notre-Dame de Bourg, et, comme celles-ci, appartiennent aux premières années du XVIe siècle. Des bustes en relief, d'une excellente exécution, et d'une originalité parfois grotesque, donnent à cet ouvrage un caractère particulier. Des rinceaux, des festons élégants, en complètent l'ornementation. Chaque stalle porte une sentence latine ou françoise en lettres gothiques. Ces inscriptions, qui servoient, comme on sait, à marquer la place des ecclésiastiques dans le chœur, sont aujourd'hui à demi effacées, aussi bien que les écussons armoriés placés au-dessous.

L'intérieur de l'église a beaucoup souffert. Au siècle dernier on a détruit un tombeau gothique pour percer une fenêtre, et bientôt après les dévastations révolutionnaires ont fait disparoître les écussons et les gracieux ornements qui décoroient la voûte. On a conservé pourtant quelques objets d'art remarquables, entre autres, un groupe d'albâtre représentant la sainte Vierge tenant sur ses genoux Jésus crucifié, et des fragments de vitraux placés dans une chapelle du côté gauche de la nef.

Le portail, d'un beau travail, paroît plus ancien que les murs, au milieu desquels il est comme enchâssé; mais le fronton triangulaire du sommet, où l'on a représenté la résurrection, est un appendice dont le style indique l'époque de transition qui précéda la renaissance. Ce portail offre des traces de nombreuses mutilations. La statue du prélat bienfaiteur de l'église existoit autrefois au-dessus de la petite rosace du milieu. Il n'en reste plus que des débris. Plusieurs autres parties sont fracturées, et menacent ruine.

Cette église est sous le vocable de saint George. C'est de ce nom corrompu que s'est formé celui de saint Geoire.

On voit encore, au milieu du bourg, de vastes bâtiments flanqués de tours. Ce sont les restes de l'abbaye royale de Saint-André, monastère de femmes, qui fut réuni, en 1736, à celui de Notre-Dame des Colonnes de Vienne. La tombe d'une abbesse de cette maison, Angélique Boffin, morte octogénaire en 1714, est placée à l'entrée de l'église.

S'il faut en croire une vague tradition, il auroit existé jadis près de l'emplacement qu'occupe Saint-Geoire, une ville ou un autre bourg plus considérable, détruit par une catastrophe dont le souvenir s'est perdu. Ce qu'il y a de certain, c'est qu'on voit encore à peu de distance, au lieu nommé Cabarot, des restes de constructions fort anciennes.

Plusieurs monastères s'élevoient autrefois autour de Saint-Geoire, mais leurs derniers vestiges ont disparu. Dans un champ, appelé encore aujourd'hui l'*Abbaye,* on a trouvé, au commencement de ce siècle, des cellules en maçonnerie contenant des squelettes entiers. Non loin de là, et à une époque antérieure, on avoit découvert d'autres tombeaux, dont le plus remarquable se voit actuellement dans le jardin d'un habitant de Saint-Geoire. C'est un bloc de tuf, long de sept pieds, qui renfermoit un amas d'ossements ayant appartenu à plusieurs corps humains.

Entre la Tour du Pin et Voiron, dans le pays appelé les Terres-Froides, et au milieu d'une vallée entourée de coteaux et de prairies, s'étend le lac de Paladru, le plus vaste de la province. Ses bords, déchirés par d'anciennes éruptions volcaniques, n'en offrent pas moins un sol peu accidenté, et partout des sites enchanteurs. Cette contrée, intéressante par son aspect pittoresque et par ses phénomènes géologiques, est pourtant une des parties les moins connues du DAUPHINÉ.

On ne sait rien de certain sur la formation du lac de Paladru, dont le nom a exercé les étymologistes. Selon les uns, à l'époque où les Romains placèrent leurs dieux sur les autels des druides, Pallas fut choisie pour divinité tutélaire de ce lac, qui, du nom de sa protectrice, fut appelé *Pallas-Dwr*, c'est-à-dire les eaux de Pallas; *dwr*, en celtique, signifiant *eau;* mais on sait avec quelle réserve il faut admettre les étymologies empruntées à la langue des Celtes. Chorier, suivant l'habitude des érudits de son temps, explique par deux mots grecs l'origine du nom de Paladru et la rapporte à une forêt de chênes qui couvroit autrefois tous les environs (1).

Il paroît hors de doute que ce lac étoit jadis beaucoup moins étendu qu'aujourd'hui. On assure que son bassin a été formé à deux époques très-éloignées l'une de l'autre. La partie la plus ancienne est celle du nord, qui avoisine le village de Paladru. De ce côté on trouve, près des bords de ses eaux, un gouffre dont les pêcheurs fuient l'approche. On l'appelle le *Puits de l'Enfer*. Peut-être étoit-ce le cratère d'un volcan.

Du côté méridional, le lac doit, dit-on, son agrandissement à une catastrophe qui ne remonte pas au delà du XIIe siècle.

Un fils naturel de l'empereur Frédéric Barberousse, nommé Thierry ou Théry, avoit fondé près de là, en 1116, la Chartreuse de la Sylve-Bénite, dans une forêt dépendant du territoire de la ville ou du bourg d'Ars. En confirmant cette fondation, l'empereur dota le monastère de vastes domaines, sur lesquels les habitants d'Ars prétendoient avoir des droits de propriété. Le pape Alexandre III, qui gouvernoit alors l'Église, fit plus encore pour les nouveaux religieux. Il leur donna, assure-t-on, la ville elle-même. Les Chartreux y entrèrent en maîtres, et plantèrent la bannière de saint Bruno sur le lieu le plus élevé, en signe de prise de possession. Les habitants d'Ars se regardant comme oppri-

---

(1) Πέλας δρυῶν, auprès des chênes.

més, implorèrent la protection de leur souverain direct, Humbert III, comte de Savoie, et de Robert, archevêque de VIENNE; mais leurs plaintes n'ayant pas été écoutées, ils se révoltèrent contre les Chartreux, et les repoussèrent jusque dans leur cloître. La rébellion des Arsois attira bientôt sur eux les foudres de l'Église et la colère de l'empereur. Tandis que le pape les excommunioit, Frédéric vint mettre le siége devant la ville, la prit d'assaut, et, après l'avoir pillée, la livra aux flammes. Quelques années après la destruction d'Ars, vers l'an 1168, un tremblement de terre engloutit les ruines de cette malheureuse ville, et les eaux du lac, franchissant leurs limites, couvrirent ses derniers vestiges, comme pour en effacer jusqu'au souvenir. On conservoit autrefois aux archives de la Sylve-Bénite un titre où on lisoit que la ville d'Ars avoit été submergée par un juste châtiment de Dieu (1). Cet écrit a été détruit pendant la révolution, avec tout ce que renfermoit le monastère.

Lorsque aucun vent n'agite le lac, « on aperçoit en certains lieux, dit « l'historien Chorier, des masures et des restes de bâtiments à travers « ses eaux, comme l'on voyoit dans le golfe de Corinthe les ruines « des villes d'Hélice et de Bure que la mer avoit englouties. Quelques-« uns ont publié qu'ils y ont remarqué des pointes de tours et de « clochers, *et d'autres plus hardis ajoutent que si, les veilles et les jours* « *des meilleures fêtes, on y prête attentivement l'oreille, on entend le son* « *des cloches submergées.* » Cette dernière croyance est encore très-accréditée dans le pays, et se retrouve, en général, près des lacs formés par des perturbations souterraines, comme ceux de Grand-Lieu, près de Nantes, de Bray, aux environs de Vevay en Suisse, et sur les bords de la mer Morte, où le peuple, inspiré par un sentiment de poésie non moins admirable, croit entendre sous les rochers qui ont englouti un couvent pendant un tremblement de terre, les voix des moines qui récitent encore chaque jour leurs prières.

(1) Urbs Arsi fuit, justo Dei judicio, submergata.

Mais les traditions du peuple ont une autre explication : Dieu voulant éprouver la charité des habitants de la ville d'Ars, vint en pélerin frapper à leur porte; riches et pauvres le repoussèrent avec dédain. Indigné, et ne voulant pas laisser leur inhospitalité impunie, il souleva les eaux du lac, qui engloutirent aussitôt la cité. Partout où des villes ont été submergées par la mer ou par des lacs, le peuple voit dans leur disparition un effet de la justice divine. C'est ainsi qu'une tradition semblable à celle que nous venons de rapporter, existe, de nos jours encore, sur les bords du lac de Llyn-Savaddan, dans le pays de Galles, où la colère de Dieu précipita, dit-on, un bourg, pour punir l'inhospitalité de ses habitants (1).

La petite ville de Saint-Antoine, située à deux lieues de Saint-Marcellin, vers l'ouest, sur le penchant d'une colline dont le Furent baigne le pied, doit son origine à la célèbre abbaye de Saint-Antoine de Viennois, où prit naissance l'ordre des Hospitaliers du même nom.

Si l'on en croit les chroniques, Jocelin, fils de Guillaume le Cornu, seigneur de Châteauneuf de l'Albenc, issu des comtes de Poitiers, avoit promis à son père mourant d'accomplir pour lui le pélerinage de la terre sainte; mais, engagé dans une guerre contre des seigneurs voisins, il oublioit sa promesse, lorsqu'un jour, à la suite d'un combat sanglant, il fut transporté blessé dans une chapelle dédiée à saint Antoine. Là, il vit en songe le saint patron de la chapelle, qui, après l'avoir protégé contre des démons qui vouloient punir son parjure, l'exhorta doucement à entreprendre le voyage de la Palestine. Frappé de cette vision, et touché de repentir, Jocelin, à peine guéri de ses blessures, partit pour l'Orient, visita la Syrie, et, ayant appris que les reliques de son saint libérateur se trouvoient à Constantinople, se rendit dans cette ville, où il obtint de l'empereur Alexis Comnène la permission de les transporter dans sa patrie. De retour en DAUPHINÉ, il déposa d'abord ces restes précieux dans son château de l'Albenc,

(1) Voy. Davies, *Recherches sur la mythologie druidique.*

vers l'année 1070. Jamais, dit-on, il ne marchoit contre l'ennemi sans que le corps de saint Antoine le précédât, comme une nouvelle arche sainte; mais le pape Grégoire VII lui ordonna de placer dans un monastère ces reliques vénérées. Jocelin résolut dès lors d'élever un monument digne de les recevoir, et choisit pour cette destination le village de la Motte au Bois ou la Motte Saint-Didier, dont il étoit seigneur. Ce fut là qu'il jeta, en 1080, les fondements de l'église qu'on voit encore aujourd'hui. Il mourut peu d'années après, laissant à Guigues Didier, son parent et son héritier, le soin d'achever ce grand ouvrage. Celui-ci fit venir de l'abbaye de Montmajour, près d'Arles, des religieux bénédictins qu'il chargea de veiller à la garde des reliques et de desservir l'église. Leur installation fut approuvée par le pape, et l'archevêque de Vienne érigea pour eux en prieuré la paroisse de la Motte.

L'invasion de la mystérieuse et redoutable maladie qui, sous le nom de *feu sacré*, ravagea l'Europe dans les dernières années du XIe siècle, attiroit à la Motte au Bois une foule innombrable de pélerins, qui venoient invoquer contre le fléau la protection de saint Antoine. Telle étoit l'affluence de ces pieux visiteurs, qu'on eût cru voir, dit l'historien Aymar Falco, la marche d'une grande armée. Pour assurer un asile aux plus pauvres de ces malheureux, Gaston et Girin, son fils, seigneurs de la Valoire, firent construire, à côté de l'église qui s'élevoit, un vaste hôpital, sous le nom de *Maison de l'Aumône*, où ils donnèrent eux-mêmes des soins aux malades avec un zèle que la charité chrétienne peut seule inspirer. Leur pieux dévouement excita partout l'émulation. De semblables établissements se formèrent dans tous les pays de l'Europe, à Saint-Jean d'Acre, en Égypte, et jusqu'en Éthiopie. Ainsi furent constitués les Hospitaliers de Saint-Antoine, dont Gaston devint le premier grand maître. Il existe un couvent de cet ordre dans le Liban. Une grotte en dehors du monastère est consacrée à recevoir les malades, et les religieux exercent encore la charité avec une ferveur égale à celle de leurs frères du moyen âge.

Les Hospitaliers poursuivirent avec activité les travaux de l'église

fondée par Jocelin. Déjà elle avoit été visitée par Urbain II, lorsque
ce pontife traversa le Dauphiné pour se rendre au concile de Clermont. Gui de Bourgogne, archevêque de Vienne, devenu pape sous
le nom de Calixte II, vint la consacrer en 1119. C'est depuis cette
époque que le bourg de la Motte au Bois a reçu le nom de Saint-
Antoine.

Au xiiiᵉ siècle, deux autorités rivales s'y trouvoient en présence : d'un
côté les religieux Hospitaliers, qui dirigeoient la Maison de l'Aumône ;
de l'autre, les Bénédictins de Montmajour, gardiens des reliques. Cet
état de choses ayant fait naître de nombreuses difficultés, Aimon de
Montagny, le dix-septième et l'un des plus illustres grands maîtres
des Hospitaliers, obtint de Boniface VIII, en 1292, l'union du prieuré
des Bénédictins à son hôpital, et l'érection de cette maison en abbaye, pour laquelle il acquit la seigneurie et la juridiction temporelle
du lieu. Le pape fixa à 3,000 livres de revenu le dédommagement
que la nouvelle abbaye de Saint-Antoine devoit à celle de Montmajour,
et assigna cette rente en fonds de terre dans les provinces d'Embrun,
d'Aix, d'Arles et de Narbonne.

Les Hospitaliers de Saint-Antoine avoient pour marque extérieure un
T ou tau grec, placé sur leurs vêtements, du côté gauche. Le sens
attaché à ce signe n'a pas été complétement expliqué. Tandis que les
uns y ont vu un symbole imparfait de la croix, les autres l'ont re-
gardé, avec plus de vraisemblance, comme la représentation de l'espèce de bâton ou béquille dont se servoient les malades atteints du
feu sacré. Ce qui nous paroît appuyer surtout cette dernière conjec-
ture, c'est le sceau très-curieux d'Aimon de Montagny, publié par
Valbonnays (1). On y voit d'un côté la figure du maître de l'hôpital,
coiffé de la mitre, tenant à la main un breuvage dans une coupe,
marque de ses pieuses fonctions ; de l'autre, des malades à genoux
viennent rendre témoignage de leur guérison, en présentant à un reli-

(1) *Hist. du Dauphiné*, tome I, p. 378.

gieux leurs béquilles, dont la forme est effectivement celle du **T** grec. Toutes les peintures espagnoles qui retracent l'image de saint Antoine, le représentent avec cette béquille.

Depuis l'érection de la Maison de l'Aumône en monastère, le grand maître prit le titre d'abbé, dignité élective qui fut toujours conférée à des hommes d'un mérite éminent. L'abbé de Saint-Antoine jouissoit d'un grand crédit auprès des anciens dauphins. Humbert II l'institua premier membre du conseil delphinal, d'abord établi à Saint-Marcellin, plus tard transféré à Grenoble, et érigé en parlement. En l'absence de l'évêque de Grenoble, il présidoit les États du Dauphiné, droit qu'il exerça en 1503 et en 1516. Il recevoit, en l'absence du même évêque, le serment que prêtoit le dauphin d'observer fidèlement le statut de 1349 qui contenoit les franchises de la province.

Cette puissante abbaye avoit obtenu des papes le privilége d'absoudre dans les cas réservés, et de lever des subsides ou aumônes. Presque tous les souverains de la chrétienté la comblèrent de présents magnifiques. Jacques, roi de Sicile, lui donna une statue de saint Antoine en or; Philippe, comte de Savoie, et Galéas Sforce, duc de Milan, des statues d'argent de grandeur naturelle, et un bras d'or enrichi de pierreries. Louis XI lui fit aussi des dons considérables.

Les puissances de la terre vinrent successivement s'agenouiller devant les reliques de l'anachorète : les papes Urbain II, Clément V et Martin V; un prince d'Orange, en 1208; Raymond, comte de Toulouse, l'année suivante; le prince dauphin, fils d'André, en 1242; saint Louis; son frère Charles d'Anjou, roi de Sicile; Thibaud, roi de Navarre; Charles V et la reine sa femme; Philippe le Hardi, duc de Bourgogne; Charles VII, Louis XI, l'empereur Sigismond, les ducs de Bourbon, de Longueville, de Guise. François Ier, accompagné de ses enfants, se rendit en grande pompe à Saint-Antoine, dans l'année 1533, et fit ouvrir devant lui la châsse du saint. Il y remarqua, dit-on, des ossements bien conservés, les restes d'une tunique de palmier, et une inscription qui attestoit l'authenticité de ces antiques et précieux débris.

L'empereur Maximilien prit sous sa protection particulière l'ordre de Saint-Antoine, et voulut qu'il portât pour armes l'écu de l'empire.

Parmi les personnages qui s'y sont illustrés, on doit citer, outre Aimon de Montagny, dont nous avons déjà parlé, Guillaume Mitte, qui administra l'abbaye de 1327 à 1342, et acheva, dit-on, l'église; son successeur, Pierre Lobet, qui détermina par ses conseils le dauphin Humbert II à céder ses États à la France; Antoine de Ravenne, prédicateur éloquent; Jean Faber et Robert de Saint-Aignan, savants théologiens; Jean Borrel, l'un des premiers mathématiciens du xve siècle; Aimar Falco, l'historien de l'ordre; le cardinal Antoine Trivulce, négociateur de la paix de Cateau-Cambrésis; Jean Joguet, *le Bon abbé*, qui fut ministre de Louis XI près du saint-siége; enfin, le célèbre François, cardinal de Tournon, ambassadeur de France en Italie, en Espagne, en Angleterre, premier ministre sous François Ier, et ministre d'État sous Henri II, François II et Charles IX.

L'abbaye de Saint-Antoine eut beaucoup à souffrir pendant les guerres religieuses du xvie siècle. Après l'avoir plusieurs fois mise au pillage, les huguenots, ayant à leur tête le baron des Adrets, égorgèrent un jour plusieurs religieux sur les marches de l'autel, traînèrent leurs cadavres dans les rues, et réduisirent tout en cendres, à l'exception de l'église, qu'ils vouloient conserver pour leur culte.

Le monastère fut réparé à la fin de ces guerres désastreuses, sous l'administration de l'abbé Louis de Langerac; mais l'ordre avoit perdu sans retour sa splendeur. La terrible maladie du *feu sacré* ayant disparu depuis plusieurs siècles, les Antonins avoient cessé de s'occuper du soin des malades. Un arrêt du conseil d'État de 1774 leur enjoignit «de « chercher les moyens de se rendre plus utiles à l'Église et à l'État;» et l'année suivante, leur ordre fut supprimé et réuni à celui de Saint-Jean de Jérusalem. Des chanoinesses de Malte furent alors mises en possession du monastère, qu'elles occupèrent jusqu'à la révolution.

En 1793, les bâtiments claustraux furent vendus comme propriété nationale, et les plus beaux tableaux de l'église portés au musée de

Grenoble, ainsi que des médailles, des bustes en bronze, une momie et d'autres objets d'antiquité. La maison abbatiale est occupée aujourd'hui par une fabrique d'étoffes de soie.

L'église du monastère, qui est devenue la paroisse de la ville, s'élève sur une terrasse, à laquelle on parvient par un escalier de trente-cinq marches, suivi d'un large perron. Elle est composée d'une grande nef, de deux petites nefs latérales, de seize chapelles, de deux sacristies et d'un oratoire. Le vaisseau, dans son ensemble, a deux cent seize pieds de longueur et cent huit pieds de largeur.

On ignore à quel degré d'avancement étoit parvenu l'édifice, lorsqu'il fut consacré, comme nous l'avons dit, en 1119; mais il paraît certain qu'aucune partie de l'église actuelle ne remonte à une date aussi reculée. L'abside a tous les caractères de l'architecture du XIII⁰ siècle. La façade appartient à la même époque, et porte l'empreinte des révolutions qu'elle a traversées. Ses riches sculptures, qui représentoient le jugement dernier et les principaux traits de la vie de saint Antoine, ont été indignement mutilées par les religionnaires; plus tard, les chanoinesses de Malte ont aussi contribué à la déparer, en substituant aux pyramides dentelées qui en décoroient le sommet, un fronton de plâtre de l'effet le plus choquant. Malgré ces dégradations, le reste de la façade mérite de fixer les regards. Le portail est d'un beau style, et tous les détails échappés à la destruction sont d'une exécution remarquable.

Autour de la grande nef règne un double rang de tribunes qui donnent à la voûte beaucoup de légèreté et de hardiesse. Cette nef, y compris le chœur, a intérieurement soixante-six pieds de haut et vingt-sept de large; au milieu s'élève le maître-autel en marbre noir, dont les Bénédictins Martène et Durand ont parlé avec admiration dans leur *Voyage littéraire*, et qui est aujourd'hui dépouillé de ses principaux ornements. Six statues et deux lions de bronze l'entouroient; et, au-dessus, deux anges plaçoient une couronne sur le T, symbole de l'ordre. Cet autel n'a plus d'autre décoration que des bas-reliefs de bronze. Il est ouvert, et laisse apercevoir la châsse de saint Antoine, en ébène, garnie d'argent. C'est un don fait à l'abbaye, en 1648, par Jean Duvache, baron de Châteauneuf, président de la chambre des comptes du DAUPHINÉ. Autrefois, le jour de l'Ascension, cette châsse étoit portée dans la ville, en présence des habitants sous les armes, par quatre notables, qualifiés barons de Saint-Antoine.

Dans la grande sacristie, on a conservé de curieux reliquaires d'ébène, du XVIᵉ siècle, qui sont encore aujourd'hui portés le jour de la Pentecôte, par soixante jeunes gens, et exposés autour du maître-autel. On remarque, dans la petite sacristie, des ornements d'église et des missels précieux, ainsi que des armes blanches et des armes à feu d'une époque ancienne.

Près de la rive gauche de l'Isère, en face de Saint-Marcellin, s'étendent, sur le sommet d'un rocher très-élevé, les ruines pittoresques du château de Beauvoir, si célèbre dans les annales du DAUPHINÉ.

On ignore quel en fut le fondateur. Autant qu'on en peut juger maintenant, son architecture appartient au XIIIᵉ siècle, ce qui en a fait attribuer la construction, avec assez de vraisemblance, à Guigues André ou à son fils, qui tous deux s'appliquèrent, durant cette période, à étendre leur domination dans le Royannois.

Les dauphins de la troisième race fixèrent souvent leur résidence à Beauvoir. La beauté du site, qui justifie très-bien ce nom, et la proximité de la forêt de Claix, destinée aux plaisirs de la chasse, durent les attacher à ce séjour. Humbert Iᵉʳ et Humbert II en firent leur demeure habituelle. Il existe un grand nombre d'actes et ordonnances de leur règne, datés de ce château. Le dernier de ces deux princes, surtout, eut pour Beauvoir tant de prédilection, qu'il s'en réserva la possession lorsqu'il céda ses États à la France. La dauphine Marie s'y plaisoit aussi, et y demeura longtemps, comme l'attestent plusieurs titres latins, où ce lieu est nommé le logis ou l'hôtel de la Dauphine, *hospitium Dalphinæ.*

En 1336, Humbert II établit à Beauvoir son grand conseil ou conseil d'État, composé de quatorze personnes, ayant à leur tète le chancelier, et chargées de prononcer en dernier ressort sur les contestations entre particuliers. C'est à ce conseil que le parlement de Grenoble doit son origine, ainsi que nous le disons ailleurs.

Le même prince fonda, vers ce temps, dans les dépendances du château, un monastère pour sa mère Béatrix et huit religieuses qu'il fit venir de l'abbaye des Ayes, près de Grenoble. Ce monastère, presque aussitôt transféré à Saint-Just, et de là à Romans, fut remplacé, en 1344, par un couvent de Carmes, qu'Humbert dota magnifiquement. Cet établissement, qui devoit contenir soixante moines, n'étoit plus, en 1790, qu'un simple oratoire, où prioient trois religieux.

Suivant une tradition populaire, c'est d'une des fenêtres du château de Beauvoir que la nourrice du jeune André, fils du dernier dauphin, laissa tomber cet enfant dans l'Isère, où il périt. On montre encore cette fenêtre aux curieux. Mais rien dans l'histoire ne confirme ce récit. Un document contemporain, cité par Valbonnays (1), donne des détails sur la longue maladie à laquelle André paroit avoir succombé, et l'inscription du monument élevé en l'honneur du jeune prince dans l'église des Jacobins de Grenoble, ne fait aucune mention de la catastrophe dont il auroit été victime.

Le château de Beauvoir a été démoli en 1476. Il a subi le sort de ces nombreuses forteresses qui couvroient le sol du DAUPHINÉ, et que Louis XI fit détruire.

Cette ancienne demeure des dauphins, défendue autrefois par ses tours, par l'Isère, par le torrent qui coule au pied du rocher, et, du côté méridional, par un large fossé, n'offre plus maintenant que des débris. La porte qui y conduisoit existe encore. Elle est placée à l'entrée du fossé. Pour y arriver, on suit un chemin rapide et tortueux qui se prolonge au delà jusqu'à la plate-forme.

Parmi ces ruines encore imposantes, les plus remarquables sont

______

(1) *Hist. du Dauphiné*, tome II, p. 293.

celles d'une chapelle d'un style très-orné, dont il ne reste debout que quelques pans de murailles et une fenêtre en ogive. Il y a peu d'années, on voyoit encore une partie de la voûte du chœur soutenue par de hautes colonnes, et deux autres fenêtres avec leurs roses et leurs ornements gothiques. Par une déplorable insouciance, le propriétaire de ces fragments précieux les a fait servir aux réparations d'une maison voisine.

Des murs tombant de vétusté, et revêtus de lierre ou de touffes de lichen, une haute tour carrée et trois ailes d'un vaste édifice qui paroît avoir été le bâtiment principal, sont, avec la chapelle dont nous venons de parler, tout ce qui subsiste aujourd'hui du château de Beauvoir.

Celui de la Sône, situé sur la pointe d'un rocher qui domine l'Isère, près de l'endroit où l'on a jeté depuis quelques années un pont suspendu, se recommande aussi par des souvenirs historiques. Dès le xe siècle, il existoit à la Sône une église qu'avoient usurpée les rois de Bourgogne. Un seigneur nommé Boson la rendit, en 934, à l'évêque de Valence qui la réclamoit.

Quatre siècles après, par un acte du 1er novembre 1323, Henri, régent du DAUPHINÉ, céda, au nom du dauphin Gui III, au prieur de la Sône, l'hôpital de ce lieu, avec sa chapelle dédiée à Notre-Dame, sous la condition qu'il feroit rebâtir, dans le délai de dix ans, le pont qui tomboit en ruine, qu'il seroit chargé de son entretien, et que lui et ses successeurs payeroient au dauphin une redevance annuelle de 50 livres. Cette somme devoit être employée, suivant les termes du même acte, à l'entretien du pont. Le prieur se soumit, en outre, à héberger les pauvres voyageurs, et à faire soigner tous les malades qui se présenteroient dans cet hôpital.

L'origine du château féodal de la Sône n'est sans doute pas moins ancienne que celle du bourg et du prieuré placés sous sa protection. L'époque de sa fondation est inconnue; on sait seulement qu'il existoit avant le xve siècle. Sous les dauphins, il servoit à défendre le passage de l'Isère, qu'on traversoit sur le pont de pierre dont nous venons de parler. Sa position en faisoit un point important, et, pendant les guerres de religion, il auroit pu devenir une place forte redoutable entre les mains d'un chef habile, si Gordes, lieutenant général du DAUPHINÉ, ne l'eût fait démolir au commencement des troubles. En 1580, Lesdiguières se posta au milieu de ses ruines pour protéger la retraite des insurgés après le siége de Moirans, et pour harceler en même temps l'armée qui venoit de s'emparer de cette petite ville. Par représailles, il dévasta le bourg de la Sône, ravagea la campagne, et, en se retirant, acheva de détruire ce qui restoit des anciennes fortifications du château. On n'aperçoit plus aujourd'hui que des vestiges de remparts et quelques guérites en partie détruites.

Au commencement du siècle dernier, un modeste artisan, dont le nom mérite d'être conservé, François Jubié, forma à la Sône la première manufacture établie en France pour le moulinage de la soie.

A une époque plus rapprochée de nous, un homme de génie, le mécanicien Vocanson (1), donna une célébrité nouvelle à ce bourg, en y inventant un moyen de préparer la soie, à l'aide d'une ingénieuse machine, à laquelle le peuple a donné son nom, et dont on se sert encore à la Sône.

Rien de plus pittoresque et de plus hardi que la situation de Pont-en-Royans, petite ville bâtie au flanc d'un rocher à pic, dans une gorge étroite sur la rive droite de la Bourne, à trois lieues et demie de Saint-Marcellin. Elle doit son nom à un pont jeté entre deux montagnes, à soixante-douze pieds au-dessus des eaux écumantes de la rivière. On a attribué à tort cet ouvrage audacieux soit aux Romains, soit au connétable de Lesdiguières. Il appartient au moyen âge, et paroît remonter au XIIᵉ siècle. C'est aussi l'époque de la fondation

---

(1) C'est ainsi que doit s'écrire le nom de cet homme illustre, comme l'a prouvé, en citant son acte de baptême, un écrivain dauphinois, M. Pilot. Cette orthographe a été adoptée dans l'inscription placée récemment, à Grenoble, au-devant de la maison où il naquit, le 24 février 1709.

de la ville, qui se composa d'abord d'un petit nombre de maisons élevées par les habitants des montagnes pour l'exploitation des forêts voisines, et ne s'accrut qu'après la construction du château, dont les ruines couvrent encore aujourd'hui le sommet le plus aigu du rocher.

Le château et la terre de Pont-en-Royans étoient possédés, au xive siècle, par Henri de Bérenger, neveu et héritier d'Albert de Sassenage, un des plus puissants seigneurs du DAUPHINÉ. C'étoit alors une seigneurie libre et souveraine. Mais, par un traité du 30 avril 1359, le dauphin Humbert II obligea Henri de se déclarer son vassal, et de lui rendre hommage pour cette terre.

Pont-en-Royans devenu la capitale du Royannois, et entouré de remparts au xvie siècle, fut plusieurs fois pris et repris durant les guerres religieuses de cette époque. Cette petite ville étoit un poste important pour les huguenots, qui y tinrent en 1622 un consistoire, où s'assemblèrent quatre-vingts ministres des diverses églises réformées. Elle avoit été érigée en marquisat, l'an 1617, en faveur des Bérenger, princes de Royans.

Pont de Claix
Dauphiné

𝕲𝖗𝖊𝖓𝖔𝖇𝖑𝖊.

La ville de GRENOBLE, depuis plusieurs siècles la capitale et la plus
florissante cité du DAUPHINÉ, a eu d'obscurs commencements; mais si
son origine est moins illustre que celle de Vienne et de Valence, elle
peut aussi invoquer d'antiques et glorieux souvenirs.

Cette ville existoit avant la conquête de la Gaule par les Romains.
Le nom de Cularo, qu'elle porta longtemps, est évidemment celtique. Ce fut d'abord un poste militaire, situé aux confins des Allobroges et des Voconces, et établi sur la rive droite de l'Isère, par
Q. Fabius Maximus, pour contenir ces deux peuples, toujours prêts
à se soulever. La ville, restreinte dans l'origine au pied du mont
Esson, s'étendit peu à peu sur les deux bords de l'Isère. Sa population augmenta sous le règne d'Auguste, lorsque, par la grande route de
Vienne à Suse ouverte à cette époque, elle put communiquer avec
les autres villes de la province et avec l'Italie. Maximien, à son retour de la guerre des Bagaudes, en 288, y établit une colonie, l'entoura d'une enceinte, dont il reste encore quelques vestiges, et y fit
construire deux portes, l'une sur la route de Rome et l'autre sur celle
de Vienne. Il voulut que ces portes fussent appelées *Jovia* et *Herculea,*
en mémoire des deux empereurs régnants, Dioclétien et Maximien,
surnommés *Jovius* et *Herculius.* Elles étoient l'une et l'autre flanquées

de deux tours; une inscription latine ornoit la frise qui surmontoit leur ouverture cintrée.

Voici l'inscription de la porte Jovia ou porte Romaine :

DD. NN. IMP. CAES. GAIVS AVREL. VALERIVS DIOCLETIANVS

P. F. INVICTVS AVGVSTVS ET IMP. CAES. MARCVS AVRELIVS

VALERIVS MAXIMIANVS P. F. INVICTVS AVGVSTVS. MVRIS

CVLARONENSIBVS CVM INTERIORIBVS AEDIFICIIS PROVIDENTIA

SVA INSTITVTIS. ADQVE PERFECTIS. PORTAM ROMANAM

IOVIAM VOCARI IVSSERVNT (1).

La porte Romaine, appelée depuis, par contraction, porte Traine, étoit placée à l'extrémité méridionale de la Grande Rue. Elle fut démolie en 1591, lors de l'agrandissement de Grenoble par Lesdiguières.

Une inscription analogue, avec variantes, à celle que nous venons de citer, décoroit la porte Viennoise, nommée dans la suite porte de l'Évéché, située dans la partie septentrionale de la place Notre-Dame, et qui fut détruite en 1804 (2).

Cularo devint, sous les empereurs romains, une ville municipale. Elle dépendoit de la province viennoise. Des décurions qui, pour les municipes romains, étoient l'image du sénat de la métropole, y administroient la justice. Elle avoit, en outre, des décemvirs, des triumvirs, des édiles, un intendant des bâtiments, et un questeur, chargé de la recette

---

(1) « Les empereurs César Caius Aurélius Valérius Dioclétien, pieux, heureux, invincible, Auguste, et César Marcus Aurélius Valérius Maximien, pieux, heureux, invincible, Auguste, après avoir fait commencer et achever les murs de Cularo, avec leurs constructions intérieures, ont donné le nom de Jovia à la porte Romaine.» Nous donnons le texte de cette inscription d'après l'ouvrage de M. Champollion-Figeac sur les antiquités de Grenoble et d'après les historiens du pays. Orelli (*Inscriptionum latinarum selectarum amplissima collectio;* Zurich, 1828, t. I, p. 235) l'a prise aux mêmes sources et dans Gruter; mais il s'est trompé en mettant après MAXIMIANVS les lettres P. T. au lieu de P. F. (*pius, felix*).

(2) Cette inscription étoit semblable à la première jusqu'au mot PERFECTIS, après lequel on lisoit : PORTAM VIENNENSEM HERCULEAM VOCARI IVSSERVNT. Voyez les mêmes auteurs, et Orelli, *loc. cit.*

des impôts. Quelques auteurs croient qu'on y mit en garnison, vers la fin de l'empire, la première cohorte flavienne, commandée par un tribun.

Dans les premiers temps qui suivirent l'introduction du christianisme dans les Gaules, l'église de Cularo étoit gouvernée par des chorévêques suffragants de Vienne. Saint Pierre, l'un d'eux, mourut à Toulouse au commencement du ive siècle. Son corps fut depuis transféré dans l'abbaye de Saint-Denis. Plus tard, on trouve aussi un Vincentius, qui assista, en 374, au concile de Valence.

L'empereur Gratien ayant passé à Cularo, vers l'an 377, en fit réparer les murailles, et un auteur de la province affirme qu'il y établit un siége épiscopal. C'est alors que la ville prit, en l'honneur de ce prince, le nom de *Gratianopolis*, d'où, par corruption, est dérivé celui de Grenoble. Son premier évêque fut Domninus, qui assista, quelques années après, au concile d'Aquilée. Il mourut le 3 novembre 386.

Pendant le règne de Valentinien III, en 436, la présence des Bourguignons, qui s'étoient établis sur les bords de la Saône et du Rhône, excita dans la province viennoise, et surtout à Grenoble, des troubles religieux. Les ariens ayant été les plus forts, chassèrent l'évêque Cératus, et restèrent maîtres de la ville. Les Bourguignons s'emparèrent, bientôt après, de la province tout entière.

Sous leur domination, GRENOBLE fut l'asile de deux illustres exilés: l'empereur Avitus, qui s'y retira après son abdication, et son fils Ecdicius, patrice des Gaules. On raconte que ce dernier, pendant une famine qui affligea le pays, en 467, nourrissoit, lui seul, dans la ville, plus de quatre mille pauvres. Nous avons déjà cité ce fait, qui se seroit passé à Vienne, suivant d'autres auteurs.

GRENOBLE éprouva, sous les rois francs, les mêmes révolutions que Vienne, capitale du premier royaume de Bourgogne. Après la conquête de ce royaume par les enfants de Clovis, Gontran, fils de Clotaire Ier, qui l'avoit reçu en partage, repoussa de ses États les Saxons et les Lombards. En 570, ces derniers peuples y rentrèrent, et, ayant remonté le cours de l'Isère, sous la conduite de Rhodan, ils s'avancèrent jusqu'à GRENOBLE, dont ils formèrent le siége. Le patrice Mommolus, gouverneur de la Bourgogne, accourut au secours des assiégés, et défit les ennemis si complétement, que cinq cents hommes seulement parvinrent à s'échapper.

Durant la domination des rois mérovingiens, la province viennoise étoit gouvernée par les maires du palais de Bourgogne. Le plus célèbre et le plus cruel d'entre eux, Ébroïn, fit massacrer, en 683, Ferjus ou Fergéolus, évêque de GRENOBLE, qui s'étoit ouvertement opposé, dans un concile, à ses injustes prétentions. La fermeté du saint prélat ne lui avoit valu d'abord que l'exil. Mais lorsqu'il fut rentré dans son diocèse, après la disgrâce d'Ébroïn, celui-ci, étant parvenu à reprendre les rênes du gouvernement, trouva bientôt moyen de le faire périr. Un jour que Ferjus, selon sa coutume, avoit assemblé les fidèles sur une petite élévation au-dessus de Chalemont, des émissaires d'Ébroïn se précipitèrent sur lui, le frappèrent à coups redoublés sur la tête, et le jetèrent dans un four à chaux. Il fut enterré sur les bords de l'Isère, et là on éleva en son honneur l'église qui porte son nom.

S'il falloit en croire la tradition et les récits de plusieurs auteurs, les Sarrasins auroient occupé GRENOBLE, ainsi que le Graisivaudan, pendant plus de deux siècles. Voici ce que dit à ce sujet Chorier :
« Les Arabes, que Charles Martel avoit vaincus près de Tours, furent
« dispersés par cette victoire plutôt que défaits. Ceux qui restèrent
« après la bataille, fuyant devant ce foudre, cherchèrent leur salut
« dans les villes qu'ils avoient prises en Languedoc, en Provence ou
« dans les Alpes, qu'ils occupèrent. Ils se rendirent maîtres de tout
« le diocèse de GRENOBLE, et pénétrèrent bien avant dans ceux d'Em-
« brun et de Gap. Ils y régnèrent paisiblement jusqu'à Conrad, père
« du dernier Rodolphe. Sous ce prince, Isarne (Isarn), évêque de
« GRENOBLE, les attaqua heureusement; il en purgea son diocèse, et
« rentra dans le patrimoine de son église (1). » La première invasion

(1) *Hist. du Dauphiné*, tome II, livre Iᵉʳ.

des Sarrasins dans le Dauphiné, vers le milieu du viiie siècle, est d'accord avec le témoignage de l'histoire; mais il est certain que dès l'an 759, Pepin les avoit entièrement chassés du pays. La domination qu'ils y auroient conservée jusqu'au xe siècle est une opinion qui n'est appuyée d'aucune preuve, comme l'a remarqué M. Reinaud. « On ne « peut pas croire, ajoute ce savant écrivain, que des princes tels que « Charlemagne et ses enfants eussent négligé de purger le cœur de leurs « États de la présence des infidèles, eux qui alloient les attaquer dans « leur propre pays (1). »

Le Graisivaudan fut envahi une seconde fois par les barbares, qui pillèrent Grenoble, sous le règne de Conrad le Pacifique. Selon quelques historiens, dont l'opinion nous paroît la mieux fondée, ces peuples étoient les Hongres ou Hongrois, accourus du fond de la Germanie à travers la Lorraine, la Champagne, la Franche-Comté, le Lyonnois, et qui passoient sur le Dauphiné pour fondre sur l'Italie. Selon d'autres auteurs, ces hordes conquérantes étoient encore les Sarrasins, qui s'étoient répandus de nouveau, en même temps que les Hongrois, dans les provinces du midi de la France (2).

Forcé de fuir, avec une partie de la population, Isarn, évêque de Grenoble, se réfugia dans le Viennois, auprès de l'archevêque Barnuinus.

Un an après, il rentroit dans son diocèse, battoit les Hongrois, les refouloit dans les Alpes, et, tournant à son profit les désordres de cette guerre, la pusillanimité de Conrad, l'extrême épuisement du royaume de Bourgogne, assuroit sa domination sur le diocèse qu'il avoit eu seul la force de défendre, le possédoit en *franc alleu*, distribuoit les terres à ses partisans, sous condition d'hommage et de redevance, ainsi qu'il plut aux deux parties, comme le dit en propres termes saint Hugues dans un de ses Cartulaires.

Le successeur d'Isarn, Humbert, jouit tranquillement de tous les

____

(1) *Invasions des Sarrasins en France*, par M. Reinaud. Paris. 1836. In-8°; p. 81 et 82.

(2) *Invasions des Sarrasins*, p. 180.

droits régaliens; Mallenus, qui vint après lui, ne tarda point à être troublé dans cette jouissance.

Du temps de cet évêque, dit le Cartulaire de saint Hugues, Guigues ou Guy le Vieux, seigneur d'Albon et comte du Graisivaudan, commença à posséder injustement ce que les comtes s'arrogèrent depuis *sur Grenoble, sur les terres de l'évêché, sur les redevances de ces terres, sur plusieurs églises, sur les condamines, sur les jardins, et, pour tout dire, il ne resta plus à l'évêque, dans toute l'étendue de son diocèse, un seul mas entier en son pouvoir.*

Dans un acte de donation, vers l'année 1050, Guigues le Vieux prend le titre de prince de la province de GRENOBLE. Cette usurpation sur les droits temporels des évêques de GRENOBLE doit être regardée comme le premier titre de la souveraineté des comtes du Graisivaudan et l'origine de la puissance des dauphins de Viennois, dont les États réunis ont formé dans la suite le DAUPHINÉ.

Les évêques n'avoient point renoncé à leurs droits. Un des successeurs de Mallenus, saint Hugues, invoqua l'appui de la cour de Rome, l'obtint, et engagea contre le comte une lutte où l'Église devoit triompher. Chassé de son siége par les armes du comte, il ne se laissa point abattre, et il fallut, en 1098, que ce dernier lui cédât toutes les églises qu'il possédoit dans son comté, dans quelque diocèse qu'elles fussent situées, avec les cens, dîmes, redevances et droits ecclésiastiques qui en dépendoient. La juridiction de GRENOBLE et de son territoire resta commune entre l'évêque et le comte.

Un tribunal, appelé la Cour commune, *Curia communis,* rendoit la justice au nom des deux princes, qui nommoient de commun accord aux offices de cette cour. En signe de cette union, le sceau du tribunal représentoit leurs armes réunies dans un même champ; à droite, un évêque avec la crosse et la mitre; à gauche, d'abord une simple croix fleuronnée; plus tard, une tour, et ensuite un dauphin couronné d'une tour, avec cette légende: *S. majus co-is curiæ civitatis Gratianopolis,* « grand sceau de la cour commune de la ville de GRENOBLE. »

En 1343, un traité entre le dernier dauphin de Viennois, Humbert II, et l'évêque Jean, établit que le dauphin étoit vassal de l'Église de Grenoble pour tout ce qu'il tenoit dans la ville et dans son territoire, c'est-à-dire qu'il le possédoit *en fief, sous hommage et fief et en juridiction commune*. L'évêque de Grenoble avoit donc encore à cette époque une partie des prérogatives défendues avec tant de zèle par ses prédécesseurs. La réunion du Dauphiné à la France éteignit peu à peu les droits et les prétentions de l'Église. A la fin du XIVe siècle, il n'en étoit déjà plus question.

Louis XI, longtemps dauphin avant d'être roi de France, fut le bienfaiteur de Grenoble. Il érigea, l'an 1452, en un parlement devenu célèbre, le conseil delphinal, fondé par le dauphin Jean II en 1308.

En 1485, la peste décima les habitants de Grenoble.

Charles VIII entroit dans cette ville pour aller conquérir l'Italie en 1494. Il y rentroit aux flambeaux, en 1496, la nuit du 20 octobre.

Louis XII signoit à Grenoble un traité avec la république de Venise, le 23 juin 1502. Il y passa plusieurs fois. En 1511, François, comte d'Angoulême, s'y trouvoit avec le roi. Suivant quelques mémoires, François portoit alors le titre de dauphin.

En 1524, Grenoble recevoit la dépouille mortelle du chevalier Bayard, mort près de Milan. Cette ville eut à subir les guerres de religion. Elle vit tour à tour le triomphe des catholiques et des religionnaires, un jour au pouvoir du baron des Adrets, puis soumise à la ligue, bientôt assiégée et prise au nom du roi par Lesdiguières.

C'est au nom de cet illustre capitaine que se rattachent les travaux d'agrandissement et d'embellissement de Grenoble. Sous son administration, la ville changea entièrement de face. Louis XIII y vint deux fois, en 1629 et en 1630.

Les historiens ne sont pas d'accord sur l'époque de la construction de Notre-Dame de Grenoble. Quelques-uns croient, à tort, selon nous, que les parties les plus anciennes de l'édifice appartiennent à la cathédrale primitive, ou du moins à celle que Charlemagne fit bâtir, en même temps que l'évêché, lorsqu'il vint à Grenoble, en 773. Mais les meilleures autorités, se fondant sur le témoignage des documents contemporains, reconnoissent que cette première église, dédiée à saint Vincent, ayant été entièrement détruite par les Hongrois dans la première moitié du xe siècle, ce fut l'évêque Isarn qui, après l'expulsion des barbares, fit jeter, vers l'an 960, les fondements de la cathédrale actuelle, et la plaça sous le double vocable de Notre-Dame et de Saint-Vincent. Cependant l'église ne fut achevée que longtemps après, comme le prouvent les caractères divers de son architecture, mêlée de plein cintre, d'ogive naissante et d'ogive aiguë.

L'observation archéologique s'accorde avec les faits de l'histoire pour démontrer qu'aucune partie du monument ne sauroit remonter au delà du xe siècle. Le porche ou portail dont l'église est précédée, la disposition de la porte, située au fond de ce porche, les colonnettes dont elle est ornée, la première voûte en plein cintre à l'entrée de la nef, deux colonnes engagées dans le mur, et qui soutiennent l'un des deux arceaux de cette voûte, portent l'empreinte évidente de l'époque où vivoit l'évêque Isarn.

La façade du porche est en pierre de taille; tout le reste de l'église est en briques. A l'extérieur, autour de la nef, règne un couronnement formé de petits arcs réunis deux à deux, et supportés par des corbeaux de pierre sans ornement. Ce couronnement est continué autour de l'abside par une espèce de corniche qui consiste en trois rangées de briques, placées en saillie les unes sur les autres.

Au-dessus du porche s'élève une tour carrée en briques : c'est le clocher de l'église. Le portail intérieur à double arceau, orné de quatre colonnes à chapiteaux romans, est en plein cintre, aussi bien que le porche et sa voûte.

Cette cathédrale, enclavée d'un côté dans les bâtiments de l'évêché, de l'autre dans des constructions particulières, et ainsi masquée de toutes parts, n'offre à l'extérieur que la façade nue du porche dont nous venons de parler, et deux portes latérales peu intéressantes.

L'intérieur, qui a la forme d'un parallélogramme, se compose d'une nef longue et étroite, sans transsept, et accompagnée de deux bas côtés divisés dans leur longueur par deux rangs de lourds piliers, surmontés de tribunes. Les deux premiers piliers, au-dessous de l'orgue, diffèrent des autres par leur volume plus considérable, et par un couronnement formé de globes liés par des espèces de petits arcs.

Toutes les arcades faisant face à la nef et la voûte de celle-ci sont en ogive naissante. Le collatéral ou bas côté de gauche est en plein cintre, sauf un seul arceau en ogive, reconstruit, selon toute apparence, à une époque postérieure. Le collatéral de droite, divisé en deux rangées ou galeries inférieures, est ogival, ainsi que la galerie supérieure de ce côté.

Le chœur, dont la voûte n'est pas plus élevée que celle de la nef, est formé d'une travée et d'une abside entourant le sanctuaire. Il est décoré d'une manière fort simple. Deux colonnes engagées, dont les chapiteaux rappellent le style corinthien, soutiennent l'arc qui sépare la nef du chœur. Chacun de ces deux chapiteaux se raccorde à un autre de même style, qui couronne un pilier arrondi, placé, de chaque côté, à l'extrémité des tribunes. Deux autres colonnes, également engagées dans le mur, mais plus élancées, supportent le second arceau. Les chapiteaux de ces dernières colonnes sont romans. Enfin, quatre autres colonnes, aussi à chapiteaux romans, et engagées dans l'abside, soutiennent les retombées des nervures de cette partie de la voûte. Au centre, ces nervures se réunissent à une clef ornée d'un médaillon représentant l'*agnus Dei.* La clef de voûte de la travée du chœur est également ornée d'un médaillon, sur lequel est sculpté un évêque tenant une lyre d'une main, et donnant de l'autre la bénédiction; on croit que cet évêque est Isarn, le fondateur de l'église.

A droite du chœur, on remarque un monument de style gothique et du plus riche travail, élevé sous l'épiscopat de Jean de Chissey, c'est-à-dire entre les années 1337 et 1350. C'est une sorte de tabernacle d'autel en pierre, posé sur un piédestal, et fermé, au-devant, par une porte de bois, sur laquelle sont sculptés deux anges soutenant un calice qui contient l'hostie sainte. Au-dessus du tabernacle, jadis doré, s'élève un riche dais à trois faces, et tout autour sont pratiquées huit niches, qui contenoient autrefois un pareil nombre de statues détruites pendant les guerres de religion. Ces niches, décorées avec le plus grand soin, sont surmontées d'une profusion de rinceaux, de feuillages et de fleurons, qui se dessinent sous les formes les plus variées; ces ornements en pierre dure, fouillés avec un art et une patience admirables, sont terminés par un couronnement à trois faces, sur chacune desquelles est une niche. Ce couronnement, dont le sommet se trouve entièrement détaché du mur, est gracieux et plein de hardiesse; il est orné à sa base, à chaque extrémité, d'un personnage debout, tenant un phylactère. La hauteur totale du monument est de treize pieds, et sa largeur de dix pieds. Sa forme étroite et élancée lui a fait donner improprement le nom d'obélisque, sous lequel il est ordinairement désigné. Tout à côté est scuplté aussi en relief un joli portail gothique, enrichi de festons, de riches dentelures, et accompagné de deux niches latérales.

A gauche du chœur, et en face du monument dont nous venons de parler, on remarque un tombeau en forme d'autel, que l'évêque Aymon de Chissey fit construire, en 1407, pour lui et ses successeurs, comme le constate une inscription latine placée devant ce tombeau.

A côté de la cathédrale est l'église de Saint-Hugues. On peut apercevoir, de l'intérieur des tribunes, l'emplacement des grandes croisées par lesquelles cette église recevoit le jour du côté de Notre-Dame. Elle est composée d'une seule nef, dont la voûte, construite au XIe siècle, est assez hardie. Les autres parties de l'édifice sont peut-être plus anciennes encore. Il est bien à regretter qu'un monument si intéressant par son antiquité ait été recouvert, il y a quelques années, d'un épais badigeon.

L'église de Saint-André de Grenoble fut fondée par le dauphin Guigues André, qui y transféra, en 1226, le chapitre qu'il avoit établi l'année précédente à Champagnis, près des murs de la ville. Ce prince fit de la nouvelle église la chapelle particulière de son palais, et lui accorda, avec le titre de collégiale, de grands priviléges, confirmés depuis par ses successeurs. La construction n'en étoit pas terminée en 1236, comme on le voit par le testament du fondateur, qui légua divers revenus pour l'achèvement de l'édifice. En 1345, Humbert II institua douze chapellenies dans cette collégiale, et augmenta la prébende des chanoines.

L'architecture de l'église Saint-André accuse l'époque de transition du roman au gothique. L'édifice, qui présente la forme d'une croix latine, est construit en briques, ainsi que la tour du clocher, à l'exception de l'un des bas côtés qui a été ajouté au xve siècle. Cette partie du monument est bâtie en pierre dure, et percée de fenêtres ogivales. Il règne autour de l'église, à l'intérieur, un cordon en mâchicoulis, dont les petits arcs sont supportés par des corbeaux de pierre. Une flèche, cantonnée de quatre clochetons, a été ajoutée à la tour vers la fin du xiiie siècle.

Les dauphins Guigues André, Jean II, Guigues VIII, et le prince Hugues, baron de Faucigny, frère du dauphin Jean II, avoient reçu la sépulture dans cette église. Leurs tombeaux, dont les historiens vantent la richesse, ont été détruits par les protestants au commencement des guerres de religion, en 1562. Sous les dauphins, la sacristie de l'église Saint-André renfermoit leurs archives. On y gardoit aussi l'épée delphinale, dont la poignée étoit enrichie d'un morceau de la vraie croix, et l'étendard ou bannière des dauphins, qui représentoit saint George terrassant le dragon.

Aujourd'hui l'église Saint-André a perdu les richesses qu'elle possédoit du temps des dauphins; mais elle a acquis récemment un dépôt plus précieux encore : ce sont les restes de l'immortel Bayard, qu'on y a transférés, en 1822, du couvent des Minimes de la Plaine, près de Grenoble, où le Chevalier sans Peur avoit été inhumé en 1524. Son ancienne pierre sépulcrale, provenant du même couvent, est placée debout, appuyée contre un des murs de l'église.

Nous ne terminerons pas l'énumération des monuments religieux de Grenoble sans parler de l'église Saint-Laurent, ancien prieuré de Bénédictins, fondé en 1012 par l'évêque Humbert, pour des religieux venus de l'abbaye de Saint-Chaffrey, au diocèse du Puy. L'édifice élevé à cette époque subsiste en grande partie. L'abside, ornée à l'extérieur de petits mascarons et de mitres, alternés avec des animaux fantastiques, est percée de fenêtres à plein cintre, accompagnées de petites colonnes à chapiteaux romans.

Au dessous du chœur de cette église s'étend une curieuse crypte, qu'autrefois des écrivains peu versés dans l'archéologie chrétienne ont prise à tort pour un temple antique. S'il étoit nécessaire de prouver que la construction de cette crypte n'est pas plus ancienne que celle de l'église elle-même, il suffiroit de faire remarquer que la muraille du chœur n'est que l'exhaussement de celle qu'on rencontre au-dessous du sol. Cette partie souterraine du monument est à plein cintre; elle présente la forme d'une croix, et, comme l'église supérieure, contient un chœur et deux petites chapelles latérales. Les cintres sont supportés par de petites colonnes romanes à double étage, ainsi distribuées. Huit colonnes supérieures, assemblées deux à deux, supportent deux arceaux aux extrémités d'une voûte cintrée, et sont elles-mêmes soutenues, aux quatre angles, par quatre colonnes inférieures isolées. La même disposition est répétée sur les faces latérales. Toutes les colonnes inférieures, posées sur une assise de pierre, se trouvent presque entièrement enfouies depuis qu'une infiltration des eaux de l'Isère a obligé d'exhausser le sol de l'église, en 1826.

Le palais de justice de GRENOBLE, élevé sur l'emplacement de l'ancien palais des dauphins, porte l'empreinte de trois époques bien distinctes. Le côté droit de la façade, qui comprend le portail à fleurons, les fenêtres supérieures ornées de rinceaux, et l'encorbellement y attenant, est la partie la plus ancienne de l'édifice. Elle date du temps où Louis XI, encore dauphin, érigea le conseil delphinal en parlement, et lui assigna l'ancien palais du souverain du pays. Ces constructions sont des débris de la chapelle élevée à cette époque pour le Parlement.

Au milieu, la façade, plus riche et mieux décorée, est percée de fenêtres à colonnettes et à doubles croisillons. Cette portion de l'église est du xvie siècle. Entreprise au commencement des guerres civiles, suspendue pendant les troubles religieux dont Grenoble fut le théâtre, elle n'a été achevée qu'en 1602. Cette date et les initiales du nom de l'architecte sont inscrites au fronton d'une petite porte latérale sous la voûte de ce palais.

Au-dessus de l'entrée principale est une statue de la Justice, d'une mauvaise exécution. Cette statue étoit autrefois accompagnée de deux autres figures représentant Charlemagne et Louis XI. On les a détruites à la révolution, aussi bien que les douze bustes en marbre des dauphins, qui étoient placés sous la voûte.

Le bâtiment qui se prolonge à gauche de la façade, et s'étend sur la place du Palais, est une addition de la fin du xviie siècle, et n'a rien de remarquable.

A l'intérieur, on distingue la grande salle, dont le magnifique plafond a été fait par ordre de Louis XII. Lors de la restauration de ce plafond, en 1835, on y a ajouté des médaillons représentant les principaux magistrats du Parlement de GRENOBLE.

Adossé contre un ancien rempart romain, défendu de l'autre côté par des meurtrières, et flanqué de tourelles, l'hôtel de ville réunit les souvenirs de la cité gallo-romaine et de celle du moyen âge. Dépendant autrefois du palais des dauphins, ce monument devint plus tard la demeure des gouverneurs de la province et de leurs lieutenants généraux jusqu'à la fin du xvie siècle. Le roi Henri IV en fit don au connétable de Lesdiguières, dont les descendants le vendirent à la ville en 1717. Cet édifice, qu'on semble avoir pris à tâche de dénaturer par des additions et des réparations inintelligentes, mériteroit d'être conservé dans son caractère primitif, et restauré. Sa tour massive, la seule debout de toutes celles qui servoient autrefois à la défense de la ville, les ornements de la porte principale et de celle de la salle des concerts, les ouvertures longues et étroites pratiquées dans les murs épais du rez-de-chaussée, attestent l'ancienneté du monument, et fixent particulièrement l'attention.

Plusieurs inscriptions antiques, trouvées à diverses époques près de l'hôtel de ville, dans le couvent des Minimes et dans les ruines de la porte Traîne, témoignent de l'importance qu'avoit Grenoble, ou plutôt Cularo, pendant la période gallo-romaine; mais, à l'exception des monuments que nous avons décrits plus haut, on n'y trouve rien qui rappelle le moyen âge. L'aspect général de la ville est moderne; à peine y découvriroit-on quelques maisons antérieures par leur construction au temps du connétable de Lesdiguières.

Grenoble se glorifie d'avoir donné le jour à un grand nombre de personnages célèbres. Nous citerons entre autres le sénateur romain Placidus, consul sous l'empereur Zénon, en 481; le saint anachorète Amatus, qui, avec Romaric, fonda en 621 le monastère de Remiremont dans les Vosges; Amédée de Hautcrive, évêque de Lausanne, chancelier de l'empereur Frédéric et régent de Savoie en 1144; Jacques Besson, mathématicien estimé du XVIe siècle; le savant héraldiste Vulson de la Colombière, mort en 1658; Abel Servien, procureur général au Parlement de Grenoble, puis premier président au Parlement de Bordeaux, et ministre d'État, un des premiers membres de l'Académie françoise; Guy Allard, généalogiste et historien; le président de Valbonnays, membre de l'Académie des inscriptions et belles-lettres, premier président de la Chambre des comptes de GRENOBLE, auteur des savants *Mémoires pour servir à l'histoire du Dauphiné;* la spirituelle madame de Tencin et son frère, Pierre Guerin de Tencin, archevêque d'Embrun puis de Lyon, cardinal et ministre d'État, mort en 1758; le poëte Gentil-Bernard, Condillac, Mably, le mécanicien Vaucanson ou plutôt Vocanson; enfin, l'orateur Barnave, une des célébrités de l'époque révolutionnaire.

De GRENOBLE deux routes conduisent au monastère célèbre de la Grande-Chartreuse, situé à six lieues au nord de la ville, au fond d'une vallée sauvage, creusée entre des montagnes par le torrent appelé le

Guiers. L'une de ces routes traverse une forêt de sapins, et offre d'admirables points de vue sur la belle vallée du Graisivaudan; l'autre, tracée dans un vallon étroit, où coule l'Isère, passe par le Buisseralc, Saint-Robin et Voreppe, pour aboutir au bourg de Saint-Laurent du Pont, bâti entre de hautes montagnes à pic. A peu de distance de ce bourg, on trouve le hameau pittoresque de Fourvoirie, et, en avançant encore, on arrive à l'entrée du désert de la Grande-Chartreuse, après avoir franchi le torrent du Guiers sur un pont jeté d'une montagne à l'autre, et passé sous une voûte étroite, fermée par une double porte. On marche ensuite pendant plus d'une heure en côtoyant le torrent, au milieu d'une forêt de sapins impénétrable au jour; puis, la vallée s'élargissant un peu, on aperçoit à travers les clairières les bâtiments du monastère chef-d'ordre des Chartreux.

Ce fut en l'année 1084 que saint Bruno, né à Cologne, d'une famille opulente, docteur célèbre par sa science, se détermina à quitter le monde, et se rendit auprès de saint Hugues, évêque de GRENOBLE, son ancien disciple, qui lui facilita le moyen d'accomplir sa résolution, en lui indiquant pour retraite la vallée de Chartreuse, *Curtusia*.

Ce désert fut concédé gratuitement à saint Bruno et à ses compagnons par Humbert de Mirabel, son frère Odon, et Seguin, prieur de la Chaise-Dieu. On dressa, pour constater cette donation, un acte authentique approuvé par l'évêque saint Hugues, et qui est actuellement déposé à la bibliothèque publique de GRENOBLE. Il est daté des ides de décembre 1084. Les anciens légendaires décrivent ainsi le lieu sauvage où saint Bruno s'établit : « Il y a au Dauphiné, dans le voisinage « de Grenoble, une vallée affreuse, froide, couverte de neiges, environ- « née de précipices et de sapins, appelée d'aucuns *Cartuse* et d'autres « *Chartreuse*. C'est un ermitage fort ample et étendu, mais habité seule- « ment par des bêtes et inconnu des hommes pour l'âpreté de son accès. « Il y a des rochers élevés, des arbres sylvestres et infructueux, et la « terre y est si stérile et si inféconde que l'on n'y peut rien planter ou « semer. En ce lieu Bruno fixa sa demeure, et n'ayant là aucunes cel-

« lules, il habitoit dans les pertuis des rochers.»(*Chronique de dom Pierre Dorlande.*)

Le premier établissement des Chartreux étoit au-dessus du couvent actuel, à l'endroit où se trouve aujourd'hui la chapelle de Saint-Bruno. Le fondateur y fit d'abord construire quelques cabanes isolées, et l'oratoire commun fut placé sur la cime la plus élevée du rocher. Bientôt, sur la renommée de l'illustre anachorète, le nombre des néophytes s'accrut, et la communauté s'établit autour de la chapelle. Mais, quelques années après, toutes les cellules, à l'exception d'une seule, furent renversées par une avalanche. Saint Bruno n'étoit plus alors à la Chartreuse; il avoit été appelé à Rome par le pape Urbain II, pour l'aider de ses conseils dans le gouvernement de l'Église. Il obéit contre son gré, et fut suivi d'une partie de son troupeau, qui, bientôt après, dégoûté du séjour de Rome, revint à la Chartreuse sous la conduite de Landwin. Les instances de Bruno auprès du pontife, pour obtenir la permission de regagner sa retraite, furent sans effet. Il refusa l'archevéché de Reggio, qu'Urbain vouloit lui confier sur les instances du clergé et du peuple; mais il lui fut permis, en 1094, d'aller fonder une seconde Chartreuse dans la solitude della Torre, au diocèse de Squillace, en Calabre, où il mourut saintement, le 6 octobre 1101.

Pierre le Vénérable, abbé de Cluni, cinquante ans après ce premier établissement des Chartreux, faisoit le tableau suivant de leur genre de vie. « Ils sont les plus pauvres de tous les moines; la vue seule de leur extérieur effraye... Ils portent un rude cilice, affligent leur chair par des jeûnes continuels, et ne connoissent point l'usage de la viande... La prière, la lecture et le travail des mains, qui consiste principalement à copier des livres, sont leur occupation ordinaire. »

Sous le gouvernement de Guigues, cinquième prieur de la Grande-Chartreuse, mort en 1137, le premier monastère fut une seconde fois renversé par les neiges. Il fallut choisir un lieu moins sujet à de pareils accidents, et le couvent fut transféré à l'endroit où il se trouve aujourd'hui. Le même prieur Guigues donna une grande extension à l'ordre, et fonda plusieurs maisons nouvelles. Ce fut lui qui rédigea par écrit les statuts que saint Bruno avoit laissés à ses disciples. Ces antiques règlements portent le titre de *Coutumes de dom Guigues*. Outre les sévères prescriptions que nous avons rappelées, on y trouve, à l'égard des femmes, un passage dont voici la traduction : « Nous ne permet-« tons jamais aux femmes d'entrer dans notre enceinte, car nous savons « que ni le premier modèle sorti des mains de Dieu, ni le sage, ni le « prophète, n'ont pu échapper à leurs caresses et à leurs tromperies; « et qu'on sache bien, en effet, que l'homme ne peut recéler du feu « dans son sein sans que ses vêtements en soient embrasés, ni marcher « sur des charbons ardents sans se brûler la plante des pieds. » Les constitutions des Chartreux, plusieurs fois renouvelées depuis cette époque, ont été confirmées par le pape Alexandre IV, et l'ordre s'étant considérablement accru, le prieur de la Grande Chartreuse prit le titre de général, et devint le chef de toutes les maisons de cet ordre établies dans la chrétienté.

La Grande Chartreuse a été huit fois la proie des flammes dans l'espace de cinq siècles. Les annales de la communauté rapportent les cinq premiers de ces incendies aux années 1320, 1371, 1474, 1510 et 1562. Les huguenots, commandés par le baron des Adrets, pillèrent et brûlèrent encore le couvent en 1592; enfin, en 1611 et 1676, tous les bâtiments furent consumés. Dom Masson, général de l'ordre, les fit reconstruire à cette dernière époque tels qu'ils sont aujourd'hui.

La révolution de 1789 dispersa les Chartreux, qui comptoient alors en Europe cent vingt-sept monastères, dont soixante-six en France. Mais, à la Restauration, le couvent de la Grande Chartreuse fut rendu à ces pieux solitaires, et le supérieur général, dom Meissonnier, vint en prendre possession avec un petit nombre de religieux, le 8 juillet 1816.

Nous avons indiqué quelques-unes des règles austères imposées aux Chartreux par leurs statuts. La plus rigoureuse est celle du silence absolu qui s'observe encore aujourd'hui par tous les religieux du cloître. Les frères convers seuls en sont dispensés.

36

Le vêtement des Chartreux est une longue tunique de laine blanche grossièrement tissue, recouverte d'une espèce de dalmatique de même drap, appelée *cuculle,* terminée par un capuchon qui enveloppe leurs têtes rasées. L'usage du linge leur est interdit; ils portent sur la chair un cilice de crin.

Les contours du vallon et l'épaisseur des forêts qui environnent le monastère ne permettent pas de l'apercevoir de loin. Une muraille l'enveloppe en suivant les sinuosités du terrain, dont la pente rapide donne un aspect singulier à cette construction hardie, qui fuit et se dérobe à la vue sur le plateau supérieur. Les bâtiments, vastes et d'une grande simplicité, n'ont point ce caractère d'antiquité qu'on aimeroit à leur voir. Cependant la restauration générale, exécutée, comme nous l'avons dit, après le dernier incendie de 1676, a laissé subsister quelques portes ogivales et plusieurs arceaux du cloître qui remontent au moyen âge. Tout le reste est de style moderne.

Le monastère se compose de deux grands édifices en parallélogramme, dont l'un est dirigé obliquement contre l'autre, et forme avec lui un angle aigu. Le plus grand de ces bâtiments a environ cent cinquante toises de longueur sur cinquante de largeur; il est flanqué de deux grandes ailes, dont les pièces principales, au rez-de-chaussée, sont consacrées aux étrangers accueillis dans le monastère par la pieuse hospitalité des religieux. Ces vastes pièces portent les noms de salles de Bourgogne, d'Aquitaine, d'Allemagne, d'Italie. Chacune sert de réfectoire commun aux voyageurs, dont les cellules sont disposées alentour. Une longue galerie conduit d'un côté aux maisons de chacun des officiers de l'ordre; à l'autre extrémité, est l'appartement du supérieur général, ayant à part ses jardins et sa terrasse, d'où la vue plonge sur de magnifiques vallons.

Au centre des bâtiments, s'élève l'église, dont l'architecture est peu remarquable. Elle n'a qu'une nef assez étroite, éclairée par des jours pratiqués dans les cintres. Un autel modeste, en bois peint et doré, remplace celui de marbre, donné autrefois par la Chartreuse de Pavie, et qui enrichit aujourd'hui la cathédrale de GRENOBLE. Le sanctuaire, arrondi en demi-cercle, est la seule partie de l'église qu'on n'ait pas dépouillée de la belle boiserie, ouvrage des Chartreux, qui décoroit tout l'édifice.

Près de l'église est la salle capitulaire, longue de cinquante pieds, et large de trente; elle est remarquable par l'élévation de son plafond, entouré d'un double rang de peintures, qui offrent les portraits de grandeur naturelle de tous les généraux de l'ordre depuis sa fondation jusqu'en 1789. Au-dessous sont de bonnes copies des chefs-d'œuvre de Lesueur, ces admirables tableaux de la vie de saint Bruno qui avoient été peints pour le cloître du couvent des Chartreux de Paris, et qui sont aujourd'hui un des plus beaux ornements du musée du Louvre.

En traversant la grande galerie décorée des plans de toutes les Chartreuses de l'Europe, on arrive à la bibliothèque, qui a recouvré sa première destination, et renferme encore près de cinq mille volumes; mais la plupart des livres précieux et des manuscrits qui en faisoient la principale richesse sont aujourd'hui à la bibliothèque de GRENOBLE.

De cette partie des bâtiments on passe dans les cloîtres qui constituent le monastère proprement dit. Là sont rangées isolément, au nombre de cinquante-quatre, les cellules des religieux. Chacune de ces cellules se compose de trois pièces. La plus grande est celle de l'entrée; au fond, deux autres pièces plus petites, communiquant entre elles, servent, l'une de chambre à coucher, l'autre de cabinet d'étude et de travail. Dans cette dernière se trouve toujours un foyer, indispensable en ce rude climat. Sur les murs blanchis sont de petits tableaux ou des gravures de piété; une bibliothèque, une petite horloge, quelques outils pour travailler le bois, la paille ou le carton, un lit fermé, composent l'ameublement de chaque solitaire.

Le cimetière, au centre duquel s'élève une grande croix de pierre, occupe une des cours du cloître, disposition qui se retrouve dans toutes les chartreuses de l'Europe, et dont nous avons parlé en décrivant celle de Vaucluse en Franche-Comté. Une multitude de petites arcades à vitres plombées laissent à peine pénétrer le jour dans les longs corridors, et le bruit de quatre fontaines, dont l'eau retombe sur des bassins de marbre, interrompt seul le silence qui règne sous ces sombres voûtes.

En suivant un sentier, dont l'entrée se trouve vis-à-vis du grand portail de l'église, on arrive, après une demi-heure de marche, à la chapelle de Sainte-Marie *à Casalibus* ou des Cabanes, construite en 1440 par François de Marème, un des généraux de l'ordre, au milieu d'une forêt de sapins, sur l'emplacement des cellules élevées par saint Bruno pour ses premiers disciples. Quoique réparée à une époque récente, cette chapelle conserve le caractère de l'architecture du xv° siècle. Au-dessus de la porte, un petit bas-relief de ce temps, malheureusement mutilé, représente des anges en adoration devant la sainte Vierge. L'intérieur, fort simple, a peu souffert. Les murailles sont couvertes d'ornements en cartouches peints à fresque, et dont chacun renferme une des louanges de la mère du Sauveur, prise dans ses litanies. Au-dessous règne une boiserie aussi ancienne que l'édifice.

Quelques pas plus loin est le rocher sur lequel le pieux fondateur des Chartreux avoit bâti son premier oratoire. En 1640, Jacques de Merly, évêque de Toulon, en releva les débris, et les entoura d'une chapelle qui subsiste encore sous le nom de Chapelle de Saint-Bruno. L'autel est tout ce qui reste de cet ancien oratoire, qui fut le berceau de l'ordre des Chartreux, comme le rappelle une inscription latine peinte dans la chapelle, et dont voici les premiers mots : *Hic incipit ordo cartusiensis anno Domini millesimo octogesimo quarto.* On sait que le onzième des vingt-deux admirables tableaux de Lesueur représente saint Bruno examinant le plan d'une chapelle qu'il avoit fait construire sur le rocher de la Chartreuse. Le grand peintre a fait allusion à l'oratoire dont nous parlons ici, et non, comme on l'a indiqué par erreur dans la description de ces tableaux, à l'église de Notre-Dame *de Casalibus* ou des Cabanes, qui n'a été fondée, nous l'avons dit, qu'en l'année 1440.

Non loin du désert de la Grande-Chartreuse, et par un contraste frappant avec ses sauvages beautés, la ravissante vallée de Graisivaudan se déroule aux yeux du voyageur, avec ses champs cultivés comme des jardins, et ses maisons pittoresques éparses sur de riants coteaux.

Le joli bourg de Sassenage offre un des sites les plus célèbres de cette contrée. Au pied du rocher près duquel s'élève ce bourg, s'ouvrent deux grottes profondes, où coulent les torrents du Furon et de Germe. A l'entrée d'une galerie souterraine, souvent visitée par les curieux, on aperçoit deux pierres creusées, d'une forme à peu près circulaire; ce sont les fameuses cuves de Sassenage, qui présagent, dit-on, la fertilité ou la stérilité de chaque année, selon qu'elles se trouvent plus ou moins pleines d'eau la veille de la Fête des Rois. C'est là, suivant la tradition du pays, que se baignoit une fée à laquelle les anciennes chroniques attribuent l'origine de la maison de Sassenage, connue au moyen âge par ses exploits chevaleresques. C'étoit, dit-on, la fée Mélusine. Mais Mélusine appartient essentiellement, nous l'avons dit ailleurs, aux traditions bretonnes; ce nom aura sans doute été adopté par le peuple du DAUPHINÉ, comme le plus populaire et le plus particulièrement consacré par les légendes du moyen âge.

Vizille, en latin *Castra-Vizilla,* étoit, sous la domination romaine, une station militaire, qu'Aymar du Rivail, dans son *Histoire des Allobroges,* qualifie d'*oppidum antiquum.* Le bourg qui existe aujourd'hui est bâti dans une plaine fertile, sur la rive droite de la Romanche. Il étoit défendu jadis par un château fort, mentionné dans un acte de 991, construit sur un rocher qui sépare la route de GRENOBLE de la vallée de Vaunaveys. Ce château, dont on voit encore les ruines, étoit, pendant les guerres civiles du XVIe siècle, une place importante à cause de sa position au débouché des montagnes de la double chaîne des Alpes. En 1563, après la prise de GRENOBLE par le baron des Adrets, Vizille fut attaqué vivement par les protestants, qui s'en emparèrent. La première paix religieuse le rendit aux catholiques. Lesdiguières, devenu chef du parti huguenot, tenta vainement de le reprendre. Mais lorsque le DAU-

PHINÉ eut été entièrement soumis à Henri IV, la terre de Vizille fut engagée au connétable. Le château actuel a été bâti de 1611 à 1620, par les ordres de ce dernier. Après lui, cette seigneurie fut possédée par le maréchal de Créqui et ses descendants jusqu'à la fin du XVIIe siècle; elle passa ensuite à la famille de Villeroi, qui la posséda jusqu'à la révolution. C'est dans la salle du jeu de paume du château de Vizille que se tint, le 21 juillet 1788, l'assemblée des États du DAUPHINÉ, sous la présidence du comte de Morges. La grande galerie contenoit une série de tableaux représentant les principaux faits d'armes de Lesdiguières et ceux du roi Henri IV. En 1825, un incendie a détruit ces tableaux et la plus grande partie des bâtiments du château.

Le manoir d'Uriage, à deux lieues de GRENOBLE, près de l'endroit où débouche la sauvage vallée de Sonnant, est un précieux débris des temps les plus reculés de la féodalité. Ses tours, ses bastions, qui dominent la plaine, sont, dit-on, l'ouvrage de deux frères de l'ancienne maison des Alleman. Au pied de la colline où s'élève ce château, on aperçoit des restes assez bien caractérisés de bains romains qui étoient destinés à recueillir les eaux médicinales d'Uriage.

La pente des montagnes qui séparent le château d'Uriage de la forêt de Prémol, est couverte de bois de châtaigniers, mêlés de fermes isolées et de villages épars. Prémol, *Pratum Molle*, est une ancienne chartreuse de femmes, dont il ne reste que des ruines informes, assises dans un vallon entouré de forêts de sapins. Ce monastère avoit été fondé en 1232 par la dauphine Béatrix. C'est dans l'église de Prémol, près du grand autel, que fut inhumé le dauphin Guigues VII, fils de Guigues André.

La petite ville de Voiron, bâtie au pied d'une colline, à cinq lieues de GRENOBLE, et traversée par le ruisseau de Morge, se recommande à l'attention de l'archéologue par une antique tour ronde, débris d'un château fort, ceint d'une double muraille. Cette forteresse, appelée du temps des Romains *oppidum Voronum*, étoit au moyen âge la plus importante des vingt-trois forteresses que renfermoit le comté de Salmorenc. Quelques maisons groupées au pied de ses remparts, vers la fin du xıᵉ siècle, ont donné naissance à la ville, que Pierre, comte de Savoie, protégea de toute surprise, en l'environnant de murs vers l'an 1238. Le château de Voiron, comme presque tous ceux du DAUPHINÉ, avoit alors sa légende poétique. Le chroniqueur Gervais de Tilbury écrivoit dans ses *Otia imperialia* : « Le manoir de Voiron étoit « habité par quelques esprits qui prenoient souvent plaisir à se rendre « visibles aux hommes, surtout à l'époque du printemps. On les aper- « cevoit de loin aux fenêtres, où ils apparoissoient sous la forme de « nymphes ou d'héroïnes d'une excellente beauté; mais aussitôt qu'on « s'en approchoit pour obéir à la passion ou à la curiosité, tout s'éva- « nouissoit, et on voyoit alors qu'il n'y avoit là qu'une agréable vision.» Voiron a produit, entre autres hommes distingués, Claude Expilly, président au parlement de GRENOBLE, profond jurisconsulte et poëte ingénieux, qui a célébré sa ville natale dans des vers pleins de grâce et d'élégance.

Sur la rive gauche du Drac, au sein des montagnes de Sassenage, s'élève, sur un rocher escarpé, près du village de Pariset, une ruine pittoresque. C'est la fameuse tour Sans-Venin, une des sept merveilles que les vieux écrivains du DAUPHINÉ comptoient dans leur province, à l'instar des sept merveilles du monde ancien. Une tradition fabuleuse affirme que la tour Sans-Venin étoit mortelle aux reptiles et aux ani- maux venimeux; c'est de là, dit le peuple, qu'elle a tiré son nom. Quoiqu'il soit impossible de fixer l'époque de sa fondation, on croit avec quelque vraisemblance que ce sont les restes d'un château bâti près d'un oratoire consacré en l'honneur de *saint Verin,* nom devenu, dans le langage populaire, *sans venin.*

Si de GRENOBLE on se dirige vers la vallée d'Allevard, en suivant la route qui côtoie l'Isère, on rencontre plus d'un lieu célèbre par ses souvenirs historiques.

Domène n'a plus rien de son antique abbaye, fondée au commence- ment du xıᵉ siècle par les seigneurs de la maison d'Aynard. L'église

de ce monastère, dans laquelle on voyoit les tombeaux des fondateurs
et de leurs descendants, avoit été dédiée en 1067 par Léger, archevêque
de Vienne. Il ne reste aucune trace ni de l'église ni du cloître de Domène.

Sur le territoire du Touvet, on aperçoit les ruines de deux anciens
châteaux forts, la Frette et Beaumont, dont l'origine remonte au delà
du XIIe siècle, et qui appartenoient l'un et l'autre à la famille de Beaumont, une des plus puissantes et des plus distinguées du DAUPHINÉ. C'est
au château de la Frette que naquit en 1513 le trop fameux François
de Beaumont, plus connu sous le nom de baron des Adrets, chef des
protestants du DAUPHINÉ, qui a laissé une si sanglante trace dans l'histoire des guerres civiles du XVIe siècle. Nous rappellerons brièvement
les principaux traits de la vie de cet homme, « qui surpassa en cruauté
« M. de Montluc, dit Brantôme, et que l'on craignoit plus que la tem-
« peste qui passe par de grands champs de bled, jusques là que dans
« Rome on appréhenda qu'il armast sur mer et qu'il la vînt visiter, tant
« sa renommée, sa fortune et sa cruauté voloient partout. » Son enfance,
au lieu de s'écouler sous le toit paternel, grandit au milieu des camps,
sous le patronage de son oncle Guiguel Guiffrey, célèbre dans les mémoires du temps sous le nom du chevalier de Boutières. A dix-neuf
ans, après avoir fait ses premières armes en Italie et en Piémont, il
étoit reçu dans la première compagnie des cent gentilshommes ordi-
naires de l'hôtel du roi François Ier. Après la mort de ce prince, la
guerre s'étant rallumée en Allemagne et en Italie, le maréchal de Bris-
sac, général de l'armée de Piémont, lui fit donner le titre de colonel
des légions du DAUPHINÉ, de Provence, de Lyonnois et d'Auvergne,
et l'employa spécialement dans les entreprises hardies qui convenoient
à l'impétuosité de son courage. Il se distingua à la défense de la
Mirandole et de Beine, et à la retraite de Verceil. Mais il ne fut pas
aussi heureux à Montcalvo, place du Montferrat, dans laquelle il occupoit un poste. Le gouverneur d'Ailly de Pecquigny, chargé de défendre
cette ville contre les Espagnols, l'abandonna au moment où l'ennemi
montoit à l'assaut, et contraignit des Adrets à se rendre. Outré de ce

revers, des Adrets en rejeta publiquement la faute sur le gouverneur, l'accusa devant François II, et, réclamant l'application des anciennes lois du royaume sur le combat judiciaire, supplia le roi de lui permettre de soutenir son accusation les armes à la main. Cette démarche produisit une grande sensation à la cour; mais les princes de Guise, tout-puissants alors, firent rendre un arrêt qui déchargeoit Pecquigny de l'accusation portée contre lui, avec défense aux deux champions de désobéir aux ordres du roi. Dans sa colère, des Adrets jura de se venger, non de Pecquigny, qu'il avoit flétri en face de toute la cour, mais de la maison de Guise, dont l'influence avoit été si favorable à son adversaire. Les partis commençoient à se dessiner nettement en France. Les catholiques avoient à leur tête les Guises; des Adrets se jeta parmi les réformés, sans conviction religieuse, et uniquement pour avoir occasion d'assouvir sa vengeance. Catherine de Médicis, profitant de ses dispositions, lui écrivit une lettre pressante, dans laquelle elle l'excitoit à soulever le DAUPHINÉ contre l'autorité du duc de Guise. Le baron saisit avec avidité ce moyen de satisfaire à la fois sa haine et son ambition. En peu de semaines, il se trouva à la tête de la noblesse du BAS DAUPHINÉ, et bientôt il fut en mesure de commencer ces nombreuses campagnes militaires, pendant lesquelles sa prodigieuse activité, sa hardiesse et la terreur que son nom semoit partout, lui firent accomplir des entreprises qui paroîtroient incroyables, si elles n'étoient attestées par les plus graves historiens. Le parti politique qu'il venoit d'embrasser l'entraînoit : il devint protestant avec toute la violence d'un caractère passionné et sans frein.

Sa nouvelle carrière s'ouvrit par la prise de Valence, en 1562, et le massacre de la Motte-Gondrin, lieutenant du duc de Guise, qui y commandoit. Ce meurtre le mit, dans la province, en possession d'une autorité sans bornes, qu'il prétendoit, disoit-il dans le protocole de ses ordonnances, n'exercer que *pour le service de Dieu,* la liberté et la délivrance du roi et de la reine-mère. Il fit de Valence le siége de ses opérations, et détermina partout le soulèvement des protestants. Bientôt

il s'empare de Tournon, de Vienne et de Lyon, faisant impitoyablement massacrer les prêtres catholiques, brûler les monastères et piller
les églises. Apprenant que le Parlement de GRENOBLE ose résister à ses
volontés, il fait chasser ceux des conseillers qui lui sont suspects, et
les autres le suivent docilement au prêche dans l'église des Jacobins,
convertie en temple. Cependant des Adrets est informé que les troupes
du pape se sont emparées d'Orange et d'une grande partie des places
du Valentinois et du comtat Venaissin. Aussitôt, avec une étonnante
rapidité, il vole sur le théâtre de la guerre, chasse partout l'ennemi
devant lui, et se livre aux plus cruelles représailles; puis, avec la même
célérité, il retourne à GRENOBLE, dont les catholiques s'étoient rendus
maîtres, culbute en passant le lieutenant du roi Maugiron, et rentre
dans la ville, où il rétablit l'ordre. De là il court assiéger Montbrison,
s'en empare, se baigne dans le sang des habitants, et commet les plus
affreuses atrocités. C'est là que, par forme de délassement, il fit pré-
cipiter du haut d'une tour la garnison vaincue, et qu'un des soldats
lui fit cette réponse qui lui valut la vie. Impatienté de lui voir reprendre son élan : Eh! pour Dieu, lui dit des Adrets, il n'est besoin d'y
aller à deux fois. — Ma foi, Monseigneur, lui dit le soldat, je vous
le donne en dix. Les sanglantes exécutions, les massacres, le vol et le
carnage dont chaque ville prise d'assaut ou réduite à merci par le
baron des Adrets étoit le théâtre, avoient excité contre ce farouche
capitaine une réaction générale. Les catholiques se soulevoient en armes
de toutes parts, et les protestants eux-mêmes supportoient impatiemment la tyrannie de ses caprices et de ses fureurs. Le prince de Condé
ayant senti la nécessité, dans l'intérêt de sa cause, d'écarter le baron
des Adrets, lui avoit refusé le commandement de Lyon, qu'il confia
à Jean de Parthenay, seigneur de Soubise, homme d'un caractère
modéré. Ce commencement de défaveur fut sensible au baron, et dès
lors il forma le dessein d'abandonner une bannière sous laquelle son
ambition étoit déçue. Le duc de Nemours, sur ces entrefaites, ayant
remporté sur lui quelques avantages dans le Lyonnois et le Viennois,

acheva de l'ébranler par d'adroites négociations; «car, dit Castelnau, il
« connoissoit son humeur, sachant qu'il n'avoit pas tant d'affection à
« la religion des huguenots qu'à son profit particulier, soit qu'il vît
« qu'il n'y avoit plus de calices ni de reliques à prendre, soit pour
« acquérir de la réputation du côté des catholiques. » Avant de se
rendre, des Adrets voulut affoiblir ce que sa désertion avoit d'odieux,
en expliquant les motifs de sa conduite passée. Il écrivit au duc de
Nemours qu'il n'avoit fait la guerre que pour maintenir les droits du
roi et des protestants contre la violation des édits royaux, et que si
l'on vouloit mettre le roi en liberté, il s'engageoit à se démettre de ses
fonctions de gouverneur du DAUPHINÉ. Ces démarches, que des Adrets
tenta de faire approuver par les États de la province, furent dépeintes
aux yeux du prince de Condé comme une trahison. Le baron essaya
de se justifier; mais les deux principaux chefs des protestants du Valentinois, Mouvant et Montbrun, avertis par Soubise, l'arrêtèrent à Romans, le 10 janvier 1563, au moment où il se préparoit à livrer cette
ville au duc de Nemours. Traduit à Nîmes devant une commission
de religionnaires, il venoit de repousser avec fermeté tous les chefs
d'accusation dirigés contre lui, lorsque l'édit de pacification signé à
Amboise, le 19 mars de la même année, le mit en liberté *sans abso-
lution ni condamnation,* suivant l'expression de Théodore de Bèze. Ce
fut là le terme de la carrière politique du baron des Adrets. Jusqu'à
ce moment, il avoit joué le premier rôle; désormais il n'eut plus à
remplir que le second, en butte à la méfiance de tous. « Il ne fit jamais
« si mal, dit Brantôme, que de changer de party; ce fut la diffinition
« de sa réputation, car depuis il ne fit jamais si bien pour le party
« catholique, comme pour le party protestant.» Colonel de l'infanterie
du dauphin au service du roi, des Adrets combattit contre ses anciens
compagnons d'armes avec l'acharnement qu'il avoit déployé contre les
catholiques. Cependant sa défection le faisoit universellement détester.
On le peignit au roi comme un traître lié secrètement avec les huguenots. Arrêté par ordre de la cour, et conduit à Pierre-Encise, il y resta

prisonnier jusqu'au moment où la paix de 1571 lui rendit la liberté. Mais l'orgueil froissé de des Adrets lui fit repousser une amnistie qu'il regardoit comme humiliante. Il se rendit à Paris auprès de Charles IX, et, en présence de tout le conseil, il lui déclara «qu'il étoit venu pour rendre compte de ses actions pendant les premiers et les seconds troubles; qu'il n'entendoit point invoquer le bénéfice des édits de pacification, dans le cas où il seroit trouvé s'être départi de la fidélité qu'un sujet doit à son roi, ou qu'il eût commis quelque faute durant son service;» et il ajouta «qu'il étoit prêt à soutenir, soit devant la justice, soit les armes à la main, qu'il avoit été faussement et méchamment accusé.» Le roi lui répondit que le bien de son service avoit exigé qu'il fût mis en arrestation, mais qu'à cette heure il demeuroit bien content et satisfait des informations qu'il avoit prises; qu'il le tenoit pour homme de bien et fidèle serviteur. Cette réparation solennelle fut consignée authentiquement dans les registres du Parlement de Grenoble.

Le caractère du baron des Adrets se peint tout entier dans une curieuse conversation qu'il eut avec d'Aubigné dans l'hôtel où logea le roi Henri III, à Lyon, lorsque ce prince, passant par cette ville, à son retour de Pologne, y reçut les gentilshommes du Lyonnois et du Dauphiné. Causant familièrement avec des Adrets, en attendant l'audience royale, d'Aubigné lui demanda trois choses. «La première, pourquoi avec tant de valeur il avoit eu tant de cruauté; la deuxième, pourquoi il avoit quitté un parti où il avoit tant d'autorité, et la troisième, pourquoi il n'avoit pas été aussi heureux parmi les catholiques que parmi les huguenots. A la première demande, il répondit que ce n'est pas faire une action de cruauté quand on la rend; que celle qu'on commence se peut ainsi appeler, mais que l'autre en est une de justice; que le seul moyen de faire cesser la barbarie des ennemis, c'est de leur rendre la revanche......; qu'enfin un soldat ne peut avoir l'épée et le chapeau à la main tout ensemble. A la seconde proposition, il repartit que l'amiral (Coligny) avoit disposé la guerre par

des maximes ministrales, et vouloit donner les diseurs pour juges aux
faiseurs; que Soubise étoit bon, vaillant, sage, et meilleur capitaine que
lui, mais que pour rompre la vieille police du royaume, il n'en falloit
point d'autre que la militaire; que la modestie n'est pas bonne pour
abattre l'orgueil des ennemis qui n'en ont point; qu'on avoit envoyé
un censeur où il falloit un dictateur, et un Fabius au lieu d'un Mar-
cellus; qu'ayant vu son sang et ses peines sujets à de tels supplan-
tements, il avoit traité avec M. de Nemours, non par avarice ou par
crainte, mais par vengeance, et après plusieurs ingratitudes redoublées
en son endroit. Sur la troisième proposition, il avoit soupiré, puis
répondu qu'avec les huguenots il avoit des soldats, mais que depuis
il n'avoit eu que des marchands; qu'il n'avoit pu fournir des rênes
aux premiers, et que les autres avoient usé ses éperons (1). »

De retour en Dauphiné, le baron des Adrets fut chargé par le roi
de lever des troupes, à la tête desquelles il réprima les entreprises
du duc de Savoie sur le marquisat de Saluces. Ce fut pendant cette
campagne qu'ayant appris la mort de ses deux fils, l'un massacré à
la journée de la Saint-Barthélemy, l'autre tué au siége de la Rochelle,
il demanda son rappel, et se retira dans son château de la Frette, où
il mourut, le 2 février 1586, dans la religion de ses pères, qu'il avoit
tour à tour persécutée et défendue. Il fut inhumé dans la chapelle de
ce château. Le burin d'un artiste contemporain nous a conservé les
traits de cet homme si tristement célèbre : son portrait gravé se trouve
dans les collections du cabinet des estampes à la Bibliothèque royale.
Jacques de Thou l'a dépeint aussi avec une grande énergie en peu de
lignes. Il le vit à Grenoble quelques mois avant son expédition contre
le duc de Savoie. « Il étoit alors fort vieux, dit l'historien, mais d'une
« vieillesse encore forte et vigoureuse, d'un regard farouche, le nez
« aquilin, le visage maigre, décharné et marqué de taches couleur de
« sang noir, tel qu'on nous dépeint Sylla; du reste, il avoit l'air d'un

_____

(1) *Mémoires de d'Aubigné*, liv. III, chap. 9.

« véritable homme de guerre(1). » On peut ajouter que l'âme du baron
des Adrets est tout entière dans la devise qu'il avoit choisie : *Impa-
vidum ferient ruinæ.*

Au village de Moretel commence la vallée d'Allevard, une des contrées les plus pittoresques et les plus sauvages du DAUPHINÉ, et au
centre de laquelle s'élève le bourg de Saint-Pierre d'Allevard, connu
dans l'histoire par un prieuré que les moines de Cluny y avoient fondé
au XIe siècle. De cette antique communauté il ne reste plus qu'un
clocher en tuf, grossièrement travaillé, réuni maintenant à l'église
paroissiale. Les collines qui entourent le bourg offrent les ruines de
plusieurs demeures féodales. C'est d'abord la sombre tour du Treuil,
dont l'histoire, un peu incertaine, est pleine de mélancoliques légendes.
Plus loin le manoir des sires de Boutière, et les forteresses gothiques de
Mailles et de la Roche-Commiers, répandent sur ce paysage solitaire le
charme des vieux souvenirs.

Le voyageur visite avec plus d'intérêt encore, à peu de distance de
Pontcharra, les restes du château de Bayard, fondé en 1404 par Pierre
du Terrail, aïeul du célèbre Bayard. Ce château étoit achevé en 1413,
puisque le 31 octobre de cette année, le fondateur en fit abandon
au dauphin, et que le même jour il le reçut de lui à foi et hommage. La porte qui y donne entrée est une arcade crénelée, ouverte
dans une courtine flanquée de deux tours rondes, dont l'une servoit
de chapelle, l'autre de colombier. En avant de la façade s'étendent
vers l'Isère trois terrasses élevées l'une sur l'autre, et appuyées sur
un glacis revêtu de gazon. Les écuries, les caves, les cuisines, subsistent dans leur intégrité. L'édifice avoit trois étages. Le second et
le troisième ont été démolis. Au premier, on voit encore le cabinet
de Bayard et la chambre où Hélène Alleman mit au jour, le 10 septembre 1476, le chevalier sans Peur, la plus pure et la plus éclatante
illustration du DAUPHINÉ. Les murs, de près de six pieds d'épaisseur,

____

(1) *Histoire universelle*, traduite. 1734, in-4°, t. I, p. 10.

sont bâtis en pierre de taille; l'ancien plafond, aux solives peintes de
couleurs variées, et les trumeaux décorés de peintures à fresque, sont
assez bien conservés. Au sud s'élève le grand pavillon, jadis flanqué
de tours, et dont les fenêtres sont fermées par des grillages de fer.
Le milieu de la cour carrée du château étoit orné d'une fontaine dont
les eaux arrosoient les jardins en terrasse situés au-dessous de la principale façade. Notre-Dame de Grignon, paroisse de laquelle dépendoit le château de Bayard, ne mérite d'être citée que pour sa modeste église, où les sires du Terrail avoient leurs tombeaux.

C'est près de Pontcharra que Lesdiguières battit complétement, le
5 septembre 1591, avec cinq mille sept cents hommes, l'armée du
duc de Savoie, composée de quatorze mille combattants.

Sur la rive droite de l'Isère, et près des frontières de la Savoie,
s'élève le fort Barraux, qui domine la route de GRENOBLE à Chambéry.
Ce fort doit sa fondation à la vanité du duc Charles Emmanuel de
Savoie, qui trouva plaisant de construire une forteresse en présence
de l'armée françoise, commandée par Lesdiguières. Celui-ci trouva plus
plaisant encore de la laisser bâtir pour la prendre aussitôt qu'elle
seroit achevée et garnie de munitions. Il s'en empara, en effet, le
13 mars 1598.

La vallée d'Oisans, au milieu de laquelle coule la Romanche, offre
bientôt à l'œil attristé ses hautes montagnes nues, où croissent à peine
quelques bouquets de mélèzes et de bouleaux chétifs. On y remarque
les restes de la digue de l'ancien lac de Saint-Laurent, formé en 1181
par la crue subite de deux torrents dont les eaux, se précipitant du
haut des montagnes dans la Romanche, entraînèrent au fond de la
vallée une immense quantité de rochers et de débris, et couvrirent
toute la plaine à la hauteur de quatre-vingts pieds. Un reste de pont,
qu'on trouve sur la route, indique encore le niveau de l'inondation.
Trente-huit ans après cet événement, le 14 septembre 1219, les eaux
du lac, rompant les digues qui les séparoient de l'Isère, emportèrent
avec elles les habitations placées sur leur passage, et submergèrent

presque entièrement la ville de GRENOBLE. Les détails de cette catastrophe nous ont été conservés par un mandement de l'évêque Jean de
Sassenage, qui déplore en termes touchants la ruine de la cité épiscopale.

L'Oisans étoit habité du temps des Romains par un peuple dépendant des Voconces, et connu sous le nom d'Ucènes. Sous Auguste,
on y construisit une chaussée qui conduisoit de Suze à Vienne, en
traversant *Durotincum* (Villard-d'Areine), *Mellosedum* (Mont-de-Lans, ou
Bourg-d'Oisans) et *Catorissium* (Saint-Pierre de Mézage, ou Gavet). De
cette voie romaine il reste encore un monument singulier et peu
connu; c'est un rocher coupé en arc de triomphe. Sur un socle haut
d'un pied et demi s'élève le pied-droit, surmonté d'une imposte qui
sert d'appui au plein cintre. Le tout est grossièrement taillé à la
pointe. La moitié du cintre et la partie supérieure du pied-droit, qui
regardent la Romanche, ont été détruites vraisemblablement par la
chute d'un rocher détaché de la montagne; mais l'autre moitié de
l'arc, restée debout, semble braver le temps et les orages. Cette roche
taillée est située à une petite distance de Freney, et sur l'ancien chemin du Mont-de-Lans, qui n'est plus qu'un étroit sentier, mais où
passoient autrefois les chars. Sous la porte antique on voit encore deux
sillons parallèles que les roues ont creusés dans le roc vif. Toutes les
vallées des Alpes aboutissant à l'un des cols qui donnent l'entrée de
l'Italie, réclament l'honneur d'avoir été traversées par le célèbre Carthaginois qui alloit combattre les Romains dans leur patrie. L'Oisans
ne pouvoit manquer d'avoir cette prétention; aussi les habitants ont-
ils, de leur propre autorité, donné le nom de *Porte d'Annibal* au monument dont nous venons de parler.

Le moyen âge a laissé peu de traces dans cette vallée. Le Bourg-
d'Oisans, qui en est le chef-lieu, n'a rien de remarquable, et n'est cité
dans l'histoire que pour avoir soutenu un long siége contre les catholiques pendant les guerres de religion du XVIe siècle.

A Brandes, village aujourd'hui ruiné, le dauphin Humbert II avoit un
palais d'où plusieurs de ses chartes sont datées. Il y séjourna longtemps

pour se rétablir d'une maladie, et le peuple, conservant de ce fait un souvenir confus, donne encore aux ruines de ce palais le nom de *Tour du Roi Ladre.* Le même prince avoit fondé près de là l'hospice du Malaval et celui du Lautaret, dont les vestiges n'ont pas encore totalement disparu.

Les oratoires sont nombreux dans cette partie de l'Oisans, qu'on appelle le Malaval, c'est-à-dire le *Val Mauvais* ou le *Val Maudit.* Ces chapelles, d'une blancheur éclatante, s'aperçoivent de loin se détachant sur le ciel bleu ou sur les rochers grisâtres. Le montagnard, qui a besoin, presque chaque jour, dans sa rude existence, d'implorer le secours divin contre la chute de l'avalanche ou les ravages du torrent, a semé le sol de ces petits édifices, qui renferment chacun une statuette de saint grossièrement sculptée. Le nom du bienheureux, qu'il seroit difficile de deviner aux problématiques attributs dont l'artiste a environné son image, se lit sur le mur extérieur, avec la formule d'invocation : *Ora pro nobis,* expression d'espérance d'un effet inexprimable au milieu des pensées de destruction et de profonde tristesse qu'inspirent les sites du Val Maudit.

Gap, Embrun, Briançon.

La ville de Gap, connue des Romains sous le nom de *Vapincum*, est
l'ancienne capitale du Gapençois, qui, avec le Graisivaudan, l'Embrunois, le Royannois et les Baronnies, formoit le Haut-Dauphiné. *Vap*,
dont le nom originaire s'est changé en *Gap* par une mutation de lettres
très-fréquente, faisoit partie du territoire des *Tricorii,* et étoit au nombre
des cent quinze cités de la Gaule, lorsque les empereurs divisèrent
cette région en dix-sept provinces. Suivant une tradition que la critique historique ne sauroit admettre, Démétrius, disciple de saint Jean
l'Évangéliste, avoit commencé à y prêcher la foi chrétienne sous le
règne de Domitien. Ce qui est mieux constaté, c'est qu'un siége épiscopal, suffragant d'Aix, fut établi à Gap dans les premières années
du ivᵉ siècle. L'évêché de cette ville est donc un des plus anciens de
la Gaule. Constantius, qui assista au concile d'Épaune, sous Sigismond,
roi de Bourgogne, en 517, est le premier évêque de Gap dont le nom
soit connu avec certitude. Sagittarius, disciple indigne de l'illustre saint
Nizier, évêque de Lyon, vint occuper le siége de Gap vers le milieu
du même siècle. Salonius, son frère, étoit en même temps évêque d'Embrun. L'épiscopat de ces deux prélats ne fut qu'une suite d'excès, que
Grégoire de Tours et quelques autres écrivains ont racontés avec indignation. Suivant un de ces historiens, l'évêque de Saint-Paul-Trois-

Châteaux, ayant oublié d'inviter Sagittarius et Salonius à une réunion
qu'il avoit chez lui le jour de sa naissance, ils s'y rendirent en armes,
envahirent la maison de l'évêque, déchirèrent ses vêtements, frappèrent
ses serviteurs, renversèrent les tables du festin, et emportèrent, comme
des voleurs, la vaisselle et les meubles précieux. Ces violences furent
dénoncées au roi Gontran, qui les manda devant un concile tenu à
Lyon en 567. Ils furent déposés; mais ayant eu recours au pape Jean III,
ce pontife, trompé sans doute, les rétablit dans leurs siéges. Ils n'en
devinrent ni plus sages ni plus prudents. Infidèles aux lois canoniques,
ils échangèrent le bâton pastoral pour la framée. Les Lombards, venus
des bords de l'Elbe, ayant franchi le mont Genèvre et ravagé la province, les deux évêques s'armèrent, et se firent remarquer dans les combats par leur ardeur à verser le sang. « Ce furent, dit Grégoire de Tours,
les premiers évêques que la Gaule ait vus couverts de casques et de
cuirasses (1). » Déposés une seconde fois dans un synode tenu à Châlon-
sur-Saône, ils furent condamnés à être enfermés dans l'abbaye de Saint-
Marcel; mais comme «c'étoient des hommes d'une adresse incroyable,»
ils réussirent à s'évader, et peu de temps après terminèrent misérable-
ment leur vie. Ils avoient assisté, en 573, au quatrième concile de
Paris, qui tenta vainement de rétablir la paix entre Chilpéric et Sigebert, frères de Clotaire.

Argirius, plus connu sous le nom de saint Arey, succéda à Sagittarius, dont il fit oublier les crimes par son humanité et ses vertus. Il
fut l'ami et le correspondant de saint Grégoire le Grand. Il assista au
concile de Mâcon, et eut le courage d'y défendre Didier, évêque de
Vienne, poursuivi par la haine de Brunehaut. Cette reine irritée fit
fermer à saint Arey les portes de l'église de Saint-Marcel; mais elles se
rouvrirent d'elles-mêmes devant les prières du pieux évêque, si l'on
en croit sa légende.

Dans le courant du viiie siècle, les Sarrasins, fuyant les armes de

(1) *Hist. des Francs,* liv. VII, ch. 34.

Charles Martel, envahirent le diocèse de Gap, s'emparèrent de la ville,
et en passèrent les habitants au fil de l'épée. Chorier et Raymond Juve-
nis, auteur d'une histoire manuscrite du Dauphiné, ont prétendu que
la domination des Sarrasins dans les Alpes dura plus de deux cents ans;
mais nous avons dit ailleurs que cette opinion n'est pas fondée, et que
ces écrivains ont sans doute confondu les Sarrasins avec les Hongrois.
Il est certain néanmoins que les Maures y reparurent plusieurs fois,
et occupèrent quelques forts dans les Alpes Cottiennes, d'où ils vinrent,
en 965, mettre de nouveau le siége devant Gap. Cette ville fut sauvée
par la valeur de Guillaume, comte d'Arles et de Provence. On regarde
comme une trace du passage des Sarrasins à Gap le nom de Puy-
Maure donné à la montagne qui domine la ville au couchant, et au
sommet de laquelle ils avoient, dit-on, élevé une forteresse; mais il
est plus probable que ce nom désigne la Montagne Noire (1).

Cette ville eut des comtes particuliers jusqu'à la fin du xie siècle.
Hugues ou Hugon, le dernier de ces comtes, ayant refusé de prendre
la croix pour la délivrance de la terre sainte, fut excommunié par le
pape Urbain II, qui écrivit à l'évêque de délier ses vassaux du serment
de fidélité. Le comte de Forcalquier profita de cette sentence pour se
saisir du domaine et du titre de Hugues, et il réunit le Gapençois à
l'Embrunois, qu'il possédoit déjà avec tout le pays situé entre la Durance, l'Isère et les Alpes.

La seigneurie de Gap fut longtemps un sujet de contestation entre
les comtes de Forcalquier et les évêques du diocèse. Se fondant sur une
donation de Conrad, roi de Bourgogne, confirmée en 1178 par l'empereur Frédéric Ier, les évêques de Gap revendiquèrent la puissance

(1) D'après le *Glossaire occitanien*, publié en 1819, *Maurs, Maura, Mauras,* signifie *maure,
noir, noire,* et on appelle *maures* les montagnes de Provence, les montagnes noires. *Moren,*
adj., more, de couleur more, noire. (*Lexique roman,* par Raynouard, 1842.)

Encore aujourd'hui, dans quelques provinces, le mot *maure* ou *more* désigne la couleur
noire ou brune, et dans le dictionnaire de Trévoux, on lit : *Le gris maure est une couleur grise
tirant sur le noir.*

temporelle sur la ville, les droits de régale et le titre de princes de GAP. Et lorsque Béatrix de Claustral, héritière des comtes de Forcalquier, eut fait passer, en 1202, les comtés de GAP et d'EMBRUN dans la maison des dauphins par son mariage avec Guigues VI, on voit encore ce dernier prince rendre hommage, en 1212, à Guillaume d'Esclapon, évêque de GAP, pour tous les biens qu'il possédoit dans son diocèse.

La ville de GAP étoit administrée par des consuls élus chaque année, et qui jouissoient du droit de percevoir une certaine part sur les grains et denrées vendus au marché; ce droit s'appeloit le *consolat.* Vers le milieu du XIIIe siècle, l'évêque Odon ou Othon, contestant aux habitants une partie de leurs priviléges, fit un accord avec le dauphin Guigues VII pour se partager la moitié des droits qui avoient appartenu jusque-là aux consuls. «Leur union, dit Chorier, étoit une conspiration contre les libertés de la ville, et leur amitié le fruit de leur haine contre ses franchises et ses droits.» Irrités de cet accord, les habitants de GAP se saisissent de la personne du prélat, et le jettent en prison; bientôt ils semblent touchés de repentir, et s'humiliant devant leur évêque, ils lui rendent la liberté; mais en même temps ils cherchent à traverser ses desseins, en faisant avec la dauphine Béatrix, le 11 décembre 1271, un traité qui cédoit à cette princesse et à ses successeurs tous les droits de temporalité que les prélats s'étoient réservés. L'évêque Othon, renonçant alors à l'alliance du dauphin, rendit hommage au comte de Provence, et lui fit à son tour cession des mêmes droits. Ces traités contraires engendrèrent de longues et sanglantes querelles, qui ne furent terminées qu'en 1453 par la réunion définitive de la ville de GAP au DAUPHINÉ. Sous François Ier, les évêques du diocèse furent dépouillés de leur titre de princes; mais ils conservèrent longtemps après celui de comtes.

Les guerres de religion, si désastreuses dans toute la province, furent particulièrement funestes à la ville de GAP. Elle avoit embrassé le parti de la Ligue, et chassé les huguenots de ses murs. Pour la punir, Lesdiguières, en étant devenu maître, fit massacrer un grand nombre de ses habitants. Plus tard, il fixa sa résidence dans cette ville, et, pour tenir la population en respect, il rétablit la forteresse de Puy-Maure. En 1692, le duc de Savoie passa les Alpes, et brûla Gap, qui perdit dans ce dernier désastre, et ses archives, et presque tout ce qui restoit de ses anciens édifices.

La cathédrale de Gap, dédiée à Notre-Dame, a été reconstruite en partie à la fin du xviie siècle; elle est d'une architecture massive, et offriroit peu d'intérêt si elle ne renfermoit, dans une de ses chapelles, le tombeau du connétable de Lesdiguières. Ce monument, transporté à Gap, en 1798, du château de Lesdiguières, où il avoit été placé en 1626, est en marbre noir de Champsaur, et orné de bas-reliefs d'albâtre, qui retracent les principaux exploits du guerrier. Sur le sarcophage est la statue du connétable, représenté couché, la tête appuyée sur sa main, dans l'attitude de la méditation. Ce bel ouvrage est attribué au sculpteur Jacob Richier, qui l'exécuta, dit-on, du vivant même de Lesdiguières, et par ses ordres. La tradition ajoute que le connétable tint l'artiste enfermé jusqu'à ce qu'il eût terminé son travail. On conserve aussi à Gap la lance du héros dauphinois, ses gantelets et son casque, qui porte l'empreinte d'une balle.

Une autre église, siége primitif de l'évêché, existoit à Gap sous le nom de Saint-Jean le Rond. C'étoit le plus ancien édifice de la ville, et plusieurs écrivains du pays, faisant remonter son origine jusqu'aux temps du paganisme, le prenoient pour un Panthéon, ou temple, de forme circulaire, consacré à tous les dieux, lequel auroit été transformé plus tard en cathédrale. Cette opinion, certainement mal fondée, donne lieu de croire du moins que l'église de Saint-Jean le Rond étoit un monument des premiers siècles du christianisme, et sans doute un baptistère, comme l'indiquent sa forme et le vocable de saint Jean-Baptiste, sous lequel étoient ordinairement dédiés les baptistères, entre autres Saint-Jean le Rond de Paris et Saint-Jean de Poitiers. Ce monument, détruit par les huguenots pendant les guerres de religion, fut remplacé vers 1590 par une chapelle des Pénitents, qui sert aujourd'hui de salle de spectacle.

42

Parmi les hommes célèbres, en assez petit nombre, que la ville de GAP a produits, nous ne trouvons guère à citer que le troubadour Albert le Gapençois, qui chanta, dans ses vers faciles, l'esprit et la beauté de la dame Guillemette de Malespine; le jurisconsulte-orateur Claude Olier, qui harangua en 1515 François Ier à son passage dans les Alpes; le fougueux réformateur Guillaume Farel, dont l'ouvrage le moins oublié a pour titre : *Du Glaive de l'esprit;* Honorat Raimbaud, grammairien du XVIe siècle, qui dédioit, en 1578, aux consuls de sa ville natale, son curieux traité : *De la Déclaration des abus que l'on commet en escrivant;* Raimond Juvénis, mort en 1705, auteur de mémoires étendus, et d'une histoire inédite du DAUPHINÉ, conservée à la bibliothèque de Grenoble.

A deux lieues et demie de GAP, sur les bords de la Durance, s'élèvent, au sommet d'un rocher d'un accès difficile, les ruines intéressantes du château de Tallard, situées près de la petite ville du même nom, qui, selon quelques écrivains, occupe l'emplacement de l'ancienne *Alarans* ou *Alarante,* mentionnée dans les itinéraires romains. L'importance de ce château explique les traditions fabuleuses dont on a voulu entourer son origine, attribuée par de naïfs chroniqueurs aux Troyens venus dans la Gaule sous la conduite de Francus, fils d'Hector, et par d'autres, aux Romains. C'est avec aussi peu de vraisemblance qu'on a fait honneur de sa construction à Grégoire, évêque d'Amnice en Arménie, qui vint prêcher le christianisme dans ces contrées, et mourut à Tallard en 402. Il faut descendre jusqu'aux princes d'Orange, possesseurs de la vicomté de Tallard, sous la suzeraineté des comtes de Provence, pour trouver les véritables fondateurs de cette demeure féodale. Reconstruit presque entièrement au commencement du XVIe siècle, le château de Tallard offre tous les caractères de l'architecture de cette époque. On reconnoît surtout dans sa charmante chapelle, dont la façade est très-bien conservée, le style gothique fleuri qui précéda immédiatement la renaissance. Cette chapelle a cela de particulier, qu'elle étoit chauffée par deux cheminées placées en face l'une de l'autre, et qui sont restées intactes. La chapelle ou oratoire de la princesse Mar-

guerite, dans l'église de Brou, étoit également chauffée par une che-
minée. Nous en avons donné le dessin dans notre description de la
Franche-Comté. Une jolie galerie du même temps conduisoit de la
chapelle au château, immense édifice qui contenoit, disent les vieillards, « autant de tours qu'il y a de mois dans l'année, autant de
portes que de semaines, autant de fenêtres que de jours, autant de
marches que d'heures. » Ce qui reste des tours offre encore un aspect
imposant. Les princes d'Orange, premiers possesseurs de ce château,
en firent don, vers l'an 1215, à l'ordre de Saint-Jean de Jérusalem, qui
le conserva pendant un siècle, et l'échangea, en 1326, contre le comté
d'Alifi, au royaume de Naples, avec Arnaud de Trian, neveu du pape
Jean XXII. De la maison de Trian, la vicomté de Tallard passa successivement, par mariage, dans les familles de Sassenage et de Clermont.
Ce fut un des barons de Clermont qui fit réparer en 1546 le château,
et construisit l'élégante chapelle et la galerie qui y conduit. Henri de
Clermont vendit la vicomté de Tallard à Alexandre de Bonne, comte
d'Auriac, qui tenoit pour le parti catholique, tandis que son cousin, le
connétable François de Bonne de Lesdiguières, étoit chef des protestants.
En 1580, celui-ci vint assiéger Tallard, et, voulant prendre la place par
famine, établit autour des remparts un blocus qui dura six mois; mais
le maréchal de Tavannes vint au secours de d'Auriac, qui commandoit
la garnison, défit les assiégeants, et obligea Lesdiguières de rentrer dans
GAP avec les débris de son armée. En 1648, Catherine de Bonne d'Auriac, fille d'Alexandre, épousa Roger d'Hostun, marquis de la Baume,
et de ce mariage naquit Camille d'Hostun, maréchal de France, en
faveur duquel Louis XIV érigea la vicomté de Tallard en duché-pairie.
C'est en représailles des victoires remportées par Camille d'Hostun sur
les ennemis de la France que l'armée de Victor-Amédée, duc de
Savoie, vint, le 12 septembre 1692, attaquer le château de Tallard,
alors sans défense, le pilla, et le détruisit par le feu.

Le lieu nommé *Alamons* ou *Alamonte* dans les itinéraires anciens est,
suivant la remarque de d'Anville, le village du Monestier-Allemont, autour

duquel on a trouvé à diverses époques des débris de fondations, des lampes, des médailles et des tuiles romaines improprement appelées *sarrasines*. Le surnom de Monestier, *Monasterium*, que porte ce village, lui vient d'un antique prieuré de bénédictins auquel Hugues, évêque de GAP, donna, en 971, une des îles de la Durance. L'église de ce monastère, plusieurs fois reconstruite, sert aujourd'hui de paroisse. Une inscription latine constate que les fondements de l'édifice actuel ont été posés l'an 1036; et l'on y reconnoît, en effet, dans quelques parties, les caractères de l'architecture romane.

Outre les débris antiques dont nous avons parlé, on a trouvé dans les champs qui avoisinent le Monestier-Allemont deux monuments intéressants pour l'histoire du pays. Le plus important est l'épitaphe d'un flamine nommé Quintus Centronius, curateur des jeux publics à Die, *Deæ Vocontiorum;* l'autre consistoit en cette inscription votive, qui atteste le culte du dieu Silvain :

SILVANO SEX. MARIVS MONTANVS V. S. L. M.

La petite ville de Serres, ancienne capitale du Serrois, puis cheflieu d'un bailliage, existoit aussi sous la domination romaine. Des fouilles pratiquées, au commencement de ce siècle, pour ouvrir la route d'Espagne en Italie, y ont fait découvrir des tombeaux contenant des vases de terre et des pièces de monnoie dont la plus récente étoit à l'effigie de Constantin. Suivant un acte de 1497, le roi-dauphin possédoit à Serres un château fort dont une partie tomboit alors en ruine. Ce château, réparé bientôt après cette époque, étoit, cent ans après, une place forte des protestants, et le siége d'une châtellenie que le roi donna au connétable de Lesdiguières.

D'autres localités du Serrois offrent aussi des traces incontestables d'antiquité. Gruter a signalé une inscription curieuse, trouvée à Saint-Genis. Un bas-relief de l'église de Savournon représente certainement le combat des Centaures et des Lapithes. Mais il y a beaucoup de raisons pour rejeter l'opinion d'un antiquaire du pays, qui croit reconnoître un ancien temple de Diane dans une des chapelles de la même église. Au milieu des ruines de la Beaumette on a trouvé, entre autres objets précieux, des fragments d'une statue colossale en marbre. Près des mêmes ruines, une belle tombe sculptée sert de bassin à une fontaine.

Mais le lieu le plus remarquable des environs de GAP par les souvenirs et les monuments de l'antiquité, est le village de la Bâtie-Mont-Saléon, qui a remplacé la ville romaine de *Mons Seleucus*, près de laquelle les généraux de l'empereur Constance défirent le tyran Magnence, sur les bords du torrent de la Malaise, le 11 août 353. Des fouilles pratiquées en 1802 et 1803 dans la plaine où s'étendoit *Mons Seleucus*, ont amené des découvertes que plusieurs antiquaires ont décrites, notamment M. de Ladoucette, ancien préfet des Hautes-Alpes, par les soins duquel les recherches avoient été dirigées. La grande quantité de charbon et de métaux fondus trouvée dans ces fouilles a fait attribuer à un incendie la destruction de cette ville, saccagée sans doute par un des peuples barbares qui ont porté la désolation dans cette partie de la Gaule, du ve au xie siècle. Les fondations d'un grand nombre d'édifices ont été mises à découvert à deux pieds au-dessous du sol. Le plus considérable de ces monuments paroît avoir renfermé un palais public, un temple et un forum. Ces débris occupent une superficie de trois cents pieds de long sur soixante de large. Ailleurs on reconnoît les vestiges d'une grande usine, les fours, les bassins, les cuves en maçonnerie, les logements des chefs et des ouvriers, les magasins. Plusieurs rues aboutissent à la grande place, au milieu de laquelle est le temple, orné de colonnes d'ordre dorique d'environ trente pieds de hauteur. La même disposition se rencontre dans un grand nombre de villes construites par les Romains en Europe et en Asie. Nous l'avons particulièrement remarquée en visitant les ruines de Djérach, dans les montagnes de Galaad, en Syrie. Peut-être doit-on en conclure que les Romains, lorsqu'il s'agissoit d'élever une ville dans les provinces lointaines de leur empire, envoyoient de la métropole un plan toujours uniforme auquel un architecte étoit tenu de se confor-

mer. L'autel du temple de Mons Seleucus existe encore. On a trouvé à
côté un couteau de sacrificateur, et on a reconnu le conduit qui servoit
à l'écoulement du sang des victimes. Ce temple renfermoit aussi plusieurs *ex-voto*, des cippes, des inscriptions, des débris de statues et de
bas-reliefs en albâtre et en marbre, des fragments de porphyre et de
granit, des figurines de bronze, et un beau groupe en marbre blanc,
représentant un homme terrassant un taureau, emblème du culte de
Mithra, si répandu dans les Gaules. On lit au bas de ce groupe l'inscription suivante, dans laquelle il manque les deux premières lettres
du premier mot, INVICTO :

. . . VICTO M. SVL. MATERNIA
S. EX VOTO.

Les murs de la ville, la voie antique qui y conduisoit, ont laissé des vestiges considérables. Sur divers points de l'enceinte, on a mis à découvert
des restes de bâtiments d'une architecture recherchée, des fragments de
mosaïque, quelques fresques très-endommagées, où l'on ne distinguoit
plus que des draperies bleues et blanches sur un fond rougeâtre. Pour
compléter l'énumération des objets d'antiquité mis à découvert dans
les fouilles de Mons Seleucus, il faut citer un grand nombre de vases
en bronze, en verre, en terre, presque tous d'une belle forme, enri-
chis de dessins d'une grande élégance, des amphores, des urnes funéraires, des ustensiles de toute nature, et environ sept cents médailles
d'or, d'argent et de bronze, la plupart appartenant au règne de Constantin, et dont la plus récente porte l'effigie de l'empereur Marcien.
Une grande partie de ces précieux débris a été déposée au musée de
Grenoble.

L'église du village de la Bâtie-Mont-Saléon n'a rien de remarquable,
si ce n'est la pierre qui sert de bénitier. C'est un cippe antique, d'environ cinq pieds de hauteur sur un pied et demi de largeur. On y lit
l'inscription suivante :

INSIDI (*sic*) CORNEIA MATERNA V. S. L. M.

Embrun, *Ebrodunum*, une des principales villes des Caturiges, devint sous les Romains un poste militaire que sa situation rendoit très-important. Néron lui accorda les priviléges des colonies latines, et Galba ceux des cités alliées des Romains. Au commencement du ive siècle, les empereurs en firent la métropole des Alpes maritimes, qui s'étendoient depuis Nice jusqu'au mont Viso. Mais cette ville doit sa principale illustration à son siége archiépiscopal, un des plus anciens et des plus renommés de la Gaule. Assiégée en 433 par les Vandales et les Lombards, Embrun fut préservée miraculeusement par saint Marcellin, son premier évêque. Ce prélat, si l'on en croit sa légende, ayant paru dans le camp ennemi, précédé d'une croix de feu qui descendoit du ciel, les barbares, frappés de terreur, prirent la fuite. Trente-trois ans après, l'Embrunois tomba sous la domination des premiers rois de Bourgogne. Les Sarrasins parurent, en 732, sur son territoire. Au concile de Francfort, tenu sous Charlemagne en 794, Embrun fut proclamée métropole, et le chef du diocèse reçut le titre d'archevêque. Les Hongrois vinrent à leur tour, en 966, pillèrent Embrun, l'incendièrent, et en exterminèrent la population. Lors de la dissolution du second royaume de Bourgogne, l'empereur Conrad III donna à l'archevêque la principauté de l'Embrunois, à la charge de lui en faire hommage. Les prélats eurent aussi le droit de faire battre monnoie, d'établir des impôts, de nommer des officiers; ils exercèrent dès lors l'autorité souveraine dans presque toute son étendue, même lorsque l'Embrunois, après avoir été cédé aux comtes de Forcalquier, eut passé, en même temps que la principauté de Gap, dans la maison des dauphins de Viennois. Cette puissance des archevêques parut plus d'une fois excessive aux habitants d'Embrun, qui souvent essayèrent en vain de s'insurger. Ils recoururent à une dernière tentative en 1257. Le jour de l'Assomption, deux de leurs principaux chefs, Rémond Thiaud et Pierre Ferrières, prirent les armes, et, suivis de presque toute la population, s'emparèrent du palais et de la cathédrale, au moment où l'on chantoit l'office. L'archevêque, qui étoit le cardinal d'Ostie, n'eut que le temps de fuir. Il se retira à Chorges, d'où il fulmina une excommunication contre les rebelles. Ceux-ci résistèrent d'abord avec avantage; cependant, lorsqu'ils se virent investis par les troupes du dauphin, qui étoit venu au secours de l'archevêque, ils se rendirent à discrétion. L'évêque de Nice s'interposa pour eux; mais il fallut qu'ils donnassent en otage cinquante de leurs concitoyens les plus notables. Ils obtinrent la vie sauve et la conservation de leurs biens; néanmoins ils furent condamnés à la perte de leurs priviléges et à une forte amende, et on les contraignit de remettre entre les mains de l'archevêque les clefs de la ville, celles de la maison commune, le sceau public, ainsi que les registres où se trouvoient consignés leurs statuts et leurs franchises. Les maisons des deux chefs de l'insurrection furent rasées, et eux-mêmes bannis à perpétuité. Plus tard, le dauphin rendit aux habitants d'EMBRUN une partie de leurs priviléges; mais ils restèrent soumis à leur archevêque jusqu'en 1455, que Louis XI réunit cette ville au Dauphiné, en même temps que celle de GAP.

En 1573, les protestants tentèrent de s'emparer d'EMBRUN. Un officier, nommé Château-Randon, ayant cherché à leur en faire ouvrir les portes, fut découvert, et puni de mort. Plus heureux, en 1585, Lesdiguières prit la ville d'assaut; les églises furent dévastées; et l'on raconte que le chef protestant, joignant le sacrilége au pillage, voulut entrer à cheval dans la cathédrale. Mais, ajoute le récit populaire, un miracle éclatant s'accomplit au moment où le cheval franchissoit le seuil sacré. Les fers des pieds de derrière se détachèrent, et l'animal, se cabrant avec violence, faillit renverser son cavalier. Le prodige s'étant renouvelé deux fois, le connétable fut forcé de céder à Dieu, et de laisser aux mains du peuple les fers de son cheval, qui furent cloués derrière les portes de la cathédrale, où on les voit encore. Cette ville eut à soutenir, en 1692, l'attaque de Victor Amédée, duc de Savoie, qui s'en empara après douze jours de siége, et en fut chassé trois semaines plus tard par le maréchal de Catinat.

Les vestiges de la domination romaine sont peu considérables à EM-

BRUN. Nous ne pouvons guère citer que quelques tombeaux voûtés, renfermant des vases à parfums; un piédestal en pierre dure, enchâssé dans le mur d'une cave; enfin, un sarcophage d'une seule pièce, placé autrefois dans la cour des Religieuses hospitalières, sur lequel on lit cette inscription :

D. M. L. VESTONIVS BARON. S. FIL. QVIR. SECVNDINVS SIB. ET SOLICIÆ VERÆ VXO. V. F. (1).

Mais le moyen âge est représenté dans cette ville par un monument très-remarquable, la cathédrale, dédiée à Notre-Dame. On sait que le roi Louis XI avoit une dévotion particulière pour cette église depuis une guérison inespérée qu'il avoit obtenue par l'intercession de la mère de Dieu. En reconnoissance de ce bienfait, il fit un vœu en faveur de Notre-Dame d'EMBRUN, et vint l'accomplir en 1481. Il assigna au chapitre un revenu annuel de 4,000 ducats, à la charge par les chanoines de célébrer tous les jours une grand'messe en musique pour le roi et la famille royale. Ce don valut à Louis XI des grâces spéciales du pape Sixte IV, qui, par une bulle de l'an 1482, créa le roi de France et ses successeurs *protochunoines* de cette église, en leur permettant de porter l'habit de chœur et l'aumusse avec la chape comme les autres chanoines. Louis XI revêtit souvent ce costume; il portoit une petite Notre-Dame d'EMBRUN en plomb attachée à sa toque. On ajoute que dans l'ardeur de son zèle, il fit faire pour la cathédrale d'EMBRUN de belles orgues dont les tuyaux étoient d'argent. Il avoit promis aussi, dit-on, une grille d'argent pour le chœur; mais, persuadé que Notre-Dame d'EMBRUN avoit négligé de l'assister dans une occasion importante, il l'abandonna pour Notre-Dame de Lorette, et la grille de la cathédrale d'EMBRUN resta en fer. Charles VIII, Henri II, Louis XII et Louis XIII, ont revêtu, à l'exemple de Louis XI, le costume de chanoine d'EMBRUN, et sont entrés dans le chœur avec le surplis et l'aumusse.

(1) Aux dieux manes. Lucius Vestonius Baronus Secundinus, fils de Sextus, de la tribu Quirina, a fait élever ce tombeau pour lui et son épouse Solicia Vera.

La fondation de cette église est attribuée à Charlemagne, qui auroit fait élever le chœur et quelques arcades de la nef. L'inspection de cette partie de l'édifice ne dément pas une si ancienne origine. Autour du chœur règnent, à l'extérieur, des arcatures en plein cintre, soutenues par des modillons qui représentent, ici des têtes de béliers et de bœufs, là des figures humaines sculptées avec soin, et d'une expression douce et tranquille. A l'intérieur, les fenêtres sont également en plein cintre, allongées, et s'ouvrent comme des meurtrières. Les billettes en damier, les dents de scie, les clous en rosettes, sont mêlés, dans les chapiteaux, à des cœurs ou à des motifs bizarres sans analogues dans la nature, quelquefois, mais rarement, à des imitations imparfaites de la feuille d'acanthe.

Le reste du monument offre le mélange du style roman et du style ogival. Les parties les plus anciennes, après celles qui appartiennent à la construction primitive, se reconnoissent aux arcatures formées de pierres bicolores, alternativement jaunâtres et grises. Les modillons, d'une sculpture grossière, représentent des masques grimaçants, des têtes de monstres, des visages d'hommes à barbe longue et touffue. La façade paroît avoir été élevée au XIe ou, au plus tard, au XIIe siècle. Le portail, qui en occupe le milieu, présente un double rang de colonnettes, dont les chapiteaux sont ornés de feuillages retombant en volute. Un peu au-dessus du portail s'ouvrent deux œils-de-bœuf, puis une belle rosace dont les rayons, au nombre de douze, sont formés par des colonnettes à chapiteaux, dont le feuillage rappelle celui de la vigne et du platane. Le centre de cette rose est percé par un évidement en quatre-feuilles, et les rayons amortis par un arc trilobé. Le limbe est formé d'un bandeau de pierres jaunes et grises, et de deux tores séparés par un refouillement. Les vitraux, très-bien conservés, représentent les douze apôtres. La corniche du fronton se compose de petites arcatures rampantes, reposant sur des modillons ornés de masques grotesques ou hideux. La tour qui sert de clocher se termine, à la base de la flèche, par une corniche semblable à celle du fronton. Ce clocher est percé par quatre étages de fenêtres en plein cintre, dont quelques-unes ont été bouchées.

Le portail principal, qui n'est pas celui de la façade, s'ouvre au côté droit de l'église. On l'appelle le *Réal,* c'est-à-dire le Royal, par allusion à la décoration du tympan, qui retrace, dans une peinture grossière, l'adoration des mages. Ce tableau, devant lequel s'opérèrent, suivant une pieuse tradition, de nombreux miracles, fit donner à l'église, primitivement dédiée sous le vocable de la nativité de la Vierge, le nom de Notre-Dame des trois Rois. Ce portail est d'un travail très-remarquable. Les pieds-droits sont formés chacun de quatre colonnes, deux colonnettes et deux pilastres reposant sur un piédestal, et terminés par des chapiteaux ornés de tresses entrelacées et retombant en guirlandes, de billettes en damier, de clous à rosettes. L'archivolte en plein cintre se compose d'un simple tore et d'un bandeau; le tympan, en maçonnerie unie, a pour unique ornement la peinture dont nous venons de parler.

Le porche ou portique qui précède ce portail appartient, comme ce dernier, à la fin du XIIe siècle ou au commencement du XIIIe. Sa voûte retombe sur deux plates-bandes soutenues par quatre colonnes. Les deux colonnes appuyées au mur de l'église portoient autrefois sur des stylobates caryatides, aujourd'hui enfouis sous une maçonnerie en moellon, destinée à prévenir la chute du porche, qui présente des traces profondes de dégradation. Les colonnes antérieures reposent en plein sur le dos d'animaux analogues au lion. L'un tient entre ses pattes un enfant, l'autre une brebis.

L'archevêché et sa tour sont, comme la cathédrale, attribués à Charlemagne, qui les auroit fait élever du temps de l'archevêque Marcel. Ce qui, dans le bâtiment actuel, peut se rapporter à cette époque, n'a de remarquable que son antiquité.

Nous devons signaler aussi à l'attention des archéologues une très-ancienne maison de pierre de taille, située vis-à-vis de Notre-Dame, et dont la façade présente, entre autres ornements curieux de l'époque romane, un lion dévorant une chèvre. Il ne reste plus de trace de la forteresse que les dauphins avoient fait bâtir à l'orient de la ville et près des murs.

EMBRUN est dominé par le mont Saint-Guillaume, sur lequel se trouve un lac. Saint Guillaume, duc d'Aquitaine, l'un des preux de Charlemagne, s'étoit retiré sur cette montagne, et lui a donné son nom.

Chorges, à quatre lieues d'EMBRUN et à trois lieues de GAP, est l'ancienne capitale des Caturiges, dont le territoire s'étendoit depuis les Alpes Cottiennes jusqu'à *Fines*, aux environs de GAP. Ce lieu, d'abord simple station, *mansio*, devint une cité considérable sous les premiers empereurs. Les antiquaires de la province prétendent que l'église de ce bourg étoit un temple de Diane. L'aspect des lieux et les vestiges que l'on rencontre donnent lieu de croire que près de là s'élevoit autrefois une citadelle qui dominoit la ville, dont elle étoit séparée par une enceinte de murs et par un fossé. A l'est et au midi du bourg actuel, s'étendoit la cité romaine, dont les débris couvrent le sol sur une longueur de dix-huit cents pieds environ et une largeur de trois cents pieds. Des fragments de colonnes se rencontrent devant les maisons modernes, et y servent de bancs; des fûts, des chapiteaux d'une belle architecture ont été trouvés dans les décombres. Sur l'esplanade, devant l'église, on voit un bloc de marbre qui paroît avoir servi de piédestal à une statue érigée à Néron. Les deux inscriptions latines gravées sur ce piédestal prouvent l'importance qu'avoit la capitale des Caturiges sous cet empereur, qui, la neuvième année de son règne, accorda aux habitants de cette ville, comme à ceux d'EMBRUN, le droit de latinité, privilége autrefois réservé à l'Italie.

Des vestiges antiques ont été découverts sur un autre point des environs d'EMBRUN, au bourg de Savines, qui passe pour avoir été, sous la domination romaine, le chef-lieu des Savincates, dont il est fait mention dans les inscriptions de l'arc de triomphe de Suze.

Dans la vallée du Guil, la petite ville de Guillestre a des souvenirs non moins anciens. Pline la cite au nombre des bourgades qui entreprirent en vain de s'opposer à l'entrée d'Auguste dans la Gaule. Au milieu de la plaine qui l'entoure, et sur le plateau de la Chalp, on remarque un des rares monuments que le culte druidique a laissés dans le Dauphiné. C'est un menhir de dix pieds de hauteur, en forme de cône renversé.

Au confluent de la Durance et du Guil, sur la route d'Embrun au Mont-Genèvre, on aperçoit, au sommet d'une montagne escarpée, la petite ville de Mont-Dauphin et la forteresse du même nom, que Louis XIV fit construire par Vauban, en 1694, pour couvrir le Dauphiné du côté du Piémont. Ce lieu n'offre plus aucune trace du moyen âge. Cependant on y voyoit au xiie siècle un château appelé *Castrum Dulphin*, appartenant aux comtes de Forcalquier, et fortifié depuis par les Dauphins. Il en est fait mention dans la chronique de Gervais de Tilbury. Il ne reste plus rien depuis longtemps du monastère de Notre-Dame de Chalmes, qui s'élevoit dans une vallée près d'Eygliers; mais les crêtes des rochers voisins sont couvertes des ruines de manoirs féodaux, que les historiens n'ont point cités, et dont le nom même s'est effacé de la mémoire des hommes.

Briançon, en latin *Brigantium* ou *Brigantio*, a une origine fort ancienne. Pline attribue la fondation de cette ville à des Grecs venus des bords du lac de Come; et des écrivains du pays citent comme un fait à l'appui de cette opinion quelques vestiges des mœurs grecques observés dans les environs, notamment la pyrrhique, que les jeunes gens du Pont de Cervière, situé sous la ville, dansent avec des épées nues, le jour de la fête de saint Roch. Suivant une tradition, c'est par la vallée de Briançon que Bellovèse, du temps de Tarquin l'Ancien, et, quatre siècles plus tard, Annibal, franchirent les Alpes pour entrer en Italie; mais cette opinion ne s'accorde pas avec le témoignage de tous les historiens.

Sous Jules César, le roi Cottius, qui faisoit sa résidence à Suse, et qui a donné son nom aux Alpes Cottiennes, possédoit douze cités, entre autres Briançon, et Rame, dont on voit encore le château en ruine, dans un site pittoresque, à quatre lieues de cette ville. On assure que ce Cottius prépara si bien la défense de ses défilés, que César jugea à propos de traiter avec lui pour obtenir passage. Une convention faite entre l'empereur Auguste et Cottius associa ce dernier à l'empire, et donna aux habitants de BRIANÇON et de Rame les droits de citoyens romains. Converties, dit-on, au christianisme par saint Nazaire et saint Celse, les vallées briançonnoises eurent à souffrir une sanglante persécution que les anciennes légendes placent sous Néron, mais qui est certainement bien postérieure à cette époque. Les paysans montrent encore sur le sommet de la montagne du Grand Arias, les tombes innombrables des martyrs. Cornélia-Salonina, femme de l'empereur Gallien, se réfugia à BRIANÇON, vers l'an 260, après que son fils Saloninus eut été tué par Posthume. Ce fait est attesté par plusieurs inscriptions. En 312, Constantin passa par cette ville pour aller combattre en Italie Maxence, dont les troupes avoient pénétré jusqu'à Suse. Quelques années après, les lieutenants de Constance vinrent par la même route attaquer Magnence, qui fut défait, comme nous l'avons dit, à Mons Séleucus, aujourd'hui la Bâtie Mont-Saléon. En 355, Julien, qui n'étoit alors que César, traversa BRIANÇON pour aller combattre dans la Gaule les Germains qui en ravageoient les frontières.

Ce fut dans le château de BRIANÇON que l'illustre saint Ambroise, qui étoit parti de Milan pour aller baptiser à Vienne Valentinien II, fut informé de la mort de cet empereur.

A la chute de l'empire d'Occident, les habitants de cette ville surent, dit-on, se maintenir indépendants durant plusieurs siècles, à l'abri de leurs montagnes. Théodoric, roi des Goths, traita avec les Briançonnois pour le passage des Alpes, lorsqu'il vint dans la Gaule secourir Gondebaud contre Clovis. Vers l'an 570, une armée de Lombards qui avoit pénétré dans ces vallées, et y portoit la dévastation et la lèpre, fut taillée en pièces par Mummole, patrice de Bourgogne, entre BRIANÇON et EMBRUN, dans un lieu appelé encore aujourd'hui la plaine des Barbares, en patois *Plano dei barbari*.

BRIANÇON passa sous la domination des empereurs d'Allemagne. Il fut cédé en fief, l'an 1155, à Guigues V, comte du Graisivaudan, par

Frédéric Ier, avec le bourg de Rame et le marquisat de Césane, en
Piémont. C'est depuis lors que les dauphins prirent le titre de princes de
BRIANÇON et de marquis de Césane. Sous le gouvernement de ces princes,
les habitants de la ville et du bailliage fournissoient un contingent militaire pour le service du souverain. Ils prenoient tous les armes, si on
les dispensoit de franchir les limites de leur territoire, tandis qu'ils ne
fournissoient plus que cinq cents hommes, si les levées sortoient du
pays. La moitié de ces hommes, d'après les statuts de la ville, devoient
être armés d'arcs et de flèches, et l'autre moitié de lances garnies de
pennons en suffisante quantité; tous équipés « de pourpoints, de pots
de fer, d'haubergeons à mailles, d'épées, de poignards et d'autres objets
nécessaires. » Les priviléges que les dauphins leur avoient accordés ne
reçurent que de légères atteintes pendant les trois siècles que dura le
pouvoir de ces princes; et ils furent renouvelés en 1343, dans des actes
publics, où on lit que les syndics et procureurs des communautés et
habitants du Briançonnois accordent « rémission pleine et entière au
« seigneur dauphin... de tous les manquements, torts, griefs et in-
« jures que le dit seigneur, son père et ses aïeux et auteurs, d'heureuse
« mémoire, auroient pu commettre envers les dites communautés et
« habitants, tant pour le passé que pour le présent. »

BRIANÇON, qui avoit pour devise : *Petite ville et grand renom,* fut
brûlé dans les guerres religieuses de la fin du XVIe siècle, et incendié
de nouveau en 1624 et 1692. Ce dernier désastre n'a laissé debout aucun monument du moyen âge qui mérite d'être cité. Cette ville, élevée
à près de quatre mille pieds au-dessus du niveau de la mer, est entourée d'une triple enceinte de murs, et dominée par sept portes. Ses
principales fortifications communiquent avec la ville par un pont d'une
seule arche, hardiment jeté sur le précipice au fond duquel mugit le
torrent de la Clarée. Une inscription rappelle que ce pont a été construit par les ordres du maréchal d'Asfeld, en 1734.

En face de la ville, et sur la montagne du Poirelle, on remarque la
petite chapelle de Notre-Dame des Neiges, placée dans la situation la

plus pittoresque, à plus de six mille pieds au-dessus de la plaine. De cette hauteur, la vue plonge entre deux remparts de monts glacés, sur le val des Fées, et s'étend jusqu'au pic de l'Aiguille noire.

Le Mont-Genèvre, nommé par les poëtes et les auteurs les plus anciens *mons Janus,* parce qu'il étoit consacré à ce dieu, et par d'autres écrivains *mons Genua,* est l'*Alpis Cottia* de la Table de Peutinger; on l'appeloit aussi *Matrona* ou *Saltus Matronæ,* parce qu'une dame romaine y avoit, dit-on, perdu la vie en tombant dans un précipice.

C'est probablement par le Mont-Genèvre que Bellovèse, et plus tard Brennus, traversèrent les Alpes. Après bien des controverses, les meilleurs commentateurs de Polybe et de Tite-Live ont à peu près démontré que les Carthaginois, sous la conduite d'Annibal, prirent la même route pour descendre en Italie (1). Jules César, les empereurs Magnence, Constance et Julien, Charlemagne, et, en 1494, Charles VIII, la suivirent également. Ce dernier prince, qui alloit à la conquête du royaume de Naples, avoit avec lui, si l'on en croit quelques historiens, près de six cents canons, nombre considérable sans doute, mais qui peut s'expliquer par la petitesse du calibre des pièces, et le peu de matériel que comportoit l'artillerie à cette époque. A son retour, il laissa son artillerie et ses munitions de guerre au château d'Exilles. Le maréchal de Berwick s'étant fortifié au Mont-Genèvre, en 1709, pour empêcher le duc de Savoie de pénétrer une seconde fois dans le DAUPHINÉ, tailla en pièces douze cents hommes de l'armée ennemie, près de la Vachette.

Le bourg de Mont-Genèvre est ancien. On y a trouvé des ruines d'édifices et une inscription qui établissent que sur l'emplacement qu'il occupe fut autrefois une cité de quelque importance. Mont-Genèvre, en effet, après avoir été la première ville de la Gaule transalpine en ve-

---

(1) Nous avons parlé dans notre Introduction de l'opinion suivant laquelle l'armée carthaginoise auroit passé le Mont-Cenis; toutefois, il faut remarquer que Pompée, en écrivant au sénat, dit avoir ouvert ce chemin, qui n'étoit pas, ajoute-t-il, celui d'Annibal, *aliud atque Annibal.* Appien dit la même chose de cette montagne : « *non per Annibalis illud memoratum iter.* »

nant de Rome, lorsque Exilles, *Ocelum,* étoit, du temps de Jules César, le dernier point de la Gaule citérieure ou cisalpine, devint la première ville de cette même province citérieure lorsque Adrien réunit le Mont-Janus à l'Italie. Ruinée par les barbares lors de la chute de l'empire d'Occident, elle est réduite depuis cette époque à l'état de simple bourg. Le dauphin Humbert II y fonda, en 1340, un hospice, qui a été remplacé au commencement de 1807 par une nouvelle maison hospitalière desservie par les frères Trappistes, et placée aujourd'hui sous la direction du curé de Mont-Genèvre.

Le village de Saint-Martin de Queyrières, situé dans la position la plus pittoresque, au pied d'une colline demi-circulaire, a une jolie église consacrée à saint Martin, évêque de Tours, et qui est antérieure au xivᵉ siècle. Il en est fait mention dans un acte du 5 juin 1360, par lequel Henri de Villars, archevêque de Lyon, gouverneur du DAUPHINÉ, crée à Saint-Martin de Queyrières un *mendaire,* officier tout spécial au Briançonnois, et dont la principale charge étoit de veiller à la réparation et à l'entretien des chemins.

L'Abessée est le nom d'une montagne, près de laquelle les chroniqueurs du pays font encore passer Annibal, et qu'ils appellent pour cette raison *Saltus Annibalis;* ils attribuent dès lors aux Romains une muraille flanquée de trois tours rondes, que ceux-ci auroient fait construire pour fermer aux Carthaginois l'entrée de la vallée : c'est là une supposition tout à fait dénuée de vraisemblance. Mais ce qui paroît certain, c'est l'origine romaine de l'ancien château, dont on voit les ruines à droite de l'Abessée. Ces remparts étoient connus dans le moyen âge sous le nom de *la Bâtie,* c'est-à-dire *Bastille,* redoute, lieu fortifié; ils ont servi longtemps de limite entre le comté de Forcalquier et le Briançonnois, comme on le voit par des actes de 1248 et de 1408. Du côté de la Vallouise sont encore les restes de trois tours. La muraille étoit appuyée contre un rocher près de la Durance; de là elle remontoit au Pertuis-Rostaing, près duquel on en aperçoit distinctement des vestiges, et s'étendoit jusqu'à un rocher à pic, défendue à chacune de ses extrémités par un château fort. Ces constructions ont sans doute été élevées sous les premiers successeurs d'Auguste, lorsque les Romains fortifièrent les passages des Alpes.

La Vallouise ou Val-Louise s'appeloit, avant le xve siècle, Valpute, *Vallis Putea.* Elle porte ce nom dans divers actes par lesquels plusieurs églises de cette vallée furent cédées à la prévôté d'Oulx, en 1120, 1148 et 1183. Une bulle du pape Célestin III, datée de 1194, la désigne de la même manière. C'est dans le Valpute que se réfugièrent les Vaudois sous Humbert II. L'archevêque d'EMBRUN eut recours aux puissances temporelles pour les en chasser. Le dauphin donna ordre au bailli et aux officiers du Briançonnois de prêter main-forte au prélat, et dès ce moment commencèrent contre les habitants ces déplorables rigueurs, qui, suspendues pendant plus d'un demi-siècle, recommencèrent sous Charles VIII. A son avénement au trône, Louis XII envoya en DAUPHINÉ son confesseur, Laurent Bureau, et l'archidiacre d'Orléans, chargés de vérifier le procès des Vaudois. Ceux-ci s'acquittèrent de cette mission avec zèle, malgré les obstacles suscités par le parlement de GRENOBLE et l'archevêque d'EMBRUN, qui refusoient de représenter les pièces de la procédure. Il fallut employer contre eux les censures ecclésiastiques. Enfin, le roi, instruit des excès odieux qu'avoient commis les inquisiteurs, ordonna, par lettres du 22 octobre 1501, de rendre aux Vaudois leurs biens confisqués, et de ne plus les inquiéter à l'avenir. C'est depuis lors, dit-on, que la vallée de Valpute fut nommée *Vallouise,* pour perpétuer le nom du bienfaiteur avec la mémoire du bienfait; mais ce nom se rencontrant déjà dans un acte daté du règne de Charles VIII, prédécesseur de Louis XII, on ne sauroit admettre cette tradition, et il y a lieu de penser que le nom de Vallouise se rapporte à l'époque où Louis XI séjourna dans le DAUPHINÉ. L'église du village de la Vallouise a été bâtie au commencement du xive siècle, par les dauphins, sur l'emplacement d'un édifice plus ancien. Elle est vaste, et offre quelques détails d'ornementation qui ne sont pas indignes d'intérêt.

On voit aux environs du village les ruines d'une muraille flanquée de tours, devant laquelle Lesdiguières fut arrêté pendant deux mois par les habitants de la vallée, appuyés d'un seul régiment.

Au fond de la Vallouise, s'élève le glacier d'Alle-Froide ou du Pelvoux, et plus loin le cône granitique du Mont-Pelvoux, séjour des neiges éternelles. C'est dans une caverne d'Alle-Froide, qu'en 1487 un grand nombre de Vaudois réfugiés furent découverts par les inquisiteurs. On y fit descendre, au moyen de cordages, quatre cents hommes armés, qui étouffèrent par la fumée ou égorgèrent, sans distinction d'âge ni de sexe, les malheureux proscrits, dont quelques-uns se précipitèrent en bas des rochers, et périrent dans leur chute. Ces lieux funestes se nomment la Baume-des-Vaudois, et le Rocher-Chapelu, parce que les chapeaux des victimes restèrent accrochés à ses parois.

Le château de Queyras, dépendant de la commune de Ville-Vieille, et situé au sommet d'une montagne à pic, existoit sous le gouvernement des dauphins. Il est mentionné comme place de guerre dans un acte du 12 juin 1339. Cette forteresse se composoit alors d'une enceinte de remparts ayant soixante-huit toises d'étendue et sept de hauteur, d'une tour carrée très-élevée, d'une chapelle et de bâtiments accessoires. On y comptoit un capitaine, un juge, un châtelain, et un mendaire, ou officier chargé de l'entretien des chemins. Appelée dans les titres latins *Quadratum,* et dans le langage du pays, *Quarra, Queira* et *Queyras,* elle a reçu cette dénomination de la forme quadrangulaire de sa tour principale, et ce nom s'est étendu dans la suite à la vallée tout entière qu'arrose la petite rivière du Guil. Pendant les guerres de religion, le château de Queyras a été successivement occupé par les deux partis. La Villette, un des principaux officiers de Lesdiguières, s'en rendit maître, le 9 octobre 1587. Les lieux les plus remarquables de la vallée de Queyras sont Ville-Vieille, où se tenoient les assemblées des habitants des sept villages qui formoient autrefois une espèce de communauté indépendante; Arvieux, qui avoit ses franchises et libertés particulières, comme l'atteste un acte du dauphin Humbert II, daté du 29 mai 1343; Saint-Véran, le village le plus élevé des Alpes, et qui tire son nom

d'une petite église placée sous l'invocation de saint Véran, évêque de
Cavaillon, au vi^e siècle. Suivant la légende, cette chapelle avoit été
élevée en mémoire de la victoire miraculeuse du saint évêque contre
un dragon chassé par lui des bords de la fontaine de Vaucluse, et qui
alla mourir dans le désert du Queyras, sur une montagne, au lieu
même où l'église fut construite.

A la vallée de Queyras appartient aussi l'ancien bourg de Ristolas,
dont le territoire s'étend jusqu'au mont Viso, *mons Visulus,* qui doit son
nom au vaste horizon qu'on embrasse de son sommet, d'où l'œil découvre Pignerol, Turin, Milan et plusieurs autres villes du Piémont et
du Milanez. Cette montagne servoit autrefois de limite entre les peuples
des Alpes cottiennes et les Ligures-Vagiens, qui dépendoient de la Gaule
cisalpine. Le Pô y prend sa source. Quelques constructions qu'on y
aperçoit au col de la Traversette, et que, suivant l'usage, les habitants
attribuent aux Romains, quoique leur aspect et la date de 1480 gravée
sur un rocher, attestent le contraire, démontrent l'importance qu'on
attachoit à cette position pour la célérité des transports, dans un temps
où nos relations avec l'Italie étoient devenues continuelles, et où des
troupes et des munitions de guerre traversoient fréquemment les Alpes
sous les règnes de Charles VIII et de Louis XII. On a déblayé une
voûte de plus de deux cents pieds de longueur, creusée dans le roc, et
obstruée à son entrée par des amas de rochers. Au sommet de la voûte
sont suspendus quelques anneaux qu'on présume avoir dû servir à sup-
porter des lanternes; et aux deux côtés il existe, d'espace en espace, des
cavités où, selon toute apparence, on retiroit les mulets, lorsque d'autres
venoient à leur rencontre. Cette route, aujourd'hui entretenue, est la
plus courte de celles qui conduisent du Queyras dans les vallées du
Piémont.

Nous ne quitterons pas cette partie du DAUPHINÉ sans signaler aux
voyageurs les sites ravissants du Lautaret et les sauvages beautés du lac
de l'Échouda, des Vigneaux, des glaciers du Cusset et de la Grave,
de la cascade de la Frau et du Pas de la Mort.

Valence.

La ville de VALENCE, sur le Rhône, *Valentia* ou *Civitas Valentiorum*, est mentionnée pour la première fois par Pline, qui lui donne le titre de colonie romaine. On ne sait rien de son origine, et le silence de l'histoire à cet égard a laissé le champ libre aux conjectures des vieux chroniqueurs. Les uns ont attribué la fondation de cette ville aux Phocéens, qui lui auroient donné le nom de *Romé* (courage), en mémoire d'une victoire remportée sur les habitants du pays; dénomination traduite plus tard par le mot latin *Valentia*, qui a le même sens. D'autres, plus hardis, affirment qu'elle a été bâtie treize siècles avant notre ère, par Romus, fils d'Allobrox, roi des Gaules; et telle étoit, au commencement du xviie siècle, l'absence de toute critique historique, même chez les meilleurs esprits, que le savant André Duchesne se contente de rapporter naïvement cette fabuleuse origine, en ajoutant qu'elle étoit de son temps fort accréditée. Il est également impossible d'affirmer, avec plusieurs historiens de la localité, que Valentia fut bâtie par Jules César ou par Auguste. Ce qu'il y a de certain, c'est que VALENCE, comprise, sous la domination romaine, tantôt dans la province viennoise, tantôt dans la province narbonnoise, étoit une des principales cités du pays des Ségalauniens, qui avoit pour limites, à l'ouest, le Rhône; au nord, l'Isère; à l'est, les montagnes des Voconces; au midi, le territoire

des Tricastins. Cette ville étoit traversée par deux voies militaires; aussi
est-elle mentionnée dans tous les itinéraires. Deux inscriptions tauroboliques trouvées dans les environs, et dont nous parlerons plus loin,
attestent que VALENCE étoit le siége d'un pontife perpétuel, ce qui est
une preuve irrécusable de son importance. Le christianisme y pénétra
de bonne heure; pas aussitôt cependant que le prétendent les chroniqueurs, suivant lesquels l'apôtre saint Paul, allant de Lyon en Espagne,
laissa dans les murs de VALENCE son disciple Rufus, fils de Siméon le
Cyrénéen, pour y annoncer la parole du Christ. Les véritables apôtres
de la foi chrétienne à VALENCE paroissent être saint Félix et ses compagnons les diacres Fortunat et Achillée, dont l'existence n'est pas douteuse, quoiqu'on ne puisse fixer d'une manière sûre l'époque à laquelle
ils ont vécu. Leur légende, dont l'authenticité a été contestée par Til-
lemont et Baillet, est pleine de poétiques et touchants détails sur leur
vie et leur martyre. VALENCE étoit déjà chrétienne lorsqu'en 354 l'empereur Constance vint la défendre contre l'invasion de Gundomadus
et de Vadomarius, qui, à la tête des *Allemani*, dont ils étoient rois,
ravageoient les frontières de la Gaule. (Ammien Marcellin.) Un concile
provincial se réunit à VALENCE le 4 des ides de juillet 374, avec l'au-
torisation de l'empereur Gratien. Parmi les vingt-deux prélats qui y
assistèrent, l'histoire cite Emilianus, qui occupoit le siége de VALENCE.
C'est le premier évêque de cette ville dont le nom soit connu. Sextus,
son successeur, souffrit le martyre lors d'une invasion de barbares
dont parlent Grégoire de Tours et Sigebert. En 408, le tyran Constantin III, qui, après s'être fait proclamer Auguste en Bretagne, avoit
rangé sous sa domination une partie de la Gaule, vint chercher dans
VALENCE un refuge contre ses ennemis. Stilicon, qui gouvernoit l'empire sous Honorius, avoit dirigé contre l'usurpateur une armée commandée par Sarus, général goth. Mais ce dernier fut mis en fuite sous
les murs de la ville par des chefs francs et bretons qui étoient venus
au secours de Constantin.

Quelques années plus tard, en 413, les Goths, conduits par Ataulfe,

ayant envahi la Gaule narbonnoise, vinrent attaquer à VALENCE Jovin
et Sébastien, qui l'un et l'autre avoient pris la pourpre. Ces deux
prétendants ne purent résister à Ataulfe; leurs têtes furent tranchées
et envoyées à l'empereur Honorius, et les Goths dévastèrent la ville.
Bientôt après, VALENCE fut agitée par des discordes civiles. Maximus,
son évêque, se livra à des désordres qui soulevèrent contre lui toute
la province. Accusé d'homicide, il avoit été appliqué à la torture par
les tribunaux séculiers; convaincu ensuite de partager les erreurs des
Priscillianistes, il abandonna son siége pour se soustraire au jugement
de ses frères. Ceux-ci l'ayant dénoncé au pape Boniface Ier, ce
pontife le cita à comparoître devant un concile réuni à VALENCE,
en 419. Le silence des documents contemporains nous laisse ignorer
quelle fut la décision de cette assemblée; mais il y a lieu de croire que
Maximus parvint à se disculper, car il est cité avec son titre d'évêque
dans une bulle de l'an 452, par laquelle le pape Léon place le diocèse
de VALENCE sous la juridiction de la métropole de Vienne.

C'est sous l'épiscopat de Maximus, vers 440, que l'histoire mentionne
une invasion d'Alains qui, sous la conduite de Sambida, leur roi, s'emparèrent de tout le Valentinois, dont les plaines désertes, et tant de
fois ravagées, leur furent abandonnées par le général romain Aëtius.
Les Alains s'établirent dans le pays, et y résidèrent pendant cinquante
ans environ.

En 574, Zobanus, chef des Lombards, après s'être emparé de la ville
de Die, assiégea VALENCE, qui fut délivrée par le patrice Mummole.
Prise par les Sarrasins en 730, et bientôt après incendiée par Charles
Martel, elle fut pillée par les Normands en 860. Vers le commencement du XIIe siècle, VALENCE, qui avoit été tour à tour enclavée dans
les royaumes de Provence et de Bourgogne, fit partie des États de
l'empire, lorsque Conrad le Salique, héritier de Rodolphe III, prit
possession des provinces comprises dans ce dernier royaume. Les
comtes de Valentinois, dont l'origine remonte à cette époque, exercèrent quelque temps, conjointement avec les évêques de VALENCE,

tous les droits de la puissance temporelle sur cette ville; mais ces deux autorités rivales ne tardèrent pas à entrer en lutte pour faire valoir leurs prétentions réciproques. Les empereurs d'Allemagne, seigneurs suzerains du Valentinois, favorisoient en général le pouvoir épiscopal, afin de s'en faire un appui contre la cour de Rome. Tel fut le motif qui détermina Frédéric Ier à concéder à l'évêque Odon, en 1178, le domaine temporel du Valentinois, et à défendre en même temps aux habitants de VALENCE de former entre eux aucune communauté, fédération ou pacte quelconque, sans le consentement de leur prélat, sous peine d'une amende de cent livres d'or, dont moitié pour le fisc impérial, et moitié pour l'évêque. Au commencement du XIIIe siècle, les habitants de VALENCE, supportant impatiemment l'autorité épiscopale, chassèrent de leur ville l'évêque Guillaume de Savoie, et organisèrent un conseil communal, composé d'un directeur, d'un magistrat chargé de la police judiciaire, et de plusieurs conseillers. Un bâtiment spécial fut destiné aux assemblées de conseil : on l'appela la Maison de la Confrérie. Tous les citoyens étoient appelés à émettre leur vote; quant aux ecclésiastiques et aux moines, qui craignirent d'encourir la disgrâce de l'évêque en approuvant la rébellion, ils furent chassés de la ville, et leurs maisons livrées au pillage. Cependant Giraut Bastet, seigneur de Crussol, ayant fait envisager aux Valentinois tous les désastres de la guerre qu'ils auroient à soutenir contre leur seigneur, assisté de nombreux et puissants alliés, les détermina à conclure la paix avec Guillaume de Savoie. Le traité signé le 29 octobre 1229 portoit que la Maison de la Confrérie scroit rasée, que les habitants ne pourroient désormais s'organiser en société sans la permission expresse de l'évêque, et qu'ils payeroient une amende de six mille marcs d'argent. Le mauvais succès de cette tentative d'affranchissement n'empêcha pas le progrès des idées d'émancipation parmi les habitants de VALENCE, et, au siècle suivant, ils obtinrent de leur évêque, mais cette fois par les voies de la modération, une charte de franchise semblable à celle dont jouissoient depuis longtemps les bourgeois de

Grenoble. A l'exemple de la capitale du Valentinois, les petites villes de Bourg-lès-Valence, de Châteauneuf-d'Isère, de Beaumont, de Mont-vendre, de Mont-Léger, et quelques autres, s'érigèrent en communes, et formèrent avec le chef-lieu une ligue pour le maintien de leurs immunités. Les bourgeois puissants de VALENCE étoient les plus fermes soutiens de cette association; ils habitoient des maisons fortes flanquées de tours, et prêtoient aux citoyens plus foibles l'assistance de leur patronage.

En 1566, les protestants de VALENCE se soulevèrent et occupèrent la ville, ainsi que toutes celles du BAS-DAUPHINÉ, qui s'étoient déclarées pour eux. Lors des massacres de la Saint-Barthélemy, de Gordes, gouverneur de la province, fut du petit nombre des hommes de bien qui eurent le courage de ne pas imiter le funeste exemple que Paris avoit donné. Beaucoup de religionnaires lui durent la vie; toutefois il ne put empêcher que plusieurs d'entre eux ne fussent massacrés à VALENCE par la multitude. Le professeur Edmond de Bonnefoy, et le savant Jules Scaliger, dont l'enseignement jetoit alors un grand éclat sur l'université de cette ville, ne furent sauvés que par le dévouement de Cujas, leur illustre collègue (1).

En 1573, Montbrun, chef du parti des réformés, essaya deux fois de s'emparer de VALENCE, où il entretenoit de secrètes intelligences; il l'attaquoit du côté de la porte Saunière, et déjà les échelles étoient appliquées au mur pour tenter l'escalade, lorsque la sentinelle, jetant le cri d'alarme, avertit la garnison, qui réussit à repousser les assaillants. On sait qu'en 1798, après l'assassinat à Rome du général Duphot, le Directoire, sous le prétexte de venger cet attentat au droit des gens, fit enlever et conduire à VALENCE le pape Pie VI, qui, arrivé dans cette ville le 14 juillet 1799, y mourut le 29 août de la même année, après quelques jours de maladie.

(1) L'université de Valence, fondée par Louis XI en 1452, jouissoit alors d'une grande réputation. Son influence diminua lorsqu'un arrêt du 26 juin 1639 eut investi l'évêque du droit de présider aux élections et aux nominations des professeurs de chacune des quatre facultés.

Il reste très-peu de vestiges de monuments romains à VALENCE. On peut cependant citer plusieurs inscriptions tumulaires d'un certain intérêt, quelques mosaïques conservées dans les cabinets des curieux, et les ruines d'une partie des remparts. C'est aussi à l'époque gallo-romaine que paroît remonter la construction de la tour Saint-Félix, située près de la porte de ce nom. Cet édifice, dont le diamètre est moindre à la base qu'au sommet, offre une inclinaison sensible; ce qui n'est pas une raison suffisante pour le comparer à la tour penchée de Pise, comme l'ont fait quelques écrivains du pays. Le peuple explique cette particularité d'une façon très-naïve et très-poétique. Il assure que, quand saint Félix entra dans VALENCE, la tour romaine s'inclina devant l'apôtre de la foi nouvelle, et qu'elle a conservé depuis lors cette attitude respectueuse.

Parmi les monuments du moyen âge que renferme VALENCE, le plus remarquable est la cathédrale, dédiée primitivement aux saints martyrs Corneille et Cyprien, et placée depuis sous le vocable de saint Apollinaire, qu'elle a conservé. Construite au XIe siècle sur l'emplacement d'un édifice plus ancien, elle fut consacrée par le pape Urbain II, en 1095, pendant le séjour qu'il fit en France, où il étoit venu prêcher la croisade. On voyoit encore en 1750 la formule de cette consécration, écrite en caractères anciens au-dessus de la porte latérale gauche de l'église. Le clocher, bâti en forme de tour carrée à quatre étages, s'est malheureusement écroulé il y a quelques années. C'étoit la partie la plus ancienne du monument. L'ordonnance extérieure de l'église est étrangement défigurée par les bâtiments de styles et de caractères divers qu'on a groupés tout autour, tels que des sacristies, des chapelles, des boutiques.

L'intérieur est d'une grande simplicité d'ornementation.

La nef, privée de tribunes, est éclairée par seize fenêtres à plein cintre, ornées de colonnettes, et soutenue par seize piliers, revêtus sur leurs quatre faces de colonnes engagées, dont les chapiteaux offrent des feuillages de style roman. Les bas côtés de la nef, presque aussi élevés que celle-ci, sont dépourvus de chapelles; mais il en existe autour de

l'abside et à chacune des deux extrémités de la croisée. Ces dernières
sont les plus grandes. Malgré les réparations considérables et les additions de très-mauvais goût qui ont été faites à cette église en 1604, lors
de sa reconstruction partielle; malgré la perte de son antique clocher,
l'ensemble de cette église a conservé un caractère remarquable de
grâce qu'elle doit à l'heureuse disposition de ses lignes. Sa longueur
extérieure, y compris la saillie des chapelles de l'abside, est de deux
cent vingt-huit pieds; sa largeur au transsept est de cent neuf pieds.
La hauteur de la nef n'excède pas cinquante pieds; mais elle étoit plus
considérable autrefois, le sol de l'édifice ayant été sensiblement élevé
depuis sa fondation.

A l'un des piliers de la nef est adossé un cénotaphe très-simple, qui
renferme le cœur et les entrailles du pape Pie VI, mort à VALENCE,
comme nous l'avons dit, en 1799. Ce petit monument, orné de bas-
reliefs représentant, d'un côté, la Religion et l'Espérance, de l'autre, la
figure en pied du souverain pontife, est surmonté d'un beau buste de
Pie VI, ouvrage de Canova.

Le chapitre de l'église cathédrale de Saint-Apollinaire exerçoit autrefois une grande influence, et possédoit de nombreux domaines. De
fréquents démélés s'élevèrent entre les chanoines de ce chapitre et leur
évêque. Ils jouissoient, comme ce dernier, du droit de battre monnoie.
Les deniers d'argent des évêques et du chapitre de VALENCE étoient fort
répandus dans la Provence et le Languedoc. Raymond d'Agiles, historien
des croisades, rapporte en avoir vu dans la Palestine. On a conservé de
ces monnoies, qui d'un côté portent une aigle à deux têtes, avec la
légende : URBS VALENTIA, et au revers une croix avec ces mots : S. APOL-
LINARIS. D'autres sont postérieures à la réunion des évêchés de VA-
LENCE et de Die : elles offrent d'un côté les mots EPS (episcopus) ET
COMES, et une croix; de l'autre une colombe aux ailes éployées, autour
de laquelle sont disposées ces lettres : VALEN. ET DIEN.

La cathédrale primitive de VALENCE étoit la vieille église de Saint-
Félix, située hors des murs. On y conservoit les reliques des saints diacres

Félix, Fortunat et Achillée. La mémoire de ces apôtres du pays étoit célébrée par des mystères ou représentations théâtrales. Des lettres patentes de Louise, régente de France, datées de 1524, nous apprennent que « les manants et habitants de la ville de VALENCE, pour préserver « et garder leur ville des pestes et autres maladies et inconvénients, et « le tenir en prospérité..., ont, par ancienne et louable observance, « accoustumé, de vingt-cinq en vingt-cinq ans, ou autre temps limité, « jouer ou faire jouer l'ystoire des glorieux saints martyrs Félix, Fortu-« nat et Achillée. » Il existe à VALENCE un manuscrit contenant un de ces curieux mystères, composé par un des consuls de la ville. L'église de Saint-Félix, devant laquelle avoient lieu ordinairement ces pieuses représentations, a été ruinée par les guerres de religion, et entièrement démolie en 1720.

Au nord de l'église cathédrale de Saint-Apollinaire, dans l'emplacement occupé autrefois par un cimetière, s'élève un petit édifice à quatre faces égales, qui servoit de tombeau à la famille de Mistral. Les angles sont flanqués de colonnes d'ordre corinthien à demi engagées. Sur les faces qui courent au levant et au couchant, s'ouvrent deux grandes fenêtres, et, sur la façade du nord, une porte ornée avec une grande délicatesse. Les massifs de chaque face sont vermiculés et semés d'arabesques et d'animaux fantastiques. La corniche, qui offre des détails précieux, est chargée des armoiries de la famille de Mistral. Une toiture à quatre faces, terminée en pointe, couronne l'édifice. La voûte sphérique, percée de baies cintrées, est assez remarquable. Elle a fait donner à ce monument le nom de Pendentif de Valence.

L'église de Saint-Jean est la plus ancienne de la ville. Les documents historiques qui la concernent sont très-rares, et n'apprennent rien de positif sur l'époque de sa fondation. Il résulte, des actes du troisième concile tenu à VALENCE en 855, que les prélats convoqués à cette assemblée se réunirent dans une maison adjacente à la basilique de Saint-Jean. Cette église existoit donc au milieu du ixe siècle. Ruinée pendant le cours des guerres de religion, elle ne fut rendue au service divin qu'en 1720, par les soins de Jean de Castellan, évêque de VALENCE. Il ne reste plus de l'ancienne construction que le rez-de-chaussée de la tour qui est sans ornements, et, aux deux côtés du porche, la naissance des voussures et des piliers qui supportoient les bas côtés de la nef. Toutes les autres parties du monument, refaites au commencement du siècle dernier, sont du plus mauvais goût.

Au lieu où est aujourd'hui la place des Clercs, il existoit autrefois une autre église de Saint-Jean, dont la fondation remontoit, dit-on, à l'époque romaine. Sa forme lui avoit fait donner le nom de Saint-Jean de la Ronde, ce qui ne permet pas de douter que ce fût dans l'origine un baptistère, et non un panthéon, comme le prétendent quelques historiens du pays, par une erreur que nous avons déjà eu l'occasion de signaler en parlant de plusieurs monuments du même genre.

Parmi les autres édifices religieux de VALENCE, le plus célèbre étoit l'abbaye chef d'ordre de Saint-Ruf, dont Duchesne parle avec admiration. « C'estoit, dit-il, l'un des plus beaux et superbes bastiments de « tout le DAUPHINÉ avant qu'elle eust esté ruinée par ceux de la reli- « gion prétendue réformée, surtout le cloistre, dont les piliers estoient « composés de marbres de plusieurs couleurs différentes et artiste- « ment élabourez et embellis de diverses figures tirées du vieil et du « nouveau Testament et de l'Apocalypse (1). » L'ordre de Saint-Ruf, fondé en 1038 à Avignon, avoit eu dans cette ville son premier monastère. Les chanoines ayant été obligés de l'abandonner au siècle suivant, à cause de la guerre des Albigeois, vinrent s'établir en 1158 à VALENCE, où l'évêque Odon leur vendit l'île de l'Épervière. Cette transaction fut approuvée par le pape Adrien IV, qui lui-même avoit été chanoine, puis abbé de Saint-Ruf. Ce fut alors que les religieux élevèrent dans leur nouvelle résidence la maison abbatiale et la vaste église dont les historiens de VALENCE vantent la beauté. Les guerres de religion n'ont laissé debout de ce monument que des fragments de

(1) *Antiquités et recherches des villes de France,* p. 836.

murailles, près desquels s'élève aujourd'hui une ferme. En 1562, l'abbaye de Saint-Ruf fut transférée dans l'enceinte de la ville, sur l'emplacement occupé auparavant par le prieuré de Saint-Jacques. L'ordre de Saint-Ruf suivoit la règle de Saint-Augustin, avec quelques institutions particulières pour la discipline. Il a fourni à l'Église un grand nombre d'hommes illustres, des cardinaux, des évêques et plusieurs papes.

A l'angle méridional de la rue Saunière, s'élevoit jadis le manoir ou le logis des dauphins, appelé le Palais royal par Belleforest. Bâti en 1450 par le dauphin Louis, depuis Louis XI, ce palais avoit remplacé un édifice plus ancien, dans lequel saint Louis avoit été hébergé, dit-on, par le dauphin de Viennois, lorsqu'il vint mettre le siége devant le château de la Roche de Glun. Le Palais royal étant tombé en ruine, les Récollets obtinrent de Louis XIII la permission de construire sur le lieu qu'il occupoit, leur maison conventuelle et une église, qui subsiste encore, et n'a rien de remarquable.

Le couvent des Dominicains, où le dauphin Humbert II venoit souvent faire de pieuses retraites, avoit été fondé en 1234 pour cent religieux. Quatre fois ses vastes salles servirent à réunir les chapitres généraux de l'ordre. Ruiné en 1562 par les huguenots, il fut reconstruit quelques années après sur un plan encore plus étendu. «Au cloître « de ce couvent, dit Duchesne, on voit le pourtrait d'un géant appelé « Buard, haut de quinze coudées, et les monstrueux restes de ses osse- « ments. » La croyance aux géants étoit fort répandue à VALENCE et aux environs. Aimar du Rivail, auteur de l'*Histoire des Allobroges*, raconte naïvement les prouesses de Curseolus, qui, ayant franchi le Rhône d'un seul bond, s'arrêta sur le rocher de Crussol, où il bâtit le château dont on voit aujourd'hui les ruines. Dans un autre couvent de la ville, on montroit aux curieux les os gigantesques de Theutobochus, guerrier de trente pieds de haut, dont le tombeau, disoit le peuple, avoit été découvert dans la seigneurie de Langon. C'étoit autrefois une opinion accréditée dans tout le Valentinois, que les pierres taillées en forme de meule de moulin, et forées au centre, que l'on rencontroit dans la campagne, avoient servi de lest aux fuseaux des femmes des géants. On trouve beaucoup d'ossements fossiles dans le pays de Valence.

Pour achever la nomenclature des principaux édifices religieux que contenoit autrefois Valence, il nous reste à nommer deux abbayes de femmes : celle de Vernaison, fondée avant le xiiie siècle à Commiers, près de Valence, transférée dans la ville, en 1516, et aujourd'hui démolie en partie; et le monastère de Soyons, dont les religieuses, établies d'abord dans le bourg de ce nom, en Vivarais, vinrent, en 1621, chercher à Valence un asile plus sûr. Ces religieuses, qui appartenoient à l'ordre de Saint-Benoît, avoient la haute, moyenne et basse justice sur leurs terres, et jouissoient de grands priviléges. Elles conservoient avec vénération les reliques de saint Venance, évêque de Viviers, auxquelles on attribuoit des guérisons miraculeuses.

Plusieurs maisons de la ville offrent de précieux vestiges de l'architecture du moyen âge et de celle de la renaissance. Une des plus remarquables est celle de M. Marc Aurel, qui appartient au xve siècle. Sa façade est décorée de sculptures exécutées de manière à produire un bon effet, de statues, de figures grotesques, et de quatre énormes têtes qui, selon les antiquaires du pays, représentent les quatre vents. Les portraits et les statues sont entourés de légendes tracées en caractères gothiques. Les arceaux du rez-de-chaussée et les fenêtres du premier étage ont été mutilés, ainsi qu'une partie de la façade : c'est une perte regrettable pour les arts.

Une autre maison très-digne d'attention est celle de M. Dupré-la-Tour, rue de la Pérollerie. Elle ne présente à l'extérieur aucun ornement sculpté. La porte d'entrée donnant sur la rue est décorée d'une simple corniche, au-dessous de laquelle se voit la trace d'armoiries depuis longtemps effacées. Les fenêtres étoient divisées en quatre parties par des croisillons ou meneaux de pierre qu'on a enlevés il y a trente ans. C'est dans une cour intérieure que se trouve l'escalier dont la jolie porte est représentée dans nos dessins. Les deux piliers placés de chaque côté, et les chapiteaux qui les surmontent, sont ornés de médaillons, de figures, d'arabesques sculptées avec le plus grand soin. Une guirlande de feuillage très-bien conservée entoure la baie de cette porte. Au-dessus règne une frise élégante, aux deux extrémités de laquelle sont deux bustes, l'un de femme, l'autre de jeune homme, presque de grandeur naturelle. Entre ces bustes se développent sur toute l'étendue de la frise trois sujets très-distincts, que nous croyons empruntés tous trois à la mythologie. Le bas-relief du milieu, qui est le plus grand, représente un personnage en costume du xvi⁰ siècle, étendu au pied d'une fontaine, la tête appuyée sur le coude, et regardant trois femmes nues et debout placées devant lui. L'une de ces femmes tient dans sa main une pomme; toutes trois portent un collier à médaillon. Entre le chevalier et le groupe de femmes un cheval harnaché paroît derrière une touffe d'arbres. De l'autre côté de la fontaine, un homme coiffé d'un bonnet ailé, et tenant à la main un sceptre, ou peut-être le caducée, regarde attentivement la scène qui se passe devant lui. Cette scène est évidemment pour nous le Jugement de Pâris. Le bas-relief placé à gauche représente deux satyres soulevant le voile qui recouvroit une femme endormie, et près de laquelle sont deux enfants ou deux amours. Ce n'est peut-être qu'une de ces scènes si souvent répétées de nymphes surprises par des satyres; peut-être aussi est-ce la fable de Jupiter et Antiope, qui a exercé le pinceau du Corrége et de tant d'autres peintres. Marc Antoine a gravé un sujet analogue. Le bas-relief de droite offre deux personnages, un homme et une femme dans l'attitude de la course. L'homme, vêtu en guerrier, coiffé du bonnet phrygien, entraîne la femme, qui regarde derrière elle. C'est probablement l'Enlèvement d'Hélène. Au-dessus de l'entablement, deux anges à genoux soutiennent un écusson octogone, sur lequel étoient gravées les armes aujourd'hui effacées des propriétaires de cette maison. Plus haut, et près d'un pilastre cannelé, placé à droite de la croisée du premier étage, on lit en chiffres arabes la date de 1522, qui est celle de la construction de l'édifice.

Châteauneuf d'Isère, village situé sur la rive gauche de cette

rivière, à trois lieues de Valence, passe pour avoir été une ville
ou au moins une station assez importante sous la domination romaine. On y a fréquemment trouvé des objets d'antiquités. C'est là
qu'a été découvert en 1786, près de l'ancienne voie romaine qui conduisoit à Tain, l'autel taurobolique qu'on voit aujourd'hui à Valence, où il a été transporté. La face principale du monument, sur
laquelle est sculptée une tête de taureau presque effacée, offre l'inscription suivante : M. D. M. I. TAVROBOL. DENDROPHOR. VAL SVA P. F (1).

Sur les autres faces sont représentés les attributs de Cybèle et les
emblèmes des sacrifices : une pomme de pin, un vase sans anses, une
patère, un gâteau sacré, le bonnet d'Atys, une tête de bélier, un pé-
dum et un rameau de l'arbre cher à la déesse du mont Ida.

Près du lieu où fut trouvé cet autel, il y avoit très-anciennement
un pont sur l'Isère, que les vieux titres nomment *le pont de la Déesse.*
On l'avoit sans doute désigné ainsi depuis que ce taurobole y avoit été
érigé à la Mère des dieux.

Sur l'éminence au pied de laquelle est situé le village de Châteauneuf, s'étendent les ruines du château où naquit saint Hugues, évêque
de Grenoble, mort en 1032. La citerne du manoir est bien conservée,
et sert encore à recevoir les eaux pluviales.

La jolie ville de Romans, qui occupe une position pittoresque sur la
rive droite de l'Isère, n'est pas d'une haute antiquité, quoique de vieux
chroniqueurs, entre autres Aymar du Rivail, n'aient fait aucune difficulté
de lui donner pour fondateur Romus, fils d'Allobrox et petit-fils du roi
Priam. Les documents historiques qui présentent le plus de certitude ne
font remonter l'origine de cette ville qu'aux premières années du IXe siècle.

Saint Bernard, ou plutôt Barnard, quarante-neuvième archevêque de

---

(1) *Matri Deorum magnæ Idææ taurobolium dendrophorus Valentiæ sua pecunia fecit* : « A
la Mère des dieux, la grande Idéenne, le dendrophore de Valence a fait ce taurobole à ses
frais. » On appeloit dendrophore (porte-arbre) le personnage qui, dans les cérémonies,
ouvroit la marche en tenant à la main une branche de l'arbre consacré à la divinité dont on
célébroit la fête.

Vienne, après avoir passé sa vie dans les orages politiques, étoit devenu un des plus vertueux prélats de l'église de France. Cherchant la solitude pour y pleurer ses fautes et sa rébellion contre Louis le Débonnaire, il vint fonder en 837, sur les bords de l'Isère, un monastère dont il fut le premier abbé, et où il mourut l'an 842. Autour de cette abbaye, dédiée à saint Pierre et aux apôtres, mais qui prit bientôt le nom de son pieux fondateur, s'élevèrent d'abord quelques habitations, puis un bourg qui devint une ville. Pourquoi cette cité naissante reçut-elle le nom de Romans? C'est ce qu'il a été jusqu'ici impossible de découvrir. Suivant quelques auteurs, cette dénomination vient de ce que près de là, et avant la construction du monastère de Saint-Barnard, il existoit un oratoire dédié à saint Romain. Selon d'autres, saint Barnard ayant placé sa communauté sous l'autorité immédiate du saint-siége, on l'appela dès son origine *l'abbaye Romaine* (abbatia Romana), nom qui dans la suite s'étendit à la ville elle-même.

Confiée à la double sauvegarde du souverain pontife et des empereurs, l'abbaye de Saint-Barnard eut de bonne heure des protecteurs puissants. Sa réputation étoit déjà étendue sous le règne de Charles le Chauve. Suivant l'usage du temps, ce prince lui confirma tous les bienfaits qu'elle avoit reçus, lui en accorda de nouveaux, et l'assujettit à la primatie de l'église métropolitaine de Saint-Maurice de Vienne. On lit dans l'acte qui fut dressé à ce sujet, que saint Barnard, ayant découvert près de sa ville archiépiscopale les corps des martyrs Severin, Exupère et Félicien, les avoit fait transporter dans son abbaye. Il y eut depuis lors entre Romans et Vienne nécessité de rapports fréquents. Les archevêques de la métropole prirent le titre d'abbés du nouveau monastère, et lorsque celui-ci eut été érigé, au commencement du Xe siècle, en chapitre riche et puissant, les noms de saint Maurice et du bienheureux Barnard, joints ensemble, devinrent la légende du sceau des chanoines romanois :

† SANCTI MAVRITII † signum M·I CAPITVLI † ECCLESIA B. BARNARDI
DE ROMANIS.

Les habitants du nouveau bourg de Romans s'étoient multipliés
rapidement sous la protection des religieux. En 1133, Guigues IV, comte
du Graisivaudan, qui étoit en guerre avec l'archevêque de Vienne, prit
et brûla en partie ce bourg déjà fort agrandi. Redevenus maîtres de
Romans peu de temps après, les chanoines et les habitants se réunirent
pour l'entourer de murs. La sûreté de cette clôture, l'influence bien-
faisante du chapitre, surtout l'attrait des *bonnes coutumes,* c'est-à-dire,
des priviléges accordés aux citoyens, accrurent encore la population, au
point qu'il devint nécessaire de construire une nouvelle enceinte de
murailles en 1167.

L'an 1271, Amédée de Roussillon, archevêque de Vienne, vint mettre
le siége devant Romans qui s'étoit révoltée contre son autorité, et fit
détruire le pont de l'Isère; mais, après de vains efforts, il fut obligé de
se retirer. En 1341, cette ville fut assiégée et prise sur le dauphin Humbert II. Un traité, signé et rompu, suivi de nouvelles hostilités, attira
sur elle un nouveau siége l'année suivante, et elle fut contrainte d'ouvrir ses portes au vainqueur. Néanmoins Humbert ne fut seigneur que
de la moitié de la ville; l'autre moitié continua d'appartenir au chapitre. Le dauphin, maître de Romans, en fit sa résidence ordinaire.
Pendant qu'il y séjournoit, sa tante Ysarne des Baux, convaincue d'avoir
assassiné Ponce de Malvoisin, son mari, fut condamnée à être brûlée
vive. L'exécution eut lieu le 6 février 1347, près des ormes de Romans.
C'est par un traité signé dans cette ville le 30 mars 1349, que le dauphin fit donation de ses États au roi de France. Pendant les guerres de
religion, cette ville fut le théâtre de scènes sanglantes, et sept de ses
citoyens périrent dans le massacre du 25 août 1572, malgré les efforts
de Gordes, gouverneur de la province.

Romans se recommande à l'attention des archéologues par un monument d'un grand intérêt, l'ancienne église collégiale de Saint-Barnard,
dont nous venons de raconter la fondation. Ce remarquable édifice
offre deux caractères d'architecture tout à fait distincts. Les murs de la
nef et de la façade d'entrée, depuis la base jusqu'à une élévation de

trente-six pieds, sont les restes de la première basilique, bâtie, comme
nous l'avons dit, au ixe siècle. A cette hauteur, une construction plus
récente se trouve entée sur l'ancienne, et forme la partie supérieure de
la nef. On reconnoît très-bien la ligne de soudure des deux maçonneries,
et lors même que les formes architecturales ne révéleroient pas deux
styles différents superposés dans les murs latéraux, on les distingueroit
à l'inspection des pierres de taille qui en forment les parements. Le
chevet et la croisée de l'église sont d'une seule venue, et construits, depuis la base jusqu'au faîte, à la même époque que les parties supérieures de la nef.

A l'intérieur, les ornements de style ogival dominent, et frappent surtout le spectateur. Une belle nef de trente-trois pieds de largeur présente
à droite et à gauche de vastes travées séparées par des accouplements
de colonnes. A trente-six pieds au-dessus du sol, un double rang de
tribunes se développe sur tout le périmètre de l'édifice, et lui forme
une ceinture de cent soixante arcades en ogive, d'un effet ravissant. Les
constructions romanes qui occupent les parties inférieures des murs de
la nef sont peu apparentes. Elles se composent d'arcades plein cintre
à deux étages, autrefois ouvertes, maintenant bouchées. A peine recon-
noissables à l'étage inférieur, elles sont plus visibles au-dessus. La saillie
qu'elles forment sur le mur est de huit pouces; leurs pieds-droits sont
décorés de seize colonnes, dont les chapiteaux, bien conservés, offrent
les uns des feuillages, les autres des figures grotesques. Cinq de ces
chapiteaux sont surtout remarquables. Le premier est un groupe d'animaux, le second une réunion de petites statues, le troisième un double
mascaron; dans le quatrième, l'artiste a représenté l'Annonciation, et
dans le cinquième la Justice divine tenant d'une main un glaive et de
l'autre une balance.

La décoration toute romane du portail se compose de deux pilastres,
de six colonnes, et de quatre statues surmontées d'un riche couronnement. Les statues, qui représentent les quatre évangélistes, reposent sur
un bas-relief fort dégradé, où l'on distingue des lions dévorant des

hommes, symbole encore inexpliqué, dont nous avons eu plusieurs fois l'occasion de rechercher le sens mystérieux, d'abord en 1825, dans l'explication du frontispice de notre description de la Franche-Comté, et plus tard dans notre Voyage en Languedoc, publié en 1833, lorsque nous avons décrit l'église abbatiale de Saint-Gilles. Les lions dévorant des hommes représentent-ils le martyre des premiers chrétiens? Est-ce un emblème de la force de l'Église militante, emprunté par le christianisme aux mythes de l'antiquité orientale? c'est ce qu'il a été jusqu'à présent impossible de déterminer. M. Mérimée pense que ces ornements, quelquefois, ne sont pas autre chose qu'une réminiscence toute matérielle de l'art des peuples anciens. M. Didron y voit un symbole chrétien. L'ouvrage publié par Ciampini sous le titre de *Vetera monimenta* aide peu à résoudre la question; cependant cet auteur cite quelques bas-reliefs dans lesquels le lion lui paroît être la figure du Démon, selon cette parole de l'Écriture sainte : *Diabolus tanquam leo rugiens circuit, quærens quem devoret.* (S. Petri epist. I, cap. v, 8) (1). Si les lions dévorants ne sont point ici l'emblème de Satan, ils peuvent faire allusion aux premiers martyrs. Suivant l'opinion de M. Lajard, ce seroit la représentation de mystères de l'antiquité passés dans le christianisme. S'il faut en croire M. Lenormant, qui nous a communiqué son opinion à ce sujet, les artistes chrétiens peuvent bien avoir emprunté au paganisme quelques types propres à rendre leurs idées, et entre autres celui du lion dévorant un taureau, un cerf ou un homme, mais il faut chercher dans l'Écriture seule l'explication de ces sortes de groupes qui se rencontrent dans les monuments chrétiens. Or, si l'on ne peut nier que dans ces trois cas le lion ne soit employé comme le symbole du péché et du Démon, néanmoins il semble permis d'affirmer que presque toujours le lion est pris *en bonne part*, même quand il est représenté dans l'action de *dévorer sa proie*. Pour comprendre le sens de ces allégories, il faut remonter à leur point de départ, qui est

____

(1) Ciampini, *Vetera monimenta*, Rome, 1690, in-folio, tome I, pag. 33.

l'assimilation de *Juda* à un *lion* dans la prophétie de Jacob : *Catulus leonis Juda : ad prædam, fili mi, ascendisti; requiescens accubuisti ut leo et quasi leæna; quis suscitabit eum?* (Gen., XLIX, 9). C'est à ce *lion de Juda* que la royauté éternelle est promise : *non auferetur sceptrum de Juda,* ajoute immédiatement après le texte sacré : « Jésus-Christ, descendant de *David,* roi de *Juda,* est le vrai monarque dont la royauté ne doit point finir. » On comprend donc que le lion soit devenu pour *Salomon* l'emblème de la justice royale, et que ce prince ait rendu ses sentences *inter leones : fecit etiam rex Salomon thronum de ebore grandem.... et duæ manus hinc atque indè tenentes sedile : et duo leones stabant juxta manus singulas.* (III Reg., x, 18, 19). Salomon étant devenu lui-même le type de la justice, on conçoit que les évêques, qui prétendoient avec raison exercer les fonctions judiciaires avec plus d'équité que les cours séculières, aient mis, comme Salomon, un lion de chaque côté de leur trône épiscopal. Mais n'oublions pas que le lion de Juda, par lequel il faut toujours commencer, *s'élançoit sur sa proie, ad prædam ascendisti.* Voyez ensuite cette image développée par Ézéchiel, en parlant de la *puissance des rois de Juda : Qui incedebat inter leones, et factus est leo : et didicit prædam capere et homines devorare* (XIX, 6. cf. 4, *et didicit capere prædam hominemque comedere*). *Le lion dévorant même un homme* n'étant donc dans le langage du prophète que l'image de la *puissance redoutable* d'un roi, cette image a dû naturellement passer dans les allégories chrétiennes du moyen âge, à *Jésus-Christ, roi tout-puissant,* dont les rois de Juda, dans toute leur gloire, n'étoient que l'ombre et la figure. Cette opinion de M. Lenormant réunit en sa faveur toutes les conditions de probabilité. Les figures des apôtres n'offrent presque plus rien de distinct; mais les autres parties de la décoration sont mieux conservées. Trois colonnes ont le fût taillé de cannelures droites ou torses, inspiration antique que l'on rencontre particulièrement dans l'architecture romane du midi de la France. Une quatrième colonne est ornée de feuilles et simule le tronc du palmier; les trois autres sont entièrement unies. Les chapiteaux de ces colonnes ne présentent pas moins de variété;

les uns sont chargés de feuillages, ceux-ci de figures d'hommes, ceux-là
d'animaux fantastiques. La corniche est très-riche; le ciseau du sculpteur l'a couverte de palmettes, de feuilles et de fleurons mariés avec
intelligence. En général, tout ce travail est d'une grande délicatesse.

On n'observe à l'extérieur aucune autre construction romane. L'ensemble de l'édifice offre partout ailleurs le style ogival. C'est un immense vaisseau en forme de croix latine, dont la longueur totale est
de près de deux cents pieds depuis le chevet jusqu'à l'entrée principale,
sur une largeur de cent onze pieds entre les extrémités de la croisée,
et une hauteur de quatre-vingt-trois pieds. Les murs présentent de
grandes surfaces lisses, sur lesquelles se détachent des pilastres carrés et
de larges fenêtres gothiques; des cordons saillants en divisent la hauteur, et à quelques-uns de leurs angles sont attachées des tourelles
octogones. Il est vraiment affligeant que ce monument si digne d'intérêt soit défiguré par une mauvaise construction qu'on s'est avisé d'ap-
pliquer contre la façade méridionale, et dont l'aspect est on ne peut
plus choquant.

A gauche du portail, et près du mur de la nef, s'élève un clocher
rectangulaire, dont la construction est de la même date que les parties
supérieures de l'édifice. Sa base est formée de grandes assises de pierre
de taille, et son sommet percé de belles fenêtres en ogive, décorées
de colonnettes engagées. A droite s'ouvre la chapelle du Saint-Sacrement, située à l'angle de la nef et de la croisée. L'architecture de cette
chapelle indique une époque un peu postérieure à celle des autres
parties ogivales de l'église. Ses ornements sont plus fleuris, plus feston-
nés, ses colonnettes plus élancées, ses ogives plus hardies; c'est le
caractère du XIIIe siècle. La voûte au-dessus de l'autel mérite surtout
l'attention; huit de ses arêtes, venant reposer sur une seule colonne
placée au centre, produisent l'effet le plus pittoresque. Les clefs de
voûte sont toutes sculptées; dans quelques-unes la pierre est découpée
en feuillages avec un art exquis. Il est à regretter qu'un badigeonnage
ait été appliqué récemment sur les murs de cette jolie chapelle.

A gauche de la nef, une seconde chapelle assez profonde recouvre, dit-on, le tombeau de saint Barnard. Du même côté, on voyoit, il y a cinquante ans, une troisième chapelle, dite des Pénitents, dont il ne reste plus que des débris; mais près de là on trouve intact un morceau de sculpture qui n'est pas sans intérêt. C'est une colonne dont le fût, de huit pieds de hauteur, représente un tronc d'arbre garni de branches, auquel sont adossés Adam et Ève. Entre ces deux figures, le serpent tentateur se développe en replis sinueux depuis la base jusqu'au sommet de la colonne. Le chapiteau, soutenu par le groupe principal, porte en relief une douzaine de petites statues, parmi lesquelles on distingue le Rédempteur tenant dans ses mains le fruit de la science du bien et du mal. Autour du Christ, l'artiste a placé des apôtres, des martyrs, et les saintes femmes Marthe et Marie, dont les noms sont gravés sur le tailloir du chapiteau.

Tout ce qui, dans l'église de Saint-Barnard, appartient au XIIIe siècle, paroît être dû aux libéralités de l'archevêque de Vienne, Jean de Bournin, mort en 1266. Ce prélat, qui aimoit le séjour de Romans, voulut être inhumé dans l'église qu'il avoit restaurée. Son épitaphe le prouve, contrairement à l'opinion de plusieurs écrivains, suivant lesquels cet archevêque auroit eu sa sépulture dans la cathédrale de Vienne. Cependant les fouilles pratiquées récemment dans l'église de Saint-Barnard n'ont fait découvrir aucune trace du tombeau de Jean de Bournin (1).

Le cloître de l'abbaye, attenant à l'église du côté de l'Isère, sans offrir rien de bien remarquable sous le rapport de l'exécution architecturale, n'est pas sans prix aux yeux de l'archéologue. C'est une construction romane, peut-être contemporaine des plus anciennes parties de l'église. On voit encore, sous deux vastes arcades, le passage qui donnoit accès du cloître dans la nef, en traversant la chapelle du Saint-Sacrement.

Il existoit à Romans un autre édifice religieux assez célèbre. C'étoit

______

(1) Voy. *Fragments d'une notice inédite sur l'église de Saint-Barnard de Romans,* par M. Giraud, député. 1844. Broch. in-8°.

le couvent des cordeliers, fondé, en 1212, par Aymar et Guillaume
de Poitiers, seigneurs de Saint-Vallier, enrichi par les libéralités de cette
puissante famille, et par celles du dauphin Guigues André. Leur église,
achevée en 1279, pillée par le baron des Adrets en 1562, incendiée
en 1567, et reconstruite partiellement quelques années plus tard, étoit
vaste et magnifique. Elle a été détruite entièrement en 1793.

Romans est la patrie de Floquet, troubadour fameux du XIIIe siècle,
de Michel Servant, avocat général au parlement de Toulouse, et de
l'infortuné Lally Tollendal.

A Saint-Nazaire, bourg situé dans une contrée riante et pittoresque, sur la Bourne, à peu de distance du pont de Rochebrune, le
voyageur visite avec intérêt une curieuse grotte, presque aussi remarquable que celle de Notre-Dame de la Balme. Elle forme plusieurs
avenues de rochers, dont les parois sont ornées de merveilleuses sta-
lactites; au fond de la plus grande de ces avenues, se trouve un lac
souterrain qui alimente la belle fontaine de Tai. Le château de Saint-
Nazaire a soutenu plusieurs siéges pendant les guerres de religion. Il
ne reste plus que les murs démantelés du donjon qui dominoit et
défendoit le bourg.

A Peyrins, un château gothique, mieux conservé que celui de Saint-
Nazaire, fixe l'attention de l'archéologue, aussi bien que la petite
église dans laquelle on voit le tombeau sculpté d'un chevalier de la
famille du Puy Montbrun, inhumé en 1297. Mais, de toutes les demeures féodales de cette contrée, la plus remarquable, après Saint-
Vallier, dont nous parlerons tout à l'heure, est le manoir de la Roche-
chinard, dont les ruines s'élèvent au milieu des bois, sur un roc inac-
cessible qui s'avance en forme de long et étroit promontoire. Cette
forteresse, concédée jadis par les dauphins à la famille d'Alleman, servit,
dit-on, de prison, en 1483, à Djem ou Zizim, fils de Mahomet II, et com-
pétiteur malheureux de son frère Bajazet au trône de Constantinople.
On sait que Zizim, défait dans les plaines de Syrie, et poursuivi par les
troupes de son frère, étoit allé chercher un asile chez les chevaliers de

Rhodes. Ceux-ci, par un article secret d'un traité fait avec Bajazet, s'engagèrent, moyennant 45,000 ducats, suivant l'historien turc Séad-Eddin, à garder en leur pouvoir le prince qui s'étoit confié à leur foi. Ils le remirent entre les mains d'un commandeur de l'ordre, Charles Alleman, qui débarqua son prisonnier à Nice, et l'emmena en Savoie, puis en DAUPHINÉ, où on le conduisit au château de la Rochechinard, appartenant à Barrachin Alleman, frère du commandeur. Là, Zizim eut l'occasion de voir Hélène de Sassenage, dont il devint amoureux. Un écrivain du pays, Gui Allard, a fait de cet amour le sujet d'un roman, imprimé en 1670 sous le titre de : *Zizimi, prince ottoman, amoureux de Philippine-Hélène de Sassenage, histoire dauphinoise.* Ce petit ouvrage ne brille ni par le style, ni par le charme de l'invention. En montant aux ruines de Rochechinard, on voit les restes d'une terrasse étroite qui domine la pointe la plus avancée du rocher. S'il faut en croire la tradition, cette terrasse étoit contiguë à l'appartement occupé par le frère de Bajazet. De là il apercevoit l'Isère, la forêt de Claix, et, dans le lointain, le château de la Bâtie, habité par Hélène de Sassenage. Après la mort de Louis XI, Charles, duc de Savoie, ayant paru disposé à favoriser l'évasion du captif, et à lui donner les moyens de passer en Hongrie, le grand maître de Rhodes en avertit le commandeur, et lui donna ordre d'éloigner son prisonnier des frontières de Savoie. C'est alors que Zizim fut emmené à Bourganeuf en Auvergne, où il passa plusieurs années sous la garde de Blanchefort, autre dignitaire de l'ordre. Envoyé ensuite en Italie, il languissoit dans les prisons d'Alexandre VI, lorsque Charles VIII, étant entré à Rome en conquérant, lui rendit la liberté Mais l'indigne pontife, pour s'acquitter, dit-on, de la promesse impie qu'il avoit faite à Bajazet de ne point laisser échapper son frère vivant, fit empoisonner Zizim à Terracine. Suivant Séad-Eddin, ce crime fut commis par un barbier au moyen d'un rasoir empoisonné, et, malgré les soins que lui fit donner Charles VIII, le malheureux prince succomba à d'atroces souffrances en arrivant à Naples.

Le bourg du Grand Serre a une ancienne forteresse ruinée, dont les murailles ont plus de dix pieds d'épaisseur. L'église, qui appartient à l'époque ogivale, est assez vaste, et présente de jolis détails. Au nord-est de l'édifice est une chapelle de forme ronde, qui servoit d'oratoire et de tombeau aux seigneurs du pays.

La petite ville de Saint-Donat portoit le nom de *Jovinciacum* lorsqu'elle fut donnée à l'évêque de Grenoble par un diplôme de l'empereur Louis, fils de Boson, en 890. C'est là que se retira, en 954, Isarn, évêque de Grenoble, chassé de son diocèse par les barbares. Lorsque le dauphin Humbert II fit don, en 1349, de ses États à la France, il se réserva la forteresse de Saint-Donat. Cet ancien château, où mourut, en 1395, la comtesse Béatrix de Genève, domine la ville et toute la vallée qu'arrose la petite rivière de l'Herbasse. On voit encore dans l'église le marbre qui recouvroit la tombe de Béatrix, près de laquelle fut inhumé, en 1419, son fils, le cardinal Amédée de Saluces, évêque de VALENCE et de Die. Il y avoit aussi à Saint-Donat un chapitre célèbre, fondé en 730, et qui renfermoit les reliques du saint patron de la ville. Il n'en reste plus aucune trace. Les amis de notre ancienne littérature se souviennent que Saint-Donat est la patrie d'Augier, un des meilleurs troubadours du XIIe siècle.

Au confluent du Rhône et de la Galaure, s'élève, à l'entrée d'une jolie vallée, la petite ville de Saint-Vallier, patrimoine de la maison de Poitiers, une des plus anciennes et des plus illustres du DAUPHINÉ. C'est là que s'assemblèrent, en 1188, les chevaliers du Valentinois avant leur départ pour la troisième croisade. Le château de Saint-Vallier, où naquit, suivant quelques historiens, Diane de Poitiers, étoit une des demeures favorites de cette femme célèbre; elle l'aima presque à l'égal du château d'Anet. Cet édifice conserve quelques vestiges des embellissements qu'elle y fit faire. Sa forme accuse le XVe siècle, mais la façade a été refaite sous Louis XIV, les jardins agrandis et dessinés par le Nôtre.

A quelques lieues de Saint-Vallier, au bourg de l'Étoile, on cherche en vain une autre demeure non moins chère à la duchesse de Valentinois, et que Louis XI avoit habitée avant elle. Le château de l'Étoile a fait place à une usine; mais les murs qui entouroient le bourg subsistent encore.

La petite ville de Tain, qui occupe l'emplacement d'une station romaine, indiquée dans la Table théodosienne sous le nom de *Tegna*, avoit un très-ancien prieuré de Bénédictins, dans l'église duquel l'archevêque de Lyon bénit, en 1350, le mariage de Charles, fils de Jean, duc de Normandie, et petit-fils de Philippe de Valois, avec Jeanne de Bourbon. Cette église sert aujourd'hui de paroisse; elle est voisine d'un vieil ermitage, fondé en 1226, et près duquel on a trouvé, à diverses époques, des tombeaux et d'autres vestiges d'antiquités. La plus célèbre de ces découvertes est celle qui fut faite au XVI⁰ siècle d'un autel taurobolique romain, qu'on a placé depuis 1724 au milieu d'une petite place ou promenade bordant la route. Ce monument n'a pas moins d'intérêt que celui de même nature, qui de Châteauneuf d'Isère a été transporté à VALENCE, et dont nous avons parlé. C'est un autel de forme carrée, d'une hauteur d'environ quatre pieds, y compris la base de la corniche, et de deux pieds et demi seulement hors d'œuvre. Sa largeur est de deux pieds trois ou quatre pouces, et son épaisseur à peu près égale. Du milieu de la plate-forme partent deux canaux arrondis destinés à l'écoulement du sang des victimes. Au milieu de sa face principale est sculptée une tête de taureau; sur la face droite on distingue une tête de bélier; du côté opposé, le bas-relief représente le couteau du sacrificateur. Une inscription gravée sur la face antérieure, et séparée en deux parties par la tête du taureau, atteste que ce taurobole a été érigé afin de perpétuer la mémoire d'un sacrifice offert à Cybèle, l'an 184 de notre ère, pour la conservation de l'empereur Commode et de sa famille, et pour la prospérité de la colonie de Lyon. Ce sacrifice commença le 20 avril, et ne se termina que le 23. Il donna lieu à de grandes solennités, et attira un nombreux concours de spectateurs. Une particularité qui ajoute à l'intérêt de ce taurobole, c'est que le nom et les titres de Commode ont été effacés de l'inscription, lorsque, à la mort de cet empereur, un décret du sénat ordonna de faire disparoître des monuments publics tout ce qui pouvoit rappeler son souvenir.

Le bourg d'Albon, bâti près de la rive gauche du Rhône, est dominé par les ruines du château de ce nom, berceau de la puissance des comtes du Graisivaudan. Il reste encore de cette antique forteresse une tour, d'où la vue s'étend au loin sur le cours du Rhône.

Sur le territoire du village d'Anneyron, au nord de la petite rivière de Bancel, l'archéologue visite avec intérêt les vestiges de l'ancien château de Mantaille, où se tint, le 15 octobre 879, le concile qui donna le royaume de Bourgogne à Boson, gouverneur de Vienne. Six archevêques, dix-sept évêques et presque tous les grands de la province viennoise, se trouvèrent à cette assemblée. Placé au milieu d'une forêt, ce château fut longtemps un rendez-vous de chasse et une maison de plaisance des rois de Bourgogne; il passa ensuite aux archevêques de Vienne, qui le fortifièrent. Le gouverneur du DAUPHINÉ s'empara de Mantaille, au nom du roi-dauphin en 1401, lors des différends survenus entre ce prince et l'archevêque de Vienne au sujet de la temporalité du chapitre. Mais au mois de février de la même année, le prélat étant venu en personne mettre le siége devant la forteresse, l'attaqua avec tant de vigueur, qu'il la reprit au bout de quelques heures, et retourna le soir même à Vienne, où il fit son entrée triomphale aux flambeaux. Ce ne fut que trois ans après, en 1404, que Mantaille retomba au pouvoir des troupes royales, qui le livrèrent aux flammes, et ravagèrent tous les environs. Ce château occupoit le sommet d'une colline escarpée; autour du bâtiment principal se développoit une double muraille, dont l'enceinte extérieure n'avoit pas moins de neuf cents pieds de circonférence. Ce lieu est maintenant couvert de bois; on arrive avec peine, en traversant des remparts écroulés, aux ruines du château éparses au milieu des broussailles. On ne distingue plus que quelques voûtes encombrées de débris, un pan de mur très-épais, dont le faîte indique la coupe d'un bâtiment, et un puits d'une grande profondeur.

A trois lieues au nord de VALENCE, sur la pointe d'un rocher qui s'avance dans le Rhône, on remarque d'autres ruines qui rappellent aussi des souvenirs historiques: ce sont les restes du château de la Roche de Glun. Le rocher sur lequel ce château est assis n'est séparé de la rive gauche du fleuve que par une trouée établie pour faciliter la navigation; lorsque les eaux sont basses, on découvre au pied du roc les fondations du mur d'enceinte, dont la maçonnerie n'a éprouvé aucune dégradation, quoique le Rhône vienne s'y briser avec impétuosité depuis des siècles. Dans les temps féodaux, le château de la Roche de Glun étoit une forteresse importante qui a soutenu plusieurs siéges. En 1248, Roger de Clérieu en étoit seigneur, et y avoit établi un péage, qu'il voulut exiger de saint Louis, lorsque le pieux roi descendoit à Aigues-Mortes, où il alloit s'embarquer pour la terre sainte. Saint Louis fit le siége du château, et, malgré une résistance vigoureuse, cette forteresse tomba au pouvoir des croisés, qui la rasèrent; mais le seigneur ne tarda pas à la rétablir. Voici comment Joinville raconte cet événement : « Et ay bien souvenance que dessus le Rhône, à la rive, nous « trouvasmes un chasteau qu'on appeloit la Roche-Gluy, lequel chas- « teau le roy avoit fait abattre, pour ce que le sire du chasteau, qu'on « appeloit Rogier, avoit grant bruit de détrousser et de piller les mar- « chans et pellerins qui là passoient. »

Le château de Montelégier ou Montléger, qui appartenoit aux sires de Sassenage, a conservé ses tours du moyen âge, flanquées de constructions modernes. Ce château figure dans l'histoire des guerres religieuses du Dauphiné. En 1575, les huguenots s'en étant emparés après la mort de Montbrun, Gordes, lieutenant général au gouvernement de la province, marcha contre eux avec deux pièces d'artillerie et attaqua la forteresse le 26 octobre; mais, le soir du même jour, les assiégés sortirent par la poterne du château, et réussirent à s'ouvrir un passage au milieu des troupes catholiques.

Chabeuil, petite ville bâtie sur la rive gauche de la Véoure, et dominée par la tour ruinée de son ancien château, remplace, selon d'Anville, le *Cerebelliaca* mentionné dans les itinéraires entre Valence et Aoste. C'est dans les environs de Chabeuil que l'empereur Constantin fit préparer une expédition pour repousser les barbares qui s'avançoient dans la Gaule vers 355, expédition dont Julien l'Apostat eut le commandement, et dans le cours de laquelle il parvint à l'empire. Vers 1208, Gontard, seigneur de Chabeuil, soutint un siége dans son château contre l'évêque de Valence, qui s'empara de la forteresse, et fit Gontard prisonnier. L'église de Chabeuil, dont la fondation remontoit à une époque reculée, fut détruite pendant les guerres de religion, et reconstruite au commencement du xvii siècle, aux frais d'un seigneur de Soyans. C'est ce que nous apprend l'inscription suivante gravée sur le mur de l'église :

> L'hereticque m'a desmolye
> Et Soyans m'a restablye.
> 1602.

L'abbaye du Léoncel, de l'ordre de Cîteaux, fondée en 1137 dans un riant vallon entouré de hautes montagnes, mérite l'attention des archéologues. Les bâtiments claustraux n'offrent plus que des ruines informes; mais l'église du monastère, qui sert de paroisse au village du Léoncel, n'est pas la moins intéressante des environs de Valence.

Sur la rive droite de la Drôme, dans une des plus riantes contrées du Dauphiné, s'élève, au milieu d'une enceinte de vieilles murailles, flanquées de tours, l'ancienne cité épiscopale de Die, *Dea Vocontiorum,* une des plus riches de la province en vestiges d'antiquité. Principale ville des Voconces, Die fut élevée au rang de colonie romaine sous Auguste. Quelques historiens ont cherché l'origine du nom de Die, *Dea,* dans la protection accordée à cette cité par Livie, femme d'Auguste, que l'adulation du sénat avoit placée parmi les déesses. Il est plus vraisemblable qu'elle doit cette dénomination à Cybèle, qu'on y honoroit d'un culte particulier, comme l'attestent un grand nombre d'autels tauroboliques élevés à Die en l'honneur de la Mère des dieux.

La Grande Déesse y avoit d'ailleurs un temple orné de riches co-

lonnes de granit, dont quelques-unes décorent actuellement l'ancienne
église cathédrale. La garde de ce temple et les cérémonies du culte de
Cybèle à Die étoient confiées à des flamines qui partageoient avec leurs
femmes la dignité du sacerdoce. On institua, en outre, dans la capitale
des Voconces, un collége de six prêtres en l'honneur d'Auguste. La porte
Saint-Pierre, par laquelle on arrive à Die, en venant de Saillans, est
un reste de construction romaine. On y lisoit autrefois une inscription
portant que Sextus Vencius Inventianus, prêtre d'Auguste, agrégé au
corps des citoyens, et élevé à la dignité de sénateur de Lyon, avoit
obtenu des Voconces les honneurs d'une statue, à cause de sa grande
libéralité pour les spectacles et les jeux publics. A gauche, hors de la
même porte, est un lieu que le peuple appelle *Palat;* on croit que
c'est l'emplacement de l'antique palais. Un peu plus loin, et tout près
des remparts, on reconnoît les vestiges des aqueducs qui amenoient à
Die les eaux de Romayer et de Valcroissant.

La porte Saint-Marcel, avec ses deux tours, est un arc de triomphe,
auquel furent ajoutées, dans le moyen âge, des constructions qui
contrastent avec ce qui reste de cet édifice. L'arc est d'un fort beau
dessin, et sa voûte ornée de roses et de festons. La façade extérieure
est dépourvue de tout ornement; mais on remarque sur la façade intérieure une tête de bœuf au milieu, et de chaque côté une figure de
triton. Les archéologues ne sont point d'accord sur la date de ce monument. Les uns conjecturent qu'il a été élevé à Domitius Ænobarbus,
en mémoire de sa victoire sur quelques-uns des peuples du midi de la
Gaule; selon d'autres, il auroit été destiné à rappeler le triomphe de
Marius sur les Teutons, ou celui de l'empereur Constance sur le tyran
Magnence. L'absence de toute inscription et de tout signe caractéristique
rend cette question à peu près insoluble aujourd'hui.

Sur la porte d'une maison particulière, on distingue un bas-relief
bien conservé, qui représente des vendangeurs; au-dessus de l'entrée
d'une autre maison, est un médaillon offrant le portrait d'un jeune
homme, que l'on croit être Drusus, fils de Tibère.

On a découvert, à diverses époques, dans plusieurs quartiers de la ville, des vases et des mosaïques d'une belle exécution. Ces antiquités, et particulièrement les inscriptions romaines de Die, ont été recueillies et décrites dans un assez grand nombre d'ouvrages, parmi lesquels nous nous bornerons à citer les *Discours historiques* d'Aymar du Périer, publiés à Lyon en 1610, un savant travail de Lancelot, inséré dans le tome VII des *Mémoires de l'Académie des inscriptions et belles-lettres*, les *Annales encyclopédiques* de Millin, la *Statistique du département de la Drôme*, par M. Delacroix, et surtout le mémoire de M. Long, sur les antiquités du pays des Voconces, savant travail couronné par l'Académie des inscriptions et belles-lettres, et inséré dans la collection des *Mémoires des savants étrangers*, 2ᵉ série, tome II.

Dès les premiers temps de l'introduction du christianisme dans les Gaules, Die devint le siége d'un évêché. Quelques écrivains mentionnent son premier évêque sous l'année 220; mais on sait que la plus grande incertitude règne sur l'histoire ecclésiastique de la Gaule avant le ivᵉ siècle. Nicaise, qui assista au concile de Nicée, en 325, peut être considéré comme le premier des évêques de Die dont l'existence soit historiquement démontrée.

Après la chute de l'empire, cette ville, occupée quelque temps par les Lombards, qui s'en emparèrent vers 574, passa successivement au pouvoir des Bourguignons, des empereurs d'Allemagne et des sires de Poitiers, comtes de Valentinois et de Diois. Sous ces diverses suzerainetés, les évêques exercèrent l'autorité temporelle; mais ce ne fut pas sans avoir de fréquents démêlés, tantôt avec les comtes de Valentinois pour la possession des fiefs de leur église, tantôt avec les bourgeois organisés en commune, qui réclamoient et cherchoient à étendre leurs priviléges. Ces luttes vinrent parfois sanglantes, et les annales de l'église de Die constatent que, dans une émeute populaire, le 3 septembre 1222, l'évêque Humbert IV périt assassiné à l'une des portes de sa cathédrale, appelée depuis la porte Rouge. Ces guerres cruelles, sans cesse renouvelées, furent, selon plusieurs historiens, le principal des motifs qui décidèrent le pape Grégoire X, en 1275, à réunir l'évêché de Die à celui de VALENCE, dans le but de placer entre les mains d'un seul évêque des moyens plus puissants de repousser à la fois les agressions des comtes de Valentinois et celles des citoyens de Die. Ceux-ci, affranchis d'une surveillance importune, et soutenus par le chapitre de la cathédrale, qui refusa plusieurs fois de se soumettre aux ordres d'un évêque pris hors de ses rangs, se maintinrent dans une sorte d'indépendance jusqu'au commencement du xve siècle, époque de la réunion des comtés de Valentinois et de Diois à la couronne de France. Après les guerres de la féodalité vinrent les troubles religieux. Die fut une des villes du DAUPHINÉ qui eurent le plus à en souffrir. Montbrun tenta vainement de s'en emparer en 1573; mais, quatre ans plus tard, elle tomba au pouvoir des réformés, qui y commirent toutes sortes d'excès. Maugiron les en expulsa en 1581; mais, en 1585, ils s'en rendirent maîtres de nouveau, et rasèrent la citadelle par ordre de Lesdiguières. L'avénement de Henri IV au trône ramena dans cette ville, avec la paix, l'étude des sciences; les protestants y fondèrent une académie où l'on enseignoit jusqu'aux langues orientales, et qui fut supprimée à la révocation de l'édit de Nantes.

L'église de Die, malgré le titre de cathédrale qu'elle a porté jadis, présente peu d'intérêt aujourd'hui, au point de vue archéologique. L'ancien édifice a été détruit en partie pendant les guerres de religion; mais il subsiste encore quelques vestiges de la construction première. Les parties refaites datent de 1673, et n'offrent rien de remarquable, à l'exception des belles colonnes de granit qui forment le péristyle, et de celles qui supportent les voûtes des divers étages du clocher. Ces colonnes ont évidemment appartenu à un des monuments antiques de la ville.

Ce qui reste des bâtiments de l'évêché est d'une date ancienne, et mérite d'être visité. Dans la salle des archives, on voit un très-curieux pavé en mosaïque, qui a beaucoup d'analogie avec celui qui ornoit le chœur de Saint-Remi de Reims, et dont nous avons parlé en décrivant

cette belle église. Ce pavé représente quatre têtes d'animaux qui jettent
de l'eau, pour désigner les quatre fleuves bibliques du paradis terrestre :
le Tigre, l'Euphrate, le Phison et le Gihon, dont les noms sont inscrits
à côté de leurs symboles. D'autres compartiments contiennent des poissons, des plantes, des oiseaux. Cette précieuse mosaïque paroît avoir
été transportée dans la salle où on la voit aujourd'hui. C'est probablement un débris de la cathédrale.

On remarque aux environs de Die les ruines de l'abbaye du Valcroissant, situées à une lieue et demie de la ville, dans une contrée couverte
de bois, qui offre les sites les plus pittoresques. Près de là s'élèvent plusieurs châteaux anciens, qui rappellent des souvenirs historiques. C'est
d'abord le manoir de Sainte-Croix ou des Grâces, où demeura, dit-on,
Diane de Poitiers; puis la forteresse d'Aix, que le marquis de la Tour
du Pin Gouvernet fit construire au xvıᵉ siècle avec les débris de la
cathédrale de Die; le château de la Salle, ancienne maison de plaisance
des évêques du diocèse; celui de Pontaix, au pied duquel se donna,
en 1575, un combat sanglant, où fut pris le célèbre du Puy Montbrun,
général des Huguenots.

Luc en Diois, *Lucus Augusti*, *Lucus Vocontiorum*, modeste bourg situé
dans les montagnes, sur la Drôme, à quatre lieues de Die, étoit autrefois une ville, et une des plus anciennes du Dauphiné. Capitale de
la partie du pays des Voconces baignée par la Drôme, Luc devint
une des cités municipales des Romains après la conquête des Gaules,
et rivalisa longtemps avec Die. On lit dans Tacite que le général Fabius
Valence, revenant en Italie avec son armée pour y soutenir le parti
de Vitellius, qui disputoit l'empire à Othon, exerça contre Luc, en traversant le pays des Voconces, toutes sortes de rapines et de brigandages.
Cette ville déclina rapidement: au temps de Constantin, ce n'étoit plus,
comme on le voit par l'*Itinéraire de Bordeaux à Jérusalem*, qu'une simple *mansio*, où les voyageurs pouvoient se retirer et loger la nuit. Luc
a néanmoins conservé quelques vestiges de sa grandeur passée, des
fragments de marbres précieux, des statues mutilées, des vases, des

médailles, ont été trouvés à diverses époques sur son territoire. La colonne qui orne la fontaine du bourg est surmontée d'un chapiteau antique, et le bassin est une pierre tumulaire sur laquelle on lit une inscription en caractères romains du Ier ou du IIe siècle de notre ère.

Quelques auteurs ont avancé que l'ancienne ville de Luc avoit été submergée par les eaux de la Drôme lorsqu'elles formèrent, en 1450, un lac qu'on voit dans son voisinage; mais c'est une erreur. Le bourg occupe l'emplacement même de l'antique cité, et le lac est à la distance d'une demi-lieue.

Saillans, autre ville des anciens Voconces, agréablement située dans la vallée de la Drôme, n'est pas, quoi qu'en ait dit Chorier, l'ancien *Solonium*, qui fut pris par le propréteur Pontinius, sous le consulat de Cicéron, dans la révolte des Allobroges rapportée par Dion Cassius et Tite-Live. Solonium ne peut appartenir aux Voconces. La lecture des historiens prouve que l'événement dont il s'agit s'est passé à une grande distance des rives de la Drôme. Plusieurs inscriptions trouvées à Saillans font penser avec plus de vraisemblance, comme le remarque M. Long, que cette petite ville est l'ancienne *Darentiaca* que l'Itinéraire de Bordeaux à Jérusalem place à douze milles d'Aouste, et à seize milles de *Dea*, Die.

En suivant le cours de la Drôme, avant d'arriver à Crest, on rencontre le bourg d'Aouste ou Aoste, *Augusta*, qui étoit une des colonies militaires établies chez les Voconces sous le règne d'Auguste. Aouste a soutenu plusieurs siéges, notamment en 1277, dans la guerre entre l'évêque de VALENCE et le comte de Valentinois, et, en 1586, contre Lesdiguières. Derrière l'église, qui n'a d'ailleurs rien de remarquable, on voit, engagé dans un mur, un autel antique, sur lequel se lit une inscription funéraire très-bien conservée.

Un habitant d'Aouste possède dans son jardin un autre autel antique, carré, haut de deux pieds et demi; un cerf est grossièrement sculpté sur l'une des faces du monument, qui est en pierre dure, sans inscription. Suivant toute probabilité, c'est un autel votif consacré à Diane.

Le village de Vercheny, *Vetus-Cheynetum*, est dominé par les ruines imposantes du château de Baris, bâti sur un rocher escarpé. Ces ruines, par leur étendue, annoncent l'importance de cette forteresse, qui fut assiégée et prise par Amédée de Roussillon, évêque de VALENCE et de Die, au commencement du XIIIe siècle. On trouve à Vercheny beaucoup de médailles et de sépultures romaines. Le bassin de la fontaine de ce village est un sarcophage antique.

La petite ville de Crest, située à peu près au centre de la belle vallée de la Drôme, paroît devoir son nom à la position qu'elle occupe sur la crête d'un monticule. Elle est dominée par les ruines d'un ancien château qui défendoit le passage de la Drôme, et faisoit de cette ville une des plus fortes places du Valentinois. Le donjon de ce château subsiste encore dans son entier, et fixe l'attention par sa forme, sa hauteur, sa solidité et la hardiesse de sa construction. Ce donjon, connu sous le nom de Tour de Crest, est de forme carrée, et n'a pas moins de cent cinquante pieds d'élévation; chaque face a plus de quatre-vingts pieds de largeur, et l'épaisseur des murs, à la base, est de près de dix-huit pieds. Au XIVe siècle, la forteresse de Crest passoit pour imprenable; elle appartenoit alors aux Aymar, comtes de Valentinois, sous la mouvance des évêques de Die. Pendant la guerre des Albigeois, les Aymar soutenant les intérêts du comte de Toulouse, les hommes d'armes de la garnison de Crest détroussoient les pèlerins et tous ceux qui, ayant pris la croix pour combattre les hérétiques, alloient rejoindre l'armée commandée par Montfort. Celui-ci mit plusieurs fois le siége devant le château. Repoussé en 1209 et 1213, il finit par s'en emparer en 1217; mais ce ne fut qu'après avoir mis dans ses intérêts Arnaud d'Aydie, qui commandoit dans la place. Crest et son château furent encore investis, en 1345, par Pierre de Chastellux, évêque de VALENCE, à la tête d'un corps d'armée que le belliqueux prélat conduisoit lui-même. L'évêque poussa le siége avec vigueur, mais sans succès. Forcé d'abandonner l'assaut, il se disposoit à la retraite, lorsque ses troupes et celles du comte de Valentinois, se trouvant tout à coup en présence, en vinrent aux mains. Les épiscopaux eurent le dessous; ils perdirent deux cents hommes laissés sur le champ de bataille et un bon nombre de prisonniers. Pendant les guerres de religion, les réformés essayèrent à leur tour de se rendre maîtres de cette importante forteresse. Lesdiguières échoua contre la citadelle en 1576; une nouvelle attaque très-vive, mais infructueuse aussi, eut lieu en 1580, comme le constate une inscription incrustée dans les remparts, du côté de l'hôpital. Le château de Crest resta au pouvoir des catholiques jusqu'au moment où Clermont-Montoison, qui y commandoit pour la Ligue, le rendit au roi Henri IV, en 1589. Démoli en partie sous Louis XIII, et réduit au donjon et à quelques ouvrages d'art peu considérables, le château, depuis cette époque, a servi successivement de prison d'État et de maison de correction.

L'église paroissiale offre sur ses murs extérieurs deux inscriptions qui remontent au moyen âge. La plus intéressante pour l'histoire du pays porte la date de 1198. C'est le texte latin d'une charte par laquelle Aymar de Poitiers, comte de Valentinois, affranchit les habitants de Crest, et les constitue en commune. Au-dessus de la porte de cette église, qui s'ouvre sur la rue des Cordeliers, on remarque un bas-relief représentant la ville et le château tels qu'ils étoient en 1598.

On a découvert en 1828, près de Crest, de grands fragments de mosaïque, un strigile en ivoire et deux bustes en marbre blanc, dont l'un, représentant un homme barbu, porte sur le socle une inscription grecque, suivant laquelle ce buste seroit celui du poëte Ibycus fait par Praxitèle; mais c'est une supercherie grossière : tout dans cet ouvrage annonce une époque de décadence; on y reconnoît la manière de la fin du IIIe siècle. En 1839, d'autres fouilles ont été faites au même endroit. Elles ont amené la découverte d'une tête d'enfant en marbre et d'une inscription votive. Longtemps auparavant on avoit trouvé aussi sur cet emplacement un buste du poëte Philétas, maître de Théocrite. Ce morceau de sculpture, à peu près du même style que l'Ibycus dont nous venons de parler, a été transporté au musée de Lyon.

Les environs de Crest offrent plusieurs localités dignes d'intérêt. Urre ou Eure, village de la vallée de la Drôme, à une lieue de cette ville, occupe l'emplacement de l'ancienne *Horrea,* où les Romains avoient, dit-on, établi un de leurs principaux magasins de subsistances. Il est entouré de murailles démantelées, et son château, possédé jadis par une famille puissante au moyen âge, ne présente plus que des ruines. Vaunaveys, en latin *Vallis navigium,* doit ce nom, selon quelques écrivains, à sa situation sur un rocher qui a la forme d'un vaisseau renversé. Sur le territoire de ce village, la charrue retira d'un champ, il y a quelques années, des objets d'une haute antiquité. C'étoit, entre autres, une statue de Mercure représenté nu, avec le pétase surmonté de deux ailes. De la main droite il tenoit une bourse, et sur son épaule gauche étoit attachée une chlamyde qui lui enveloppoit le bras; son attitude étoit celle d'un homme qui marche. On trouva aussi au même endroit de petits coqs en bronze, des cassolettes et des javelots d'une forme particulière. Le bourg de Grane est dominé par les ruines d'une ancienne forteresse qui étoit une des plus importantes de cette contrée pendant les guerres de la féodalité, et plus tard pendant les troubles religieux. C'est dans ses murs que l'amiral Coligny plaça son artillerie après le siége qu'il étoit venu mettre devant Montélimar avec le roi de Navarre, à la suite de la bataille de Moncontour. A Allex, *Aleusia,* on remarque les restes de deux tours carrées dont la construction paroît être de la fin du xv⁰ siècle, et qui ont soutenu plusieurs siéges sous Charles IX et sous Henri III. Chabrillan, situé presque en face d'Allex, de l'autre côté de la Drôme, et près de Grane, rappelle le nom d'une des plus illustres familles du DAUPHINÉ. Cette seigneurie, après avoir été possédée jusqu'en 1340 par la première maison de Chabrillan, passa dans celle de Beaumont, dont l'héritier, François de Beaumont, la vendit en 1360 à Aymar de Poitiers, comte de Valentinois et de Diois. Le dauphin Louis, depuis Louis XI, qui avoit succédé, comme nous l'avons dit ailleurs, aux domaines des comtes de Valentinois, céda Chabrillan, par un acte du 6 mai 1450, à Antoine de Moreton, en échange de la seigneurie de

Pierrelatte. Avant 1789 ce bourg contenoit plusieurs couvents et autres
édifices religieux. Il n'y reste plus aujourd'hui que trois églises : Saint-
Jacques, qui en est la paroisse; Saint-Julien, où l'on remarque, dans la
chapelle des fonts baptismaux, la tombe de Sébastien Guigues de Moreton, seigneur de Chabrillan, mort en 1592; et Saint-Pierre, monument fort ancien, de style roman, qui a appartenu à l'ordre du Temple. Cette dernière église, intéressante sous le rapport de l'art, a tous
les caractères de l'architecture chrétienne de la fin du XIIe siècle. Son
plan est une croix latine bien orientée et terminée à l'est par trois
absides. A la jonction de la nef et du transsept se trouve une coupole
sur laquelle s'élève le clocher, dont la partie supérieure a été tronquée.
La nef est divisée en trois travées par des pilastres et des arcs-doubleaux. La longueur de l'église est, hors d'œuvre, de près de quatre-
vingts pieds; sa largeur, au transsept, est d'environ cinquante pieds, et
de vingt-cinq à la nef. Sa hauteur sous la voûte de la nef est de vingt-
huit pieds, et de trente-trois pieds sous la coupole. Les voûtes sont à
plein cintre, mais les arcs encastrés dans les murs latéraux de la nef
et ceux du transsept présentent une courbe légèrement ogivale. La
porte d'entrée est aussi en ogive, mais on reconnoît facilement que la
forme primitive en a été changée après coup. L'église est éclairée par six
fenêtres en plein cintre, d'une grande simplicité et sans ornement. L'abside principale est décorée intérieurement de colonnettes et d'arcades
de l'effet le plus gracieux. Parmi les arcades qui relient les colonnettes
de l'abside, celle qui correspond à l'axe longitudinal de l'église est sur-
haussée pour accompagner le cintre de la fenêtre, et cette disposition
ne nuit pas à l'harmonie. Les chapiteaux des colonnes sont très-variés
et offrent un ensemble élégant. On y voit des palmettes, des guirlandes
de fleurs et des feuillages entrelacés, mêlés sans confusion à des figures
d'hommes et d'animaux. Le chœur renferme les tombeaux d'Antoine
de Moreton, premier seigneur de Chabrillan en 1450, et de plusieurs
de ses enfants. Dans la chapelle de Saint-Jean, bâtie par ces seigneurs,
dont les descendants possèdent encore aujourd'hui cette terre, avoient

été inhumés Aynard-Guigues de Moreton, seigneur de Chabrillan, mort
en 1497; sa femme Claire Aloïs de Vassieux, qui dédia cette chapelle
à saint Jean Baptiste en 1499 et mourut en 1517; François Guigues de
Moreton, seigneur de Chabrillan, mort en 1555; Charles Guigues de
Moreton, homme d'armes de Pierre du Terrail, l'illustre chevalier Bayard,
mort en 1561, et plusieurs autres personnages de cette noble famille.
Une inscription récente rappelle que ces tombes ont été rétablies, en
1844, par le marquis et le comte de Chabrillan. On doit signaler encore dans cette église une inscription de trois lettres qui remonte peut-
être aux premiers temps de la construction du monument, et qu'on
n'a pu jusqu'ici expliquer. L'église dont nous venons de donner la
description est isolée de toutes parts; elle se trouve à quelque distance
du bourg et au centre d'un cimetière où l'on a découvert, en creusant
la terre, des vases funéraires, des lampes sépulcrales en terre grossière,
des tuiles sarrasines et des restes de maçonnerie indiquant de nombreuses
divisions comme pour des cellules. On y a trouvé aussi, il y a quelques
années, des pièces de monnoie à l'effigie de Louis XI. L'ancien château, qui a soutenu plusieurs siéges, n'offre plus que des ruines. La
terre de Chabrillan avoit été érigée en marquisat par lettres patentes
de Louis XIV, du mois d'octobre 1674, en faveur de Joseph de Moreton, seigneur de Chabrillan, de Saint-Gervais, de Choméane, etc.
Trois des fils de ce seigneur périrent ensemble à la bataille d'Hoch-
stædt en 1704. Leur mère habitoit alors le château de Chabrillan; un
moine récollet de Montélimar avoit été chargé de lui annoncer ce cruel
événement. Dès qu'elle aperçut le religieux, un pressentiment sinistre la
saisit, et elle s'écria: Si vous venez m'annoncer la mort d'un de mes fils,
je me jette par la fenêtre! — Eh bien, répondit avec calme le religieux,
jetez-vous trois fois par la fenêtre, Madame, car vos trois fils sont morts.

Montélimar, jolie ville assise au confluent de deux petites rivières,
le Jabron et le Roubion, qui vont, une lieue plus loin, mêler leurs
eaux à celles du Rhône, existoit dès l'époque de la domination romaine. Quelques auteurs croient, contre l'opinion de d'Anville, que c'est

l'ancienne colonie d'*Acusium*, citée par Ptolémée. Cette ville porta ensuite le nom de Monteil, *Montilium*, et lorsqu'elle fut devenue, dans les
premiers temps de la féodalité, la propriété de la famille des Adhémar,
elle prit le nom de Monteil-Adhémar (*Montilium Adhemari*), d'où s'est
formé celui de Montélimar. Giraud Adhémar, premier du nom, obtint de
l'empereur Frédéric Ier, par un acte de 1164, la souveraineté indépendante
de cette seigneurie. Lambert et Giraud II accordèrent aux habitants une
charte d'affranchissement en l'année 1198. Le dauphin Humbert Ier
obtint ensuite des empereurs la suzeraineté de cette ville, malgré la
concession faite aux Adhémar, qui furent ainsi obligés de faire hommage à lui et à ses successeurs jusqu'en 1372. Dans ces temps de
trouble, les Adhémar se divisèrent : l'un d'eux soumit sa portion au
pape ; l'autre offrit la sienne au comte de Valentinois, dans l'espérance d'en être secouru. Ce fut alors qu'ils restreignirent l'enceinte de
Montélimar, et la firent clore de murs. La plus grande partie de la
ville étoit située sur le coteau dominé par la citadelle, du côté du
levant. En 1383, Robert de Genève, élu pape à Avignon sous le nom
de Clément VII, en acquit la souveraineté, et donna en échange la
terre de Grillon ; mais, au siècle suivant, Louis XI fit valoir la prétention des dauphins, rendit Grillon au pape, donna Marsanne aux
Adhémar et unit irrévocablement Montélimar au DAUPHINÉ. Cette ville
s'est rendue célèbre depuis cette époque, pendant les guerres de religion, par les siéges qu'elle eut à soutenir tour à tour contre les catholiques et les protestants. C'est pendant un de ces siéges que Marguerite
Delaye, femme d'un courage extraordinaire, se mit à la tête des habitants, et, malgré de graves blessures qu'elle reçut dans une sortie,
repoussa les troupes de l'amiral Coligny. Le nom de cette héroïne, aussi
digne de mémoire que celui de Jeanne Hachette, a été injustement
oublié par l'histoire ; mais il est resté cher à ses concitoyens, qui, à une
époque déjà ancienne, ont élevé à Marguerite Delaye une statue de bois.

Montélimar ne renferme plus aujourd'hui d'autre monument digne
d'intérêt qu'une très-ancienne tour carrée, appelée la Tour de Narbonne,

et le château des Adhémar. M. Delacroix, auteur de la statistique
que nous avons déjà citée, dit que les murailles de la ville conservent
des restes de construction romaine. Quant au château, cet édifice, restauré et fortifié à la moderne, sur les dessins du chevalier de Ville, du
temps de Louis XIII, n'offre plus aucun détail intéressant sous le
rapport de l'art; il porte le nom de citadelle. On a trouvé dans l'enceinte de la ville une colonne militaire, érigée sous Aurélien; elle est
maintenant à VALENCE, dans le jardin de la préfecture. Une des salles
de l'hôtel de ville renferme une longue inscription en caractères gothiques : c'est le texte latin de la charte de franchises accordée en 1198
aux habitants de Montélimar.

A deux lieues de cette ville, vers le sud, le bourg de Châteauneuf-
du-Rhône, situé sur la rive gauche de ce fleuve, en face de Viviers,
occupe l'entrée d'une gorge étroite qui communique avec Donzère. Ce
bourg, entouré de murailles, étoit, dans les temps féodaux, dominé,
de chaque côté du défilé, par un château fort. Il a remplacé, assure-
t-on, une cité considérable détruite par les Sarrasins.

Des restes nombreux de constructions du moyen âge attestent du
moins que ce lieu fut longtemps habité par des familles opulentes.
Dans la plaine voisine une vaste enceinte, dont l'intérieur est couvert
de vignes et rempli de décombres, paroît avoir appartenu à un édifice
antique d'une étendue considérable. On y trouve des fragments de mosaïque, des tronçons de colonnes, des débris de statues, des vases, des
pierres gravées et des médailles romaines. Un cippe funéraire sert de sup-
port à une ruche à miel dans le jardin d'une ferme. Près du bourg, du
côté du Rhône, est la fontaine de Morterol, où l'on remarque les vestiges
d'une construction antique; enfin, sur la cime de la montagne située au
midi, on voit la base d'un mur avec des saillies qui semblent indiquer
la trace d'un ancien camp retranché. Dieu-le-Fit, petite ville aujourd'hui
plus importante que Châteauneuf, a une origine moins reculée. Son nom
n'est guère cité que dans l'histoire des troubles religieux du XVIᵉ siècle.
Les habitants, qui avoient embrassé la réforme, eurent à soutenir des

luttes fréquentes avec la garnison de Valréas, ville papale. On en vint aux
mains le 16 juillet 1565; le combat fut sanglant, et il fallut, pour mettre
un terme à ces désordres, toute l'autorité du vice-légat et du marquis de
Gordes, gouverneur du DAUPHINÉ.

Admirablement situé au sommet d'un coteau d'où l'on découvre une
des plus belles vues du DAUPHINÉ, le château de Grignan est moins
remarquable encore par sa ravissante position que par les souvenirs
intéressants qu'il rappelle. Dès le XIIe siècle, la terre et la seigneurie
de Grignan appartenoient à l'illustre maison des Adhémar de Monteil.
Giraud Adhémar fit hommage, l'an 1164, à Raymond Bérenger II,
comte de Provence, de cette baronnie, qui devint ensuite un fief de
l'empire et releva successivement de tous les princes qui possédèrent
la Provence. Le château de Grignan fut pris en 1395 par Guillemin le
Normand, chef d'une de ces compagnies franches qui à cette époque
dévastoient le midi de la France. Il rentra bientôt après au pouvoir de
la maison d'Adhémar, en faveur de laquelle Grignan fut érigé en
comté l'an 1550. Ce comté forma un bailliage particulier, entièrement
séparé de la Provence, et qui, se trouvant comme enclavé entre ce pays
et le DAUPHINÉ, est mentionné ordinairement dans les ouvrages historiques concernant cette dernière province. Louis Adhémar de Monteil,
premier comte de Grignan, ambassadeur sous François Ier, et lieutenant
général au gouvernement de Provence, étant mort sans postérité en
1557, le nom et les armes de sa maison, ainsi éteinte en ligne mascu-
line, passèrent, en vertu de son testament, à son neveu Gaspard de Cas-
tellane, qui hérita à la fois du nom d'Adhémar de Monteil et du comté
de Grignan. L'arrière-petit-fils de ce dernier, François Adhémar de
Monteil, comte de Grignan, lieutenant général au gouvernement de
Languedoc et de Provence, chevalier des ordres du roi, ayant épousé,
en 1669, Françoise-Marguerite de Sévigné, la fille bien-aimée de madame de Sévigné, le château de Grignan devint fréquemment la résidence de cette femme célèbre. C'est de là qu'elle a écrit quelques-unes
de ces lettres inimitables qui lui ont valu la réputation de la femme

la plus aimable et la plus spirituelle du grand siècle. De son temps, le château de Grignan fut le théâtre de splendides fêtes dont elle nous a laissé de charmantes descriptions. Il ne reste plus rien de ces grandeurs; mais le pays est plein des souvenirs de madame de Sévigné. On montre aux curieux sa signature sur l'acte de mariage de sa petite-fille Pauline de Grignan avec le marquis de Simiane; un pont récemment construit sur le Lez a reçu le nom de Sévigné, et près du bourg le voyageur visite avec intérêt la Roche-Courbière, où se dirigeoient souvent les promenades de madame de Grignan et de sa mère. Le château de Grignan s'élève sur une roche isolée. Pour y parvenir, il faut traverser le bourg, dont les habitations se groupent à ses pieds, et gravir une rampe assez roide, terminée par un fossé sur lequel s'abaissoit jadis un pont-levis, remplacé plus tard par un arceau de pierre. Au delà du fossé se présente la première enceinte du château, flanqué de deux tourelles dont le style paroît être du xive siècle. On entre ensuite dans la cour d'honneur, au fond de laquelle s'élève une façade d'une belle ordonnance, remarquable encore malgré les mutilations qu'elle a subies. A chaque flanc de la façade s'appuient de hautes tours, dont l'une renfermoit l'appartement particulier de madame de Sévigné. Dans le corps principal du château se trouve un large escalier qui sert à communiquer avec toutes les parties de l'édifice. A l'est se développe la partie de l'édifice que le coadjuteur d'Arles et l'évêque de Carcassonne, tous deux de la maison de Grignan, faisoient élever en 1689, et qui est restée inachevée. La vaste terrasse sur laquelle est assis le château s'élève à plus de cent pieds au-dessus des maisons du bourg, sur une longueur de cent cinquante pieds, et sur une largeur de soixante-quinze. Cette terrasse est dallée; elle domine les combles de l'église paroissiale, dont la voûte se trouve ainsi engagée dans sa masse.

Le comte de Grignan mourut en 1714, le dernier de sa race, obéré de dettes contractées pour subvenir aux dépenses énormes qu'avoit exigées la reconstruction de son château. En 1732, la terre de Grignan fut vendue à la poursuite des créanciers, et adjugée au maréchal du

Muy, qui la transmit à son neveu Félix du Muy. Celui-ci étoit général au service de la république, lorsque son château de Grignan fut dévasté et livré au pillage en 1793.

Il existoit autrefois dans le bourg de Grignan une collégiale fondée en 1512, dont les chanoines étoient à la nomination du comte. Le doyen de ce chapitre jouissoit du droit de porter la mitre et la crosse. Il étoit chargé, en qualité de grand vicaire et d'official de l'évêque de Die, d'administrer la partie de ce diocèse qui s'étendoit en Provence.

L'église paroissiale de Grignan est vaste et belle; elle offre des détails d'architecture gothique qui lui ont mérité d'être classée récemment parmi les monuments historiques. Le portail, détruit par les huguenots au XVIe siècle, a été reconstruit en 1654 aux frais du comte de Grignan. Mais ce qu'on remarque surtout avec intérêt dans cette église, c'est une tombe de marbre blanc, sans aucun ornement, sur laquelle se lit cette simple inscription : CY GIT MARIE DE RABVTIN CHANTAL, MARQVISE DE SÉVIGNÉ, DÉCÉDÉE LE 18 AVRIL 1696.

Sur la rive gauche du Rhône, à quatre lieues de Montélimar, s'étend, au pied d'une colline, le joli bourg de Donzère. Sur le sommet de la colline on remarque les ruines importantes de l'ancien château des évêques de Viviers, construit dans le XVe siècle. De là, on jouit d'une vue admirable sur le cours du Rhône et sur une vaste étendue de plaines riantes et fertiles.

Saint-Paul-trois-Châteaux (*Senomagus* ou *Neomagus*, *Augusta Tricastinorum*, puis enfin *Civitas Tricastinorum*), ancienne capitale des Tricastins, ne le cède en antiquité à aucune autre ville du DAUPHINÉ. Le pays dont elle étoit le chef-lieu reçut, dès l'an 153 de la fondation de Rome, une sorte de célébrité par le séjour qu'y fit Bellovèse en attendant une occasion favorable pour franchir les Alpes. Tite-Live atteste qu'Annibal, revenant des bords de l'Isère, traversa aussi le territoire des Tricastins. Un grand nombre d'écrivains ont pensé que le nom de ce peuple et de sa capitale devoit son origine à trois antiques châteaux qui défendoient le pays sur les frontières des Voconces, des Helviens

et des Ségalauniens. Mais la traduction de *Tricastini* en *Trois-Châteaux*
paroît être le résultat d'une équivoque introduite dans le moyen âge.
La ville de Senomagus, devenue colonie sous Auguste, reçut le nom
d'*Augusta Tricastinorum ;* lorsqu'après l'établissement du christianisme elle fut devenue le siége d'un évêché, elle quitta ce nom au
ve siècle pour prendre celui de Saint-Paul, en mémoire d'un de ses
premiers prélats. Dévastée par les Vandales, dès la fin du iiie siècle,
cette ville fut de nouveau pillée et incendiée par les Sarrasins en 732.
Les évêques de Saint-Paul-trois-Châteaux exercèrent, dès les plus anciens temps, la souveraineté temporelle sur la ville et son territoire, et
ces droits leur furent confirmés par l'empereur Frédéric Ier en 1179;
mais leur domination, constamment paisible et protectrice, n'excita
jamais les plaintes des habitants. Ces évêques, malgré leurs efforts, se
virent contraints de recourir de temps en temps à la protection des
comtes de Toulouse, et ce n'est pas sans peine qu'ils parvinrent à conserver leurs prérogatives jusqu'au commencement du xve siècle. Le
dernier évêque souverain de Saint-Paul fut Déodat Lestang. Fatigué
des vexations de ses voisins, épuisé par une lutte inutile contre les
routiers qui ravageoient son diocèse, il transigea avec le roi-dauphin
Charles VI, et lui céda la souveraineté temporelle de son église. Ce
traité, signé le 26 septembre 1408, réunit définitivement au DAUPHINÉ
Saint-Paul-trois-Châteaux et son territoire.

Quoique bien déchue aujourd'hui, cette ville a conservé quelques
vestiges de sa grandeur passée. Des mosaïques, une statue de bronze
d'un beau travail, des pierres gravées, entre autres une belle agate
onyx que l'abbé Barthélemy a décrite, y ont été trouvées à diverses
époques. Une colline voisine est encore appelée le *Puy Jou, Podium Jovis,*
parce qu'elle étoit placée près d'un temple dédié à Jupiter. Une de ses
portes a retenu, pour la même raison, le nom de *Fan-Jou, Fanum Jovis.*

Saint-Paul-trois-Châteaux est la patrie d'un des historiens les plus
intéressants de la première croisade, Raimond d'Agiles, appelé aussi
Raimond des Aigles.

L'église cathédrale est un des plus anciens monuments chrétiens du midi de la France. C'est une basilique à trois nefs, dont la longueur dans œuvre est de cent vingt-huit pieds, et la largeur de cinquante pieds. La nef principale est large de vingt et un pieds, et les collatéraux, de dix pieds. Le transsept, qui donne à cette église la forme d'une croix latine, a soixante-quatorze pieds de longueur sur une largeur de vingt pieds. La voûte s'ouvre au centre par une lanterne couverte en dôme dont la hauteur au-dessus du dallage est de quatre-vingt-huit pieds. Indépendamment de l'abside principale, qui est décorée de colonnes diversement cannelées, à chapiteaux corinthiens, il existe encore dans chacun des bras de la croisée une autre abside demi-circulaire disposée dans le même sens que celle du chœur. Les nefs sont divisées dans le sens de leur longueur en trois travées égales par des piliers massifs, sans ornements, mais formant des angles nombreux. La partie la plus saillante de ces piliers se convertit, à peu près au niveau des impostes, en colonnes élancées qui supportent l'arc-doubleau. Ces colonnes sont cannelées en spirale avec rudentures et perles; les chapiteaux sont d'ordre corinthien, à l'exception de deux qui se trouvent appliqués à la façade occidentale; ceux-ci représentent des têtes de taureau.

L'intérieur de la grande nef, si élevée relativement à son peu de largeur, est décoré par deux ordres, dont les corniches, d'un profil simple et sévère, sont exécutées avec une remarquable perfection. La grande cymaise est décorée de feuilles d'acanthe, et ses moulures taillées en perles et en oves. Au-dessous s'étend une large frise sculptée en draperies que de petites figures semblent tenir aux extrémités. Ces sculptures n'ont été exécutées que sur les corniches de la première travée. Le profil du second ordre est à peu près le même que celui du premier, mais sans ornements. Dans la première travée, qui est celle du chœur, l'intervalle entre les deux corniches, au-dessous des voûtes, est rempli de chaque côté par trois arcades en plein cintre, où sont autant de niches pratiquées dans l'épaisseur du mur, et dont les archivoltes et les impostes reposent sur des colonnettes à fût uni, avec chapiteaux à feuilles d'acanthe. Ces niches sont séparées entre elles par un pilastre dorique; elles contenoient autrefois les statues de saint Paul et des saints évêques qui après lui avoient gouverné cette église.

Du côté du couchant, où se trouve l'entrée principale, il n'y a point d'ornements dans les moulures, et les croisées, ainsi que les colonnes d'angle, ne se trouvent pas en harmonie avec le style des colonnes des autres travées. Quant aux anciennes croisées, la baie d'une seule existe encore au-dessus de la chapelle de Notre-Dame; elle a été murée lors de la construction de cette chapelle au commencement du XVIᵉ siècle.

Le dôme est de forme octogonale, dont quatre côtés portent sur les grands arcs-doubleaux qui les circonscrivent, et les autres sur quatre trompes coniques d'une grande solidité. Il paroît que ces trompes, ainsi que les murs jusqu'au premier cordon, et tout le transsept, appartiennent à l'église primitive, bâtie, assure-t-on, sous l'épiscopat de Qualdebrand II, l'an 792; mais le surplus des murs, le dôme et les ornements grotesques profondément entaillés qui le décorent, sont l'œuvre d'un architecte avignonnois, nommé Olivier Piédoux, qui restaura l'église en 1634. Il est probable que l'ancien dôme étoit d'un style semblable à celui de Notre-Dame de Doms, à Avignon, église avec laquelle la cathédrale de Saint-Paul-trois-Châteaux a beaucoup de ressemblance.

La façade principale, placée à l'ouest, est remarquable par les ornements de son portail. Les feuilles d'acanthe, les rosaces, qui en décorent les moulures, sont d'une très-belle exécution. La façade septentrionale et une partie de la croisée du chœur paroissent avoir été réparées; mais, du côté du midi, l'entablement originaire subsiste presque en entier et offre de charmants détails. Il est supporté par trois portiques en renfoncement, compris dans les contre-forts. L'entablement des bas côtés, dont il ne reste que des fragments masqués par des constructions gothiques ajoutées postérieurement, est du même style que celui de la grande nef. On aperçoit, entre deux pilastres à chapiteaux variés, les restes d'une des fenêtres qui seules éclairoient l'église avant la construction des chapelles.

La tour du clocher est de plusieurs époques, et paroît avoir été superposée après coup aux murs du transsept. On y voit encore le fronton primitif à consoles; et jusqu'à la hauteur de l'église, les pilastres, les chapiteaux et les corniches ont tous le caractère d'une grande ancienneté. Au-dessous des pilastres de ce clocher, et sur sa façade occidentale, il existe dans le mur plusieurs pierres placées sans ordre, sur lesquelles sont sculptés des sujets bizarres. Au midi, la corniche horizontale, qui est celle de l'ancien entablement du transsept, est surmontée d'un fronton à grandes consoles. La partie supérieure de la tour est du même style que le haut de la façade occidentale. Elle supporte un petit bâtiment carré contenant l'horloge, et surmonté d'un beffroi. Toutes les parties de cette intéressante église qui appartiennent au style ogival ont été ajoutées au XIVe siècle, après la guerre des Albigeois, pendant laquelle la cathédrale de Saint-Paul avoit eu beaucoup à souffrir. Mais on reconnoît dans les parties les plus anciennes le caractère des monuments du VIIIe siècle. Le bon style des entablements ne peut empêcher d'admettre cette date, si on réfléchit que l'église de Saint-Paul a été élevée à trois lieues de l'arc de triomphe et du théâtre antique d'Orange, et qu'il existoit dans Saint-Paul même plusieurs édifices romains, qui ont plus particulièrement influé sur le système des arcades qui décorent le côté méridional.

Un autre édifice non moins intéressant que la cathédrale de Saint-Paul-trois-Châteaux est l'église de Saint-Restitut, située à une demi-lieue de la ville. Ce monument se compose de deux parties distinctes, une antique chapelle, élevée à la fin du VIIIe siècle ou au commencement du IXe, et l'église qu'on y a ajoutée au XIIe. L'origine et le nom de la chapelle de Saint-Restitut ont donné lieu à des conjectures diverses. Suivant certains auteurs, ce seroit un temple gallo-romain, qui, ayant été restauré et consacré au culte chrétien, auroit été appelé *Templum Restitutum*, et dans le langage du peuple *Saint-Restitut*. Mais cette opinion suppose un fait contraire à tous les usages du christianisme; elle est d'ailleurs contredite par le style du monument même, qui n'est

point gallo-romain, mais d'architecture romane. Selon la tradition religieuse, cette chapelle doit le nom qu'elle porte à saint Restitut, que le
diocèse de Saint-Paul révéroit comme son premier évêque. Si l'on en
croyoit la naïve légende de ce saint personnage, Restitut seroit l'aveugle
de l'Évangile, auquel Jésus rendit, *restitua* la vue, et qui, avec d'autres
disciples du Christ, fut exposé sur la mer dans un vaisseau sans rame,
sans voile et sans pilote, qui vint aborder miraculeusement aux rives
de la Provence, pour amener dans la Gaule les premiers apôtres de la
foi chrétienne. C'est là évidemment une pieuse fable; mais l'existence
de saint Restitut comme premier évêque de Saint-Paul n'a rien d'invrai-
semblable, quoiqu'on ne puisse déterminer historiquement à quelle
époque il a vécu. Une tradition ancienne atteste que les reliques de ce
bienheureux passoient pour posséder la vertu de rendre la lumière aux
aveugles, et que ce fut pour les exposer à la vénération des fidèles que
Charlemagne fit construire la chapelle dont nous venons de parler. En
1249, Laurent, cinquante-deuxième évêque de Saint-Paul, fit ériger à son
saint prédécesseur un magnifique tombeau, ouvrage d'un sculpteur nommé
Giraud de Clermont. Deux siècles plus tard, une partie des ossements
de saint Restitut fut transportée dans la cathédrale de Saint-Paul; mais
son tombeau continua d'être l'objet d'un pieux pèlerinage jusqu'en 1578,
époque à laquelle les huguenots le brisèrent, brûlèrent les reliques, et
en jetèrent les cendres au vent. Le style de la chapelle semble confirmer la version qui en attribue la fondation à Charlemagne, ou du
moins en fixe la date au règne de ce prince. C'est un édifice de forme
quadrangulaire, divisé dans sa hauteur en deux parties. La partie infé-
rieure ou crypte présente un parallélogramme de quinze pieds de longueur sur treize de largeur; c'est un caveau presque entièrement com-
blé aujourd'hui, dont la voûte est en berceau plein cintre. Sa seule
décoration consiste en bandeaux à chanfrein qui reçoivent la retombée
de la voûte et de l'arc-doubleau.

La chapelle supérieure présente intérieurement un carré parfait d'un
peu moins de dix-huit pieds de chaque côté. Les faces du nord et du

midi sont décorées chacune de deux portiques irréguliers; celles de l'est et de l'ouest comportent un seul arceau, dont la naissance est prise à cinq pieds et demi de hauteur sur des impostes décorées d'ornements ronds et de barres obliques sculptées en saillie. Au-dessus des arceaux et des portiques, les quatre murs encadrant la chapelle s'élèvent sans décoration jusqu'à la hauteur de dix-huit pieds, où se trouve une première corniche ornée de feuillages. Quatre pieds et demi plus haut, le plan carré de la chapelle devient octogone au moyen de quatre pendentifs soutenus par des trompes, au centre desquelles est sculptée une coquille. Une seconde corniche, placée à dix pieds au-dessus de la première, et ornée de touffes de feuilles de jonc, forme la naissance d'un dôme qui couronne la chapelle. Au milieu de ce dôme se trouve, à trente-six pieds du sol, une ouverture circulaire de trois pieds de diamètre, destinée à donner du jour à l'édifice. La frise qui pourtourne l'extérieur de la chapelle, à la hauteur de la première corniche, constitue l'ornementation la plus remarquable de ce petit monument; elle règne sur les quatre faces de l'édifice, et se compose de bas-reliefs représentant des personnages, des animaux, et une partie des signes du zodiaque. Elle est encadrée de deux bandeaux divisés en compartiments par des briques rouges, et couronnée d'une corniche sculptée sur son chanfrein de petites rosaces en étoiles enclavées les unes dans les autres. L'église qui a été annexée à cette antique chapelle a tous les caractères de l'architecture du XIIe siècle. L'ornementation intérieure en est simple; les chapiteaux de la nef et du chœur offrent de charmants détails. L'entrée du porche est encadrée par deux demi-colonnes cannelées supportant un fronton dont les corniches à modillons sont sculptées avec délicatesse. Une partie de la façade est ombragée par un magnifique figuier sortant du joint des pierres, et auquel la tradition attribue cinq ou six siècles d'existence. Il est fâcheux qu'on ait adossé, il y a quelques années, à cette jolie église une maison d'école qui masque le monument et produit le plus mauvais effet.

Cette partie du DAUPHINÉ est riche en débris du moyen âge. Sur la

rive gauche du Lez s'élève le château gothique de Suze-la-Rousse, flanqué
de tours et environné de fossés. Malgré les mutilations qu'il a subies,
l'ensemble de ses proportions et sa masse imposante sont encore du plus
bel effet. Cet édifice est, comme tous les châteaux de l'époque féodale,
d'une grande simplicité à l'extérieur; mais le ciseau de l'artiste a semé
à profusion les richesses de l'architecture du xvie siècle sur les quatre
façades de sa vaste cour. Les parois, les pilastres, les arcades de chaque
étage sont chargés des plus délicates arabesques. Il est évident que tout
l'intérieur de ce manoir a été restauré dans les plus beaux temps de la
Renaissance. La date de sa construction primitive est incertaine; on sait
seulement que, vers le commencement du xiiie siècle, Raymond, comte
de Baux, prince d'Orange, échangea le château de Suze contre celui de
Montclar avec Hugues de Saluces, qui à son tour le donna à Antoinette
de Saluces, femme de Henri de Sassenage, mort en 1424, à la bataille de
Verneuil. Antoinette de Saluces, devenue veuve, ayant épousé Louis II
de la Baume, le château de Suze entra dans le domaine de cette noble
maison, et c'est là que mourut en 1587 François de la Baume de Suze,
un des meilleurs capitaines du xvie siècle. Près du village de Suze se
trouvent plusieurs autres lieux dignes d'attention; c'est d'abord le bourg
de Baume de Tranzy avec ses vieux remparts, ses deux portes, et les ruines de son ancien château encadrées dans un paysage pittoresque. La
seigneurie de ce bourg appartenoit en 1519 à Jean de Poitiers, seigneur
de Saint-Vallier, et après lui à sa fille, la célèbre Diane de Poitiers, qui
obtint de Henri II la permission d'y établir deux foires chaque année.

Nous devons citer encore la jolie église de Saint-Torquat et les
ruines d'une commanderie de l'ordre du Temple. Une autre commanderie du même ordre a laissé des vestiges intéressants à Clansaye, où
l'on remarque aussi une antique tour aux murailles épaisses, dont l'origine inconnue a vainement exercé la sagacité des historiens du pays. Le
château de la Garde-Adhémar, auquel les Adhémar de Monteil ont
donné leur nom, offre encore des traces de son ancienne magnificence.

Le bourg de Marsanne, *Marsana, Castrum Marsanæ*, est bâti en amphithéâtre sur le penchant d'un coteau et dominé par les ruines de fortifications et de murailles féodales. On attribue aux Romains sa fondation, le desséchement de ses marais et la construction des aqueducs dont il reste encore près de là quelques vestiges. A la chute du second royaume de Bourgogne, Marsanne devint le chef-lieu d'une seigneurie indépendante, possédée par des comtes particuliers, qui accordèrent aux habitants du lieu diverses libertés et franchises. Quoique ce bourg dépendît de la mouvance du DAUPHINÉ, il devint en partie une possession du saint-siége, par la cession qu'en fit au pape Gauthier Adhémar, un de ses seigneurs, qui avoit reçu en retour la terre de Crillon; mais Louis XI, ayant revendiqué ses droits sur Marsanne et sur le Valentinois, rendit Crillon à la cour de Rome et donna en échange Marsanne aux Adhémar. A l'époque des guerres de religion, cette petite place, dont la garnison était commandée par Coursas, fut investie par les huguenots. Au mois de février 1588, Lesdiguières, qui dirigeoit lui-même ce siége, commença l'attaque à la tête de mille fantassins, de cinq cents cavaliers et de trois pièces d'artillerie; mais, après plusieurs assauts et dix mois d'inutiles efforts, les réformés furent obligés de se retirer devant la vigoureuse résistance des assiégés.

Mirabel, petit village de la vallée de la Drôme, rappelle aussi le souvenir des luttes sanglantes dont le DAUPHINÉ a été le théâtre dans le XVIe siècle. Ce lieu avoit au moyen âge une assez grande importance. Protégé par sa situation sur un coteau qui domine la vallée, et par une enceinte de fortifications, Mirabel offroit aux évêques de Die, qui en étoient seigneurs, un asile contre les agressions des comtes de Valentinois. Mais les habitants de Mirabel, ayant embrassé la réforme religieuse, se rendirent indépendants des évêques, et prirent une part active aux querelles civiles de la contrée. Passant tour à tour des mains des catholiques aux mains des protestants, dévastée par des assauts et des siéges nombreux, la place de Mirabel, après trente années de combats, n'offroit plus sous le règne de Henri IV qu'un monceau de ruines, que le temps achève aujourd'hui de faire disparoître.

Sur le territoire de Réauville, on découvre, au milieu d'une épaisse forêt, le monastère de la Trappe d'Aiguebelle, où sont établis, depuis 1816, environ cent cinquante religieux. Le couvent qu'ils occupent étoit autrefois une abbaye de l'ordre de Cîteaux, filiation de Morimond, fondée par saint Bernard lui-même, en 1137. Le lieu où fut établi ce monastère, les terres qui en dépendoient avoient été donnés pour cette destination aux moines de Morimond par Gontard de Rochefort, comme le rappeloit l'inscription suivante :

VI kal. julii anno ab incarnatione Domini MCXXXVII, dedit Guntardus Lupi, Dominus Rupæfortis, locum istum abbatiæ Morimundi ad abbatiam ibidem construendam in honorem beatæ Mariæ (1).

Le marbre sur lequel étoit gravée cette inscription existe encore dans le grand corridor de l'abbaye; mais l'inscription est mutilée, et presque entièrement effacée. Dans les premiers siècles qui suivirent sa fondation, le monastère d'Aiguebelle fut un des plus riches et des plus considérables de la province; on n'y comptoit pas moins de quatre cents religieux. Son importance diminua lorsque le pape Urbain VI eut créé les grandes commanderies, et les guerres religieuses du règne

(1) Le 6 des calendes de juillet, l'an 1137 de l'incarnation du Seigneur, Gontard Loup, seigneur de Rochefort, a donné ce lieu à l'abbaye de Morimond pour y construire un monastère en l'honneur de la bienheureuse Marie. — Cette inscription, qui a été publiée dans le *Gallia christiana*, ne paroit laisser aucun doute sur l'époque de la fondation de l'abbaye d'Aiguebelle. Cependant un manuscrit du marquis d'Aubais, cité par Pithon-Curt dans son *Histoire de la Noblesse du comtat Venaissin*, t. IV, p. 17, attribue cette fondation à Giraud-Hugues Adhémar, seigneur de Monteil, et en fait remonter la date au 23 mars 1045, ce qui sembleroit confirmé par un acte de l'an 1077, conservé en extrait dans les archives de la maison de Moreton de Chabrillan. Cet acte est une transaction entre Marthe de Toulouse, veuve de Giraud-Hugues Adhémar, et ses enfants, parmi lesquels figure Gaucher Adhémar, qualifié *premier abbé d'Aiguebelle* et fils du fondateur. Hugues ou Guigues de Moreton est au nombre des témoins de la transaction. Si cette charte est authentique, elle prouveroit que le monastère d'Aiguebelle existoit avant la date de 1137 fixée par l'inscription; et une tradition qui s'est conservée jusqu'à nos jours parmi les religieux de l'abbaye, pourroit servir à expliquer cette contradiction apparente. Suivant cette tradition, une première abbaye d'Aiguebelle auroit été fondée au XI° siècle, à Montjoyer, et transférée en 1137, à quelques lieues plus loin, sur l'emplacement qu'elle occupe aujourd'hui.

de Charles IX et de Henri III achevèrent de le ruiner. Les bâtiments restés debout, l'église et les cloîtres particulièrement, ont conservé des vestiges intéressants de l'architecture du moyen âge et de celle de la Renaissance. Les manuscrits du P. Serre constatent que les cloîtres, depuis la cour de l'abbaye jusqu'à la porte de l'église, avoient été reconstruits en 1588, par les ordres de l'abbé Adrien de Bazemont. Les restes du monastère d'Aiguebelle sont d'ailleurs remarquables par leur situation, éminemment propre à inspirer les méditations de leurs pieux habitants. C'est aussi près de Réauville que s'élève la tour de Mont-Lucet, bâtie sur un rocher qui domine les deux bassins du Jabron et du Roubion. C'est un monument intéressant par son élévation et par les ruines qui l'entourent; mais rien ne confirme la tradition suivant laquelle cette construction auroit été, sous la domination romaine, un temple dédié à Apollon, surnommé *Lucetius*.

La ville de Nyons, ou Nions, *Neomagus, Novidunum, Castrum Nionis*, est bâtie sur le penchant du col du Devès, et domine une belle vallée dont l'extrémité sépare le DAUPHINÉ de la Provence et du comtat Venaissin. L'origine de cette ville remonte à la domination romaine, comme l'attestent son nom antique, et les inscriptions, les tombeaux, les lampes sépulcrales qu'on a trouvés à diverses époques sur son territoire; toutefois son histoire offre peu de faits importants. Au moyen âge, Nyons devint le chef-lieu de la justice de la baronnie de Montauban, et les dauphins habitèrent quelquefois son château. Guy, comte de Montauban, accorda aux habitants de Nyons, en 1314, des priviléges et franchises qui furent confirmés et étendus par Humbert II en 1337. Depuis la réunion du DAUPHINÉ à la France, cette ville fit partie du domaine royal. Charles VII l'aliéna, le 24 juin 1421, au profit de Jean Louvet, chevalier, qui la transmit à Tanneguy du Chastel. Mais, les habitants ayant représenté au roi que « le suzerain ne pouvoit transférer son vassal contre son gré ni à moindre puissance que lui, » l'engagement fut révoqué et la seigneurie retirée des mains de Tanneguy du Chastel. A l'époque des guerres de religion, la ville de Nyons

fut un des principaux boulevards des huguenots, qui s'en emparèrent
en 1563 et la possédèrent trente ans. Pendant cet intervalle, plusieurs
siéges, une foule de combats dans les environs et tous les désordres de
la guerre civile, réduisirent cette ville à un grand état de misère. La
citadelle qui la défendoit fut démolie sous Louis XIII; les débris de ses
remparts flanqués de tours existent encore, ainsi qu'une partie de l'ancien
château des dauphins. La ville proprement dite, ou quartier des Halles,
renferme une église paroissiale dont le clocher date de 1352. On y voit
aussi les restes de l'ancien prieuré de Saint-Césaire, de l'ordre de Cluny,
qui relevoit de l'abbaye royale de Saint-Césaire d'Arles, et dont la fondation remontoit à l'année 1272. Près de la ville, un pont jeté sur l'Ey-
gues, à l'entrée de la gorge de Pilles, attire l'attention par la hardiesse
de sa construction. Quelques auteurs ont cru à tort que c'étoit un ouvrage des Romains; le style accuse une époque beaucoup moins reculée, et d'anciens actes n'en font remonter la date qu'à l'année 1341.

Aux environs de Nyons, le bourg de Mollans, assis sur un rocher taillé
à pic, au pied duquel coule la petite rivière d'Ouvèze, a conservé quelques ruines de son château, célèbre par les cruautés qu'y exerça le
baron des Adrets. Les vieilles demeures féodales de la Charce et de
Condorcet sont aussi dignes d'intérêt. Mais le monument le plus important de cette contrée pittoresque est le château de Montbrun, où naquit
le redoutable capitaine dont nous avons si fréquemment cité le nom,
en parlant des guerres religieuses du DAUPHINÉ au XVIe siècle. Cet édifice,
d'un effet encore imposant, malgré son dépérissement journalier, s'ap-
puie au nord sur un rocher très-élevé, et est soutenu au midi par des terrasses. L'architecture appartient au moyen âge; on y reconnoît néanmoins
la trace de constructions plus modernes. Des peintures à fresque décoroient autrefois les appartements de ce château, où le comte de Montbrun vivoit avec une magnificence presque royale.

Avant de terminer notre description du DAUPHINÉ, nous devons signaler encore dans les diverses parties de la province plusieurs localités dignes d'intérêt, soit par leur situation ou leurs monuments, soit

par le rôle qu'elles ont joué dans l'histoire. Nous citerons d'abord, aux environs de Grenoble, la jolie petite ville de Saint-Marcellin, avec son église gothique, dominée par les restes d'un vieux château fort. Des plaines fertiles, couvertes de mûriers et de noyers, l'entourent au nord et au levant. Du côté du midi et au delà de l'Isère, qui à une demi-lieue de la ville coule entre des rochers élevés, l'horizon se termine par les montagnes pittoresques du Royannois, au pied desquelles s'étendent les ruines du château de Beauvoir, dont nous avons parlé. L'origine de Saint-Marcellin ne remonte guère qu'au xie siècle; c'étoit d'abord un rendez-vous de chasse, dont les dauphins firent un château fort, autour duquel les habitations se groupèrent. Au commencement du xiie siècle, des murailles entourèrent la ville naissante, et son église fut consacrée par le pape Calixte II, le 19 mars 1119. Humbert II, le dernier dauphin, établit à Saint-Marcellin, par lettres du 22 février 1337, le tribunal souverain appelé conseil Delphinal, qui, un siècle plus tard, fut transféré à Grenoble et érigé en parlement. Le même prince accorda à ses habitants, par un statut du 4 juillet 1343, le droit de bourgeoisie et d'importants priviléges. Sous les rois de France, Saint-Marcellin devint le chef-lieu d'un bailliage dont Louis XI augmenta la juridiction. Pendant quarante ans que durèrent les guerres religieuses du DAUPHINÉ, cette ville fut tour à tour la proie des deux partis. Le baron des Adrets la prit sur Maugiron, en 1562, et y commit d'horribles excès. Après l'apaisement des troubles, les États du DAUPHINÉ s'y réunirent en 1595. Saint-Marcellin a conservé la physionomie d'une petite ville du moyen âge; elle ne renferme d'ailleurs aucun édifice qui puisse fixer l'attention, et son église n'offre pas de détail remarquable. La ville de la Tour du Pin, également dépourvue aujourd'hui de monuments intéressants, rappelle un des noms historiques les plus anciens et les plus glorieux du DAUPHINÉ. C'étoit, dès le xie siècle, le chef-lieu d'une baronnie puissante, dont les dépendances comprenoient quatorze villages entre le Rhône et la Bourbre, et s'étendoient au delà du Rhône, dans la Bresse et le Bugey. Les barons de la Tour du Pin jouèrent le premier rôle après les dauphins dans l'histoire de la province, depuis l'an 1107 jusqu'en 1282. A cette dernière époque, cette baronnie passa dans la famille des souverains du pays, par le mariage de Humbert, baron de la Tour, avec la princesse Anne, fille du dauphin Guigues VII. Jean II accorda des priviléges particuliers aux habitants, en 1315, et Humbert II établit dans la ville un bailliage en 1336. Elle fut fortifiée en 1347, et Louis XII fit réparer ses murailles en 1511. Son château fort servit de prison d'État sous François Iᵉʳ et fut souvent assiégé pendant les guerres du XVIᵉ siècle. Il en reste à peine quelques vestiges.

Nous ne disons pas adieu sans regret au beau pays du DAUPHINÉ, dont nous avons essayé de rappeler les souvenirs historiques en faisant connoître ses monuments, en indiquant quelques-uns des sites ravissants de ses Alpes si pittoresques. C'est, à l'exception de l'Alsace, la dernière contrée montagneuse de France que nous ayons eue à décrire. Dans les autres provinces nous trouverons moins de sites remarquables que de monuments, et c'est à la description de ceux-ci que nous nous attacherons principalement.

FIN.

DAUPHINÉ.

TABLE DES ARTISTES.

AVIS AU RELIEUR.

N. B. Le texte et les planches doivent être placés dans l'ordre indiqué par la table suivante :

Faux-titre et Titre. Vignette du titre : Serve (Drôme); cours du Rhône; Arras (Ardèche); par MM. Chapuis et A. F. Lemaître.

Dauphiné (Frontispice), par MM. Viollet-Leduc et Blanchard.

Introduction, Texte : Feuille 1; entourage par MM. Viollet-Leduc et Blanchard; feuilles 2, 3, 4, 5, 6, 7, 8, 9, 10, 11, 12, 13, 14 et 15; vignette : entrée du château de Bayard, par M. Dauzats.

Vienne (et ses environs), feuilles 16 à 31; vignette : pont de Claix, par M. Sabatier.

Planches : Restes d'une voie romaine à Vienne, par MM. A. Mayer et Jacottet.

Restes de murs romains soutenant les terres le long de la rivière de Gère, à Vienne, par MM. C. Stillière et Jacottet.

Restes du mur d'échiffre d'un grand escalier romain, montant de la ville basse à la ville haute, à Vienne, par MM. C. Stillière et Victor Petit.

Restes des portiques du Forum, à Vienne, par MM. C. Stillière et Stephen Martin.

Vue prise à Vienne, par M. L. Haghe.

Portail de la cathédrale de Vienne, par M. L. Haghe.

Intérieur de la cathédrale de Vienne, par M. L. Haghe.

Nef de la cathédrale de Vienne, par M. L. Haghe.

Tombeaux dans la cathédrale de Vienne; baptistère déposé dans un jardin particulier, par MM. Nicolle et Questel.

Saint-Maurice de Vienne, par M. L. Haghe.

Portail de droite de la façade de Saint-Maurice de Vienne, par MM. Sabatier et Victor Petit.

Portail de droite de Saint-Maurice de Vienne, par MM. Tirpenne et Victor Petit.

Une des portes latérales de l'église Saint-Maurice de Vienne, par MM. Stillière et Stephen Martin.

Saint-Maurice à Vienne, par MM. Tirpenne et Bachelier.

Saint-Maurice à Vienne, par MM. Tirpenne et Bachelier.

Saint-Maurice de Vienne (vitraux de la nef latérale de droite et bas-reliefs), par MM. Nicolle et Tirpenne.

Plan et coupe de l'église Saint-Maurice à Vienne, par MM. Questel et E. Ollivier.

Église de l'abbaye de Saint-Pierre à Vienne, par MM. Ch. Questel et Victor Petit.

Porche de l'église de l'abbaye de Saint-Pierre de Vienne, par MM. Ch. Questel et Émile Sagot.

Chapelle de Notre-Dame dépendant de l'abbaye de Saint-Pierre à Vienne, par MM. Charles Questel et Émile Sagot.

Tour de Saint-André-le-Bas, à Vienne, par M. L. Haghe.

Intérieur de l'église de Saint-André-le-Bas, à Vienne, par MM. Stillière et Victor Petit.

Temple d'Auguste, à Vienne, par MM. A. Dauzats et Questel.

Musée dans l'ancien temple d'Auguste, à Vienne, par MM. Dauzats et Stillière.

Fragments antiques dans le musée de Vienne, par MM. Nicolle et Stillière.

Fragments antiques dans le musée de Vienne, par MM. Stillière et Nicolle.

Fragments antiques dans le musée de Vienne, par MM. Nicolle et Questel.

Fragments antiques dans le musée de Vienne, par MM. Nicolle et Questel.

Fragments antiques dans le musée de Vienne, par MM. Nicolle et Questel.

Maison de la rue des Orfévres, à Vienne, par MM. Stillière et V. Petit.

Porte de l'ancienne maison du chanoine Claude du Nièvre; — Porte dans la cour d'une maison de la grande rue; — Porte dans l'ancienne abbaye de Saint-Pierre, à Vienne, par MM. Stillière et Stephen Martin.

Monument antique vulgairement appelé Tombeau de Pilate, à Vienne, par MM. C. Stillière et Jacottet.

Tour de Pinet, par MM. Sabatier et Eug. Cicéri.

Chapelle de Saint-Geoire, par MM. Sabatier et Aug. Mathieu; fig. par M. Bayot.

Le lac de Paladru, par M. L. Sabatier.

Église de l'abbaye de Saint-Antoine, par MM. Sabatier et Aug. Mathieu; fig. par M. Bayot.

Grand portail de l'église de l'ancienne abbaye de Saint-Antoine, par MM. Tirpenne et Victor Petit.

Église de l'abbaye de Saint-Antoine, par MM. Ch. Questel et E. Ollivier.

Église de l'abbaye de Saint-Antoine, par MM. Aug. Mathieu et Sabatier.

Détail des tribunes de la nef de l'église abbatiale de Saint-Antoine, par MM. Sabatier et Victor Petit.

Abbaye Saint-Antoine. Tribunes du chœur. Détails des tribunes, par M. Aug. Mathieu.

TABLE DES ARTISTES.

Plan de l'église de l'abbaye de Saint-Antoine, par MM. Ch. Questel et E. Ollivier.
Coupe et détails de l'abbaye de Saint-Antoine, par MM. Ch. Questel et E. Ollivier.
Beauvoir. Ruines du château des Dauphins, par MM. Eug. Cicéri et Sabatier.
Château de Sône, par MM. Eug. Cicéri et Sabatier.
Pont-en-Royans, par M. Sabatier.
Église de Marnans; coupes, par MM. Ch. Questel et E. Ollivier.
Église de Marnans; plan et élévation, par MM. Ch. Questel et E. Ollivier.
Texte : Grenoble (et ses environs), feuilles 32 à 40, vignette : ancien pont de Grenoble, par M. L. Haghe.
Planches : Grenoble, par MM. Eugène Cicéri et Sabatier.
Grenoble, par M. L. Haghe.
Place de Grenoble, par M. L. Haghe.
Cathédrale de Grenoble, par M. L. Haghe.
Cathédrale de Grenoble, par M. L. Haghe.
Cathédrale de Grenoble. Bas-côtés, par M. L. Haghe.
Tombeau de l'évêque Chissay (lisez : Aymon de Chissey), 1407, par MM. Tirpenne et Victor Petit.
Église Notre-Dame de Grenoble, par MM. Aug. Mathieu et Tirpenne.
Exposition du saint sacrement; église Notre-Dame de Grenoble, par MM. Aug. Mathieu et Tirpenne.
Église Saint-André à Grenoble, par MM. Eug. Cicéri et Tirpenne.
Crypte de la chapelle Saint-Laurent, à Grenoble, par MM. Eug. Cicéri et Sabatier.
Plafond du palais de justice, à Grenoble, par MM. Tirpenne et Blanchard.
Grande-Chartreuse, par MM. Eug. Cicéri et Tirpenne.
Office de nuit au couvent de la Grande-Chartreuse, par M. Tirpenne; fig. par M. Bayot.
Cloître de la Grande-Chartreuse, par MM. Aug. Mathieu, Bayot et Sabatier.
Réfectoire de la Grande-Chartreuse, par MM. Sabatier et Auguste Mathieu.
Sommet du grand Som, désert de la Grande-Chartreuse, par MM. Eug. Cicéri et Sabatier.
Forêt du grand Som; désert de la Grande-Chartreuse, par M. Sabatier.
Le pont Pérant, route de Saint-Laurent-du-Pont à la Grande-Chartreuse, par M. Sabatier.
Voreppe; vallée de Graisivaudan, par M. Sabatier.
Château de la Combe de Loncey, vallée de Graisivaudan, par MM. Eug. Cicéri et Sabatier.
Fort Barreaux, entrée de la vallée de Graisivaudan du côté de la Savoie, par M. Sabatier.
Cascade de Sassenage, par M. Harding.
Entrée des Cuves de Sassenage, par MM. Eug. Cicéri et Sabatier.
Château de Lesdiguières, à Vizille, par MM. Eug. Cicéri et Tirpenne.
Château de Lesdiguières, à Vizille, par M. Harding.
Grande porte du château de Lesdiguières, à Vizille, par MM. Dauzats et Tirpenne.
Lacs de Lafrey, par MM. Sabatier et Eug. Cicéri.
Tour de Champ, par MM. Eug. Cicéri et Sabatier.
Château d'Uriage, par MM. Sabatier et Eug. Cicéri.
Ruines de l'abbaye de Prémol, par MM. Eug. Cicéri et Sabatier.
La Tour-sans-Venin, par M. Harding.
Entrée de la gorge d'Allevard, par MM. Eug. Cicéri et Sabatier.
Le Bout-du-Monde, gorge d'Allevard, par M. Harding.
Route d'Allevard à la montagne des Sept-Lacs, par MM. Sabatier et Eug. Cicéri.
Tour de Treuil, par MM. Eug. Cicéri et Sabatier.
Pontcharra; château de Bayard, par M. Harding.

Livet, route de Grenoble au Bourg-d'Oisans, par M. Eug. Cicéri.
Vallée du Bourg-d'Oisans, par MM. Eug. Cicéri et Tirpenne.
Vallée du Bourg-d'Oisans, par M. Sabatier.
La Bérarde, montagnes de l'Oisans, par M. Sabatier.
Venose, montagnes de l'Oisans, par MM. Eug. Cicéri et Sabatier.
Le sommet de la Muzelle et l'aiguille des Sorciers, montagnes de l'Oisans, par M. Sabatier.
La rivière du Diable, montagnes de l'Oisans, par M. Sabatier.
Lac Lauvitel, montagnes de l'Oisans, par M. Sabatier.
Route du Bourg-d'Oisans à la Grave, par M. Sabatier.
La Dent de Gargantua, Sainte-Égrève, par MM. Eug. Cicéri et Sabatier.
Sommet de la montagne des Sept-Lacs, par MM. Eug. Cicéri et Sabatier.
Texte : Gap, Embrun, Briançon (et leurs environs), feuilles 41 à 46.
Planches : Tombeau de Lesdiguières, à Gap, par MM. Dauzats et Tirpenne.
Ruines du château de Tallard, par MM. Eug. Cicéri et Sabatier.
Entrée du château de Tallard, par MM. Eug. Cicéri et Sabatier.
Ruines du château de Tallard; la chapelle, par MM. Aug. Mathieu et Sabatier.
Le Casset, vallée du Monestier, par M. Harding.
Serres, par MM. Eug. Cicéri et Sabatier.
Portail latéral de l'église d'Embrun, par M. L. Haghe.
Église Notre-Dame, à Embrun, par M. L. Haghe.
La Bessée (ou l'Abessée), route d'Embrun à Briançon, par M. Sabatier.
Briançon (de la route d'Embrun), par MM. Eug. Cicéri et Sabatier.
Les Forts de Briançon, par MM. Eug. Cicéri et Sabatier.
Pont de communication de la citadelle de Briançon, par M. L. Haghe.
Hospice du Lautaret, Briançonnois, par M. Sabatier.
Cascade des Fraux (ou de la Frau), près la Grave en Oisans, par M. Sabatier.
Route de la Grave à Briançon, montagnes de l'Oisans, par M. Sabatier.
Glacier de la Grave en Oisans, par M. Sabatier.
Sommet du glacier de la Grave, montagnes de l'Oisans, par M. Sabatier.
La Grave en Oisans. Le chemin du glacier, par M. Sabatier.
Le mont Genèvre. Route de Briançon à Turin, par M. Sabatier.
Le Vigneaux. Vallée de Vallouise, par M. Sabatier.
Glacier d'Alle-Froide, extrémité de la vallée de Vallouise, par M. Sabatier.
La chute du Gy, dans la gorge d'Alle-Froide, par M. Sabatier.
Le mont Pelvoux, vallée de Vallouise, Briançonnois, par M. Sabatier.
Le Pelvoux, Vallouise, par MM. Eug. Cicéri et Sabatier.
Restes de la muraille qui défendoit l'entrée de la vallée de Vallouise.
Alle-Froide. Vallouise, par MM. Sabatier et Eug. Cicéri.
La Baume des Vaudois, ou le rocher Chapelu, par M. Sabatier; fig. par M. Bayot.
Sommet du col de l'Échauda (lisez : de l'Échouda), par MM. Eug. Cicéri et Sabatier.
Lac de l'Échauda (lisez : de l'Échouda), par M. Sabatier.
Château du Quéraz (lisez : de Queyras), par MM. Sabatier et Eug. Cicéri.
Château de Queyras, par M. Sabatier.
Le mont Viso, extrémité de la vallée de Queyras, par M. Sabatier.
Le Pas de la Mort; route de la vallée de Queyras à Guillestre, par M. Sabatier.
Texte : Valence (et ses environs), feuilles 47 à 60. Vignette : Village de Chabrillan, par MM. G. Girardon et E. Cicéri.

TABLE DES ARTISTES.

Planches : Ancienne tour de la cathédrale de Valence, par MM. Dauzats et Haghe.

Église Saint-Apollinaire de Valence, par MM. Aug. Mathieu et Sabatier.

Église Saint-Apollinaire de Valence, bas-côté, par MM. Aug. Mathieu et Sabatier.

Maison du xve siècle, grande rue de Valence, par M. Aug. Mathieu et Sabatier.

Détails de la grande maison de la rue de Valence, par M. A. Mathieu.

Détails de la frise et des chapiteaux d'une porte, style de la Renaissance. Intérieur d'une maison, à Valence, par MM. Stephen Martin et Sabatier.

Porte d'escalier, à Valence, par MM. Sabatier et V. Petit.

Porte principale de l'église Saint-Barnard, à Romans, par MM. Ch. Questel et Nicolle.

Église Saint-Barnard, à Romans, par MM. Ch. Questel et E. Ollivier.

Détails de l'église Saint-Barnard, à Romans, par MM. Nicolle et Ch. Questel.

Abbaye de Saint-Barnard, à Romans, par MM. Nicolle et Questel.

Plan et coupe de l'église de Saint-Barnard, à Romans, par MM. Ch. Questel et E. Ollivier.

Restes du château de Saint-Nazaire, par MM. Eug. Cicéri et Sabatier.

Ruines du château de Rochechinart, par MM. Eug. Cicéri et Sabatier.

Citadelle de Montélimar, par MM. Eug. Cicéri et Sabatier.

Église Saint-Marcel, par MM. Aug. Mathieu et Sabatier.

Église de Grignan, par MM. Aug. Mathieu et Sabatier; fig. par M. Laby.

Château de Grignan (côté du midi), par MM. Eug. Cicéri et Sabatier.

Château de Grignan (côté de la façade des Prélats), par MM. Eug. Cicéri et Sabatier.

Ruines du château de Grignan, par MM. E. Cicéri et Sabatier.

Ruines du château de Grignan. La tour de Madame de Sévigné, par MM. Sabatier et Aug. Mathieu.

Château de Grignan; détail de la façade sur la cour d'honneur, par MM. Sabatier et V. Petit.

Château de Grignan; détails des façades, par MM. Mathieu et Sabatier.

Grotte de Roche-Courbière, par MM. Eug. Cicéri et Sabatier.

Tour de Chamaret, par MM. Eug. Cicéri et Sabatier.

Ruines du château de Baume-de-Tranzy, par MM. Eug. Cicéri et Sabatier.

Château de Suze-la-Rousse, par MM. Eug. Cicéri et Sabatier.

Église de Saint-Restitut, par MM. Eug. Cicéri et Sabatier.

Intérieur de l'église de Saint-Paul-Trois-Châteaux, par MM. Mouthélier et Sabatier.

Chœur de l'église de Saint-Paul-Trois-Châteaux, par MM. Aug. Mathieu et Sabatier.

Église de Saint-Paul-Trois-Châteaux (coupe, élévation, détails), par MM. Ch. Questel et E. Ollivier.

Église de Saint-Paul-Trois-Châteaux (coupe longitudinale), par MM. Ch. Questel et Ollivier.

Ruines du château de la Garde-Adhémar, par MM. Sabatier et Eug. Cicéri.

Clansayes, par M. Sabatier.

Tour de Clansayes, ancien château des Templiers, par MM. Eug. Cicéri et Sabatier.

Abbaye de la Trappe d'Aiguebelle, par MM. Eug. Cicéri et Sabatier.

Église de l'abbaye de la Trappe d'Aiguebelle; prise d'habit d'un trappiste, par MM. Aug. Mathieu et Sabatier.

La lecture du soir; abbaye de la Trappe d'Aiguebelle, par MM. Aug. Mathieu et Sabatier.

Nyons, par M. Sabatier.

Pont gothique de Nyons, par MM. Sabatier et Eug. Cicéri.

Restes du château de Mollans, par MM. Sabatier et Eug. Cicéri.

Route de Mollans à Montbrun; montagnes de la Drôme, par M. Sabatier.

Ruines du château de Montbrun; montagnes de la Drôme, par M. Sabatier.

Porte d'entrée du château de Montbrun, par MM. Eug. Cicéri et Sabatier.

FIN DE LA TABLE DE LA PROVINCE DU DAUPHINÉ.

9 782329 522081